PIC16F73
마이크로컨트롤러 제어실습

박효식 · 한우용 공저

KIHANJAE 도서출판 기한재

머리말

이 교재는 마이크로컨트롤러에 대해 전혀 알지 못하는 학생들이 '마이크로컨트롤러란 무엇인가?'부터 시작하여 기본적인 하드웨어를 설계하고, 프로그램을 작성하여 IC 칩에 버닝한 후 전체 시스템을 동작시키는 일련의 개발과정을 다룬 책이다.

일반적으로 마이컴을 처음 공부하게 될 때에는 해당 마이컴의 전용 키트를 이용하여 프로그래밍을 공부하는 것이 일반적이다. 저자 또한 처음 마이컴을 접하게 될 때 8비트 마이컴 키트를 이용하여 공부하였으나, 이러한 방식으로 공부하게 되면 이미 완벽하게 제작된 하드웨어에 단순히 프로그래밍 연습만 하는 것이 되기 때문에 각종 입출력 소자의 특성, 회로 결선 등에 대해서 실무지식이 없는 마이컴 설계 초보자에게는 너무 추상적으로 다가오게 됨을 깨달았다. 예를 들면 '프로그램에서 '1'이라는 명령을 내리면 해당 LED가 켜지고, '0'을 명령하면 꺼진다.' 라고는 알지만 어떠한 과정 및 경로를 통해 명령어가 소자의 동작으로 이어지는 지에 대해서는 알지 못하게 되어 전체 시스템 설계기술 습득이 느리게 진행됨을 경험하였다. 하지만 마이컴 주변회로를 직접 학습자가 꾸미면서 프로그래밍 연습을 하면 입출력 소자, 입출력 인터페이스 회로, 명령어 프로그래밍의 3박자 학습이 가능하기 때문에 처음에는 다소 귀찮고 늦다고 생각될지 몰라도 초보자에게는 학습효과를 높일 수 있는 교육방식이라고 생각되어 이 교재를 집필하게 되었다.

모든 실습은 학생들이 쉽게 따라 할 수 있도록 저자가 직접 브레드 보드에 회로를 구성하고, 프로그램을 작성하여 동작을 확인하고 결과물을 산출하였으며, 기술된 순서에 따라 프로그램을 작성하여 실습하면 문제없이 동작을 확인할 수 있을 것이라고 생각된다. 집필을 마치면서 아쉬운 부분도 많이 있지만, 마이컴 응용 시스템 설계를 처음 접하는 학생들이 흥미를 갖고 계속 공부할 수 있는 계기를 마련해 줄 수 있으면 좋겠다는 마음을 가져본다.

저의 삶을 항상 인도해 주시는 하나님의 은총에 감사드리며, 이 교재의 기획, 저술, 편집에 많은 도움을 주신 여러 교수님들께 감사드립니다. 또한 이 책을 출판하는데 도움을 주신 도서출판 기한재의 임직원 여러분께 감사의 말씀을 전하고 싶습니다.

끝으로 언제나 변하지 않는 사랑과 믿음으로 삶의 소망과 행복을 주는 가족과 친지 여러분께 감사의 말씀을 올리며, 아내와 두 아들과 함께 작은 결실에 대한 기쁨을 함께 하고 싶습니다.

저자

목 차

제 I 편. PIC16F73 기초이론

제Ⅱ편. 개발환경 구축

제Ⅲ편. CCS-C 명령어

제Ⅳ편. 응용시스템 제작

제 I 편. PIC16F73 기초이론

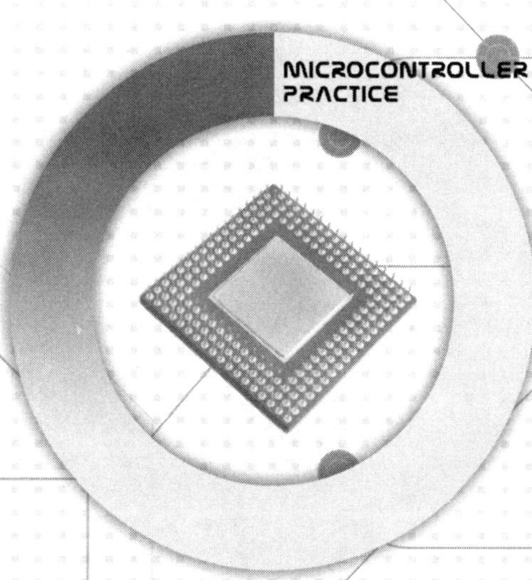

제1장

마이크로컨트롤러의 개요

인류문명의 발전에 따라 인간생활의 편리성과, 안전성, 작업수행능력 향상 등을 위해 많은 전기전자기기 등이 개발되었는데, 이러한 전기전자기기들은 단순한 작업을 반복적으로 수행하는 기기부터 매우 정밀한 기능을 수행하는 기기에 이르기까지 인간에게 안전하고 편리한 생활을 제공하기 위한 방향으로 발전을 거듭해 왔다. 특히 1950년대 반도체 기술의 급격한 발전과 더불어 1970년대 후반부터 마이크로프로세서(Microprocessor)의 생산이 본격화되면서 전기전자기기에도 마이크로프로세서가 적용됨으로써, 더욱 지능화되고 정밀화되며, 작업수행속도가 향상된 기기들이 개발되고 있다.

마이크로프로세서란 컴퓨터에 포함된 중앙처리장치(CPU : Central Processing Unit)의 기능에 필요한 산술 · 논리 · 제어 회로를 내장하고 있는 소자로서, 산술연산뿐만 아니라 프로그램 명령어를 해독하여 수행할 수 있기 때문에 전기전자기기 개발자가 수행해야 할 작업에 대한 내용을 프로그램으로 작성하여 기억장치에 저장하면 저장된 프로그램을 마이크로프로세서가 판독하여 프로그램에 해당하는 출력신호를 전송함으로써 전기전자기기가 원하는 동작을 수행하도록 제어하는 핵심소자이다. 마이크로프로세서가 원하는 동작을 수행하도록 하기 위해서는 프로그램이 필요한데, 마이크로프로세서 자체는 지능을 가지고 있지 않기 때문에 스스로 판단하고 행동할 수 있는 능력이 없으며, 오로지 프로그램에 입력된 동작만을 수행하게 된다. 그러므로 마이크로프로세서가 수행해야 할 동작에 대해 일일이 프로그램에서 정의해야 하며, 얼마나 프로그램을 잘 작성하느냐가 곧 그 전기전자기기의 동작성능을 결정하게 된다.

마이크로컨트롤러(Microcontroller)는 CPU의 기능만을 가지고 있는 마이크로프로세서와는 달리 CPU의 기능과 ROM, RAM을 비롯한 기억장치, 각종 입출력 인터페이스 장치 등이 하나의 칩에 내장되어 있는 것을 말하며, 하나의 칩에 컴퓨터의 기능이 모두 포함되어 있기 때문에 원칩 마이크로컴퓨터(One Chip Micro-computer)라고 부르기도 한다. 최근에는 마이크로컨트롤러 내에 플래시 메모리(Flash Memory), A/D(Analog to Digital) 변환기, D/A(Digital to Analog) 변환기, PWM(Pulse Width Modulation) 펄스 발생기 등이 포함된 모델이 출시되어 적용되면서 더욱 편리하고 성능이 우수한 시스템 설계가 가능하게 되었다. 이와 같이 마이크로컨트롤러는 많은 기능이 내장되어 있기 때문에 범용의 인터페이스 칩 및 주변 소자의 수를 줄일 수 있어 소형, 경량화가 가능하고, 소자 수가 적으므로 시스템의 신뢰성이 높아지며, 가격도 저렴하여 가전제품을 비롯한 산업설비용 제어기, 분산제어 등에 폭넓게 적용되고 있다.

여기서 마이크로프로세서 및 관련용어를 쉽게 이해하기 위하여 일상생활에서 흔히 발생할 수 있는 상황을 한 가지 설정해 본다. 설정 상황의 내용은 외출하려는 엄마가 학교에서 돌아오게 될 아이에게 해야 할 일을 지시하는 내용의 메모를 남기는 상황이다. 즉 엄마가 외출하면서 아이가 학교에서 귀가한 후, 씻기, 간식 먹기, 숙제 하기 등등의 아이가 해야 할 일을 메모지에 적어서 아이가 볼 수 있는 곳에 붙이고 외출하면, 아이는 메모지에 적힌 엄마의 지시대로 행동을 하는 상황을 설정한다. 자기 스스로 할 일을 알아서 하지 못하고 해야 할 일에 대한 지시가 있어야만 동작을 수행한다는 점이 아이와 마이크로컨트롤러의 공통점이라는 것에 착안하여 일상생활과 전기전자기기의 용어를 대응시켜 비교하면, 표 1.1 및 표 1.2에 나타난 바와 같이 설명할 수 있다.

표 1.1 인간생활 용어와 이에 대응되는 전기전자기기 용어 비교

인간생활 용어	공통점	전기전자기기 용어
엄마	특정 대상에게 지정된 일을 하도록 지시	시스템 개발자
아이	일이나 동작을 직접 수행해야 할 대상	전기전자기기(가전제품, 산업설비 …)
아이의 뇌	정보를 분석, 판단하고 행동을 결정	마이크로프로세서
아이의 5감각	주위의 정보를 습득	입력장치(센서, 스위치, 버튼 …)
아이의 손발	행동이나 동작을 직접 수행	출력장치(전동기, 디스플레이 …)
메모지	지정된 일의 내용을 기록, 저장하는 위치	기억장치(ROM, RAM)
메모내용	지정된 일의 내용	프로그램
메모작성	지정된 일의 내용을 기록하는 행위	프로그래밍
글씨	지정된 일의 내용을 기록하는 수단	프로그래밍 언어(C언어, BASIC …)

표 1.2 인간생활 용어와 이에 대응되는 전기전자기기 상황 비교

인간생활	전기전자기기 시스템
엄마가 아이에게 시켜야 할 일을 생각	설계자가 시스템의 기능 정의 및 결정
메모지 및 필기도구 준비	하드웨어 개발
아이가 해야 일을 메모지에 기록	프로그램 개발
아이는 메모지의 내용대로 행동	프로그램된 기능 수행
아이의 행동 평가 및 고쳐야 할 점 지적	디버깅 작업

표를 통해 알 수 있듯이 엄마가 아이에게 해야 할 일을 정리하여 생각한 후, 기록할 양에 따라 메모지 크기를 정하여 메모지와 필기도구를 준비하고, 아이가 해야 할 일을 기록하면 아이는 메모지의 내용을 보고 그대로 행동하는 일련의 과정을 전기전자기기 시스템에도 그대로 적용할 수 있다.

즉, 시스템을 개발하고자 하는 설계자는 먼저 어떤 동작을 수행하는 시스템을 설계할 것인지 기능을 결정하고, 원하는 기능을 수행하는데 필요한 입력 및 출력장치를 선정하고, 선정된 입출력 장치 상황을 고려하여 하드웨어를 설계한다. 또한 하드웨어가 완성되면 하드웨어에 탑재될 프로그램을 개발한다.

프로그램의 내용에는 시스템이 입출력장치의 상태를 확인하고 필요한 동작을 수행할 수 있도록 관련 동작을 순서에 맞게 자세히 프로그래밍하게 되며, 프로그래머에 의해 개발된 프로그램을 기억장치에 기록하면 시스템은 기억장치에 기록된 프로그램대로 기능을 수행하게 된다.

제2장

PIC16F73의 개요

1. PIC16F73의 개요

PIC16F73은 미국의 마이크로칩(Microchip, http://www.microchip.com)사에서 개발한 PIC(Peripheral Interface Controller) 시리즈의 한 모델로서, 한 개의 칩에 마이크로프로세서 기능과 제어에 필요한 주변장치 인터페이스 기능을 탑재한 8비트 마이크로컨트롤러이다.

PIC 시리즈 제품은 소비전력이 작기 때문에 1개의 전지로도 장시간 동작시키는 것이 가능하며, 메모리나 입출력 회로가 모두 원칩화 되어 있기 때문에 시스템을 간단하게 구성할 수 있는 특징이 있다. 또한 명령어 수가 적기 때문에 프로그래밍이 용이한 장점이 있어서 산업설비, 가전제품 등을 비롯한 소규모의 마이크로컨트롤러 응용 시스템에 많이 적용되고 있다. PIC 시리즈 제품은 여러 가지 종류가 있기 때문에 각 제품의 기능 및 특징을 분석하여 개발자의 설계에 적합한 제품을 선정하여 적용하는 것이 중요하며, 일반적으로 메모리 용량, 인터럽트 수 및 종류, A/D 컨버터 채널 수, A/D 변환속도 및 분해능, 통신관련 기능, 타이머 수 및 기능 등에 대해 자세히 살펴본 후 적용하는 것이 바람직하다.

2. PIC16F73의 특징

PIC16F73은 3개의 입출력 포트를 가진 28핀 마이크로컨트롤러로서, 4K의 14비트 워드 플래시 메모리와 192바이트의 데이터 메모리를 탑재하고 있으며, A/D 변환 모듈, CCP(Capture/Compare/PWM) 모듈, 직렬통신 기능을 비롯한 주변장치기능을 포함하고 있는 고성능의 명령어 축소형 컴퓨터(RISC : Reduced Instruction Set Computer)이다. PIC16F73의 주요 특징은 표 2.1과 같다.

3. PIC16F73의 하드웨어 구성

PIC16F73은 크게 CPU, 메모리, I/O 포트, 주변기기 제어부 등으로 구분할 수 있으며 각각의 구성부는 표 2.2에 나타난 바와 같이 세부적으로 구분할 수 있다. 그림 2.1은 PIC16F73의 내부 구성을 나타내는 블록도로써, 명령어를 해독하고 연산 동작을 실행하는 연산부(Arithmetic Logic Unit : ALU)를 비롯해 내부 메모리, 어드레스 버스 제어부, 인터럽트 제어부, 타이머 제어부, 시리얼통신 제어부, 특수기능 레지스터부, I/O 포트, 오실레이터부, 전원부 등으로 구성되어 있다.

표 2.1 PIC16F7X 계열 구성 및 기능 비교표

주요 특징	PIC16F73	PIC16F74	PIC16F76	PIC16F77
동작 주파수	DC-20MHz	DC-20MHz	DC-20MHz	DC-20MHz
플래시 프로그램 메모리(14비트 워드)	4K	4K	8K	8K
데이터 메모리 (바이트)	192	192	368	368
인터럽트	11	12	11	12
I/O 포트	A, B, C	A, B, C, D, E	A, B, C	A, B, C, D, E
타이머(8/16비트)	2/1	2/1	2/1	2/1
CCP	2	2	2	2
직렬통신	SSP, USART	SSP, USART	SSP, USART	SSP, USART
병렬통신		PSP		PSP
A/D 변환모듈(8비트)	5	8	5	8
명령어	35	35	35	35
패키징	28-pin DIP 28-pin SOIC 28-pin SSOP 28-pin MLF	40-pin PDIP 44-pin PLCC 44-pin TQFP	28-pin DIP 28-pin SOIC 28-pin SSOP 28-pin MLF	40-pin PDIP 44-pin PLCC 44-pin TQFP

1) CPU부

CPU부는 버스를 통해 메모리나 포트로부터 데이터를 읽어 들여 ALU로 전송하고, 전송된 데이터를 ALU에서 연산한 후 다시 버스를 통해 저장하는 기능을 한다. 특히 ALU는 1개 또는 2개의 소스로부터 8비트 데이터를 입력 받아 명령 판독기(Instruction Decoder)의 제어에 따라 연산을 수행하는 CPU의 핵심장치이다. ALU에서 수행하는 연산은 산술 연산, 논리연산 등이며, 레지스터, I/O 포트 등을 통해 수행된다.

레지스터부는 특수기능 레지스터(Special Function Register : SFR)를 포함하고 있는데 SFR은 소프트웨어 제어연산에 사용되는 레지스터와 인터럽트, 타이머/카운터, 시리얼 통신 등의 주변기능을 제어하는데 사용되는 레지스터로 구성되어 있다.

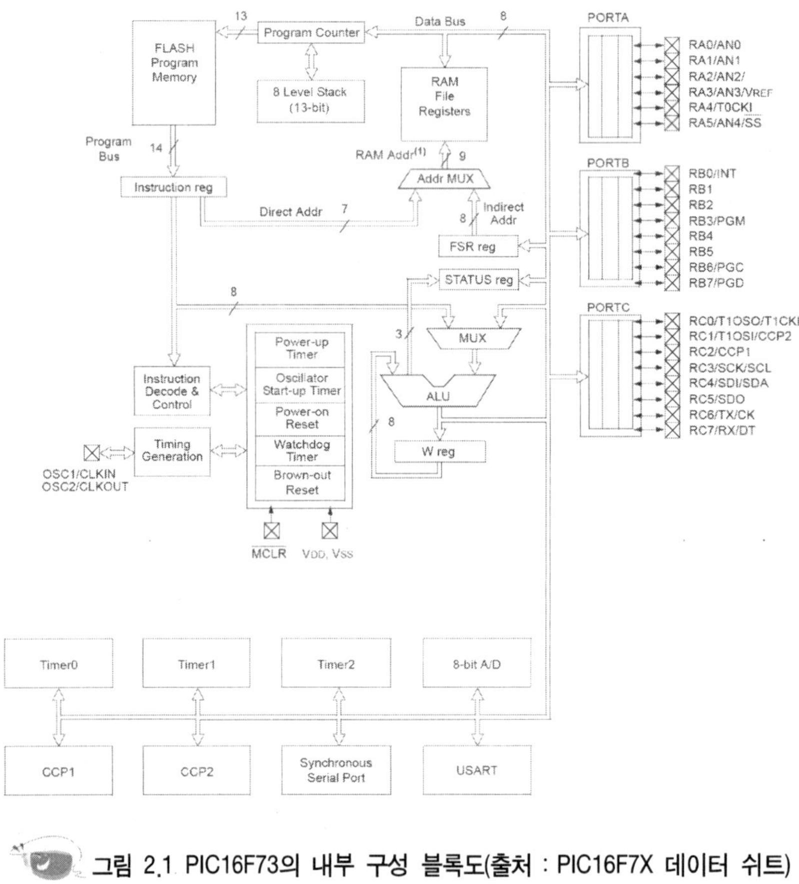

그림 2.1 PIC16F73의 내부 구성 블록도(출처 : PIC16F7X 데이터 쉬트)

2) 메모리부

메모리부는 프로그램을 저장하는 프로그램 메모리와 프로그램이 실행되는 동안 사용하는 변수들을 저장하는 메모리인 데이터 메모리로 구성된다. 프로그램 메모리는 플래시 메모리에 저장되기 때문에 시스템의 전원을 차단하여도 메모리의 내용이 사라지거나 변경되지 않는 반면에, 데이터 메모리는 RAM에 저장되기 때문에 전원을 차단하게 되면 내용이 모두 사라지는 특징을 가지고 있다. PIC16F73의 프로그램 메모리는 14비트로 이루어진 4K 워드의 플래시 메모리이며, 192바이트의 데이터 메모리를 탑재하고 있다.

3) 주변기능부

PIC16F73의 주요 주변기능은 인터럽트, 타이머/카운터, 시리얼통신, 워치독 기능 등이다.

인터럽트는 CPU가 어떤 명령어를 처리하는 도중에 특별한 입력 또는 이벤트 등이 발생되면 현재 수행 중인 명령을 중지하고 미리 정해진 인터럽트 루틴 내의 프로그램을 먼저 수행하여 처리를 마친 후, 정지시켜 놓았던 명령어를 다시 수행하는 기능으로써, 11개의 인터럽트 소스(Interrupt Sources)를 가지고 있다.

타이머 기능은 프로그램에서 시간과 관련된 데이터 값이 필요할 때 내부 시스템의 클럭을 카운팅하여 시간으로 환산하여 사용하는 기능이며, 2개의 8비트 타이머/카운터 및 1개의 16비트 타이머/카운터를 내장하고 있다.

시리얼통신 기능은 RX, TX로 이루어진 시리얼 포트에 의해서 수행되며, PIC16F73은 동시에 데이터의 송수신이 가능한 전-이중(Full Dulpex) 방식의 시리얼포트를 적용하고 있다. 여기서 시리얼통신이란 2가닥의 연결선을 이용하여 별개의 CPU와 CPU 사이에 데이터를 송수신하는 기능으로 송신측 CPU에서 송신하고자 하는 8비트의 데이터와 시리얼통신 설정 데이터를 추가한 송신데이터를 생성하여 1비트씩 전송하면 수신측 CPU는 미리 약속된 프로토콜(protocol)에 의해 수신 데이터를 데이터와 시리얼통신 설정 데이터로 분리하여 필요한 8비트의 데이터를 생성함으로써 서로 별개의 CPU들이 필요한 데이터를 공유하도록 하는 기능이다.

A/D 변환부는 외부에서 입력되는 아날로그 전압값을 읽어 들인 후, 디지털 값으로 변환시키는 기능으로 8비트의 채널을 5개 포함하고 있다. 각 채널은 별도의 입력값을 받아들이는 것이 가능하며, 인터럽트를 발생시킬 수도 있다.

CCP 모듈은 Capture, Compare, PWM(Pulse Width Modulation : 펄스폭 변조) 기능을 말하는 것으로써, Capture 기능은 외부 핀(RC1 또는 RC2)에 이벤트가 발생하게 되면 그 순간의 타이머 1 레지스터(TMR1)의 값을 CCP 레지스터로 캡쳐하는 것으로, 외부에서 입력되는 파형의 시간을 측정하는 목적으로 많이 사용된다. Compare는 TMR1의 값과 CCP 레지스터의 값을 비교하여 일치하면 RC1 또는 RC2로 출력신호를 전송하는 기능으로, 일정한 시간 길이를 갖는 파형을 발생시키고자 할 때 사용한다. 또한 PWM 기능은 설정된 주파수로 'high' 및 'low' 신호를 발생시키는 것으로 결정된 주파수 내에서 'high'

값의 시비율을 조정하여 파형을 출력하는 기능이며, PWM 제어를 필요로 하는 SMPS, 전동기 제어 등에 사용된다.

4) I/O 포트부

PIC16F73의 I/O 포트는 포트당 8비트로 이루어진 2개의 포트(포트 B, C)와 6개의 비트로 이루어진 1개의 포트(포트 A)로 구성되며, 각 비트는 외부 핀과 1:1로 연결되어 있는데, 각각의 외부 핀은 1개의 래치, 입력 버퍼, 출력단 구동기의 조합으로 이루어져 양방향 입출력 기능을 수행한다.

표 2.2는 PIC16F73의 내부 구성 및 각각에 대한 설명을 나타낸 표이다.

표 2.2 PIC16F73의 구성

구성부	세부 구성부	설 명
CPU	연산부(ALU)	명령어 해독 및 실행
	레지스터	특수기능 레지스터(SFR)
메모리	프로그램 메모리	코딩 프로그램을 저장하는 플래시 메모리
	데이터 메모리	프로그램 실행시 변수 데이터 저장용 메모리
주변기능	타이머/카운터	타이머 또는 카운터 기능 수행
	인터럽트	인터럽트 기능 수행
	시리얼통신	시리얼통신 기능 수행
	A/D 변환기능	입력되는 아날로그값을 디지털값으로 변환
	CCP 모듈	외부신호 측정, 일정길이 신호출력, PWM 발생
I/O 포트	8비트 4 포트	입출력 장치 연결

4. PIC16F73의 핀 배치

PIC16F73은 4가지 종류의 패키지로 생산되고 있다. 일반적으로 가장 많이 사용하는 DIP(Dual In Package) 타입을 비롯하여, SOIC(Small Outline Integrated Circuit), SSOP(Shrink Small Outline Package), MLF(Micro Leadframe Package) 등이 있다. DIP 타입은 스루홀 타입의 패키지이며, 28핀이 칩의 좌우측면에 14핀씩 분포하고, 크기는 34.67×7.87[mm]로 가장

큰 패키지 타입이다. SOIC 타입은 17.87×10.34[mm], SSOP 타입은 10.2×7.85[mm]의 크기를 가지며, SMD 소자이다. MLF 타입은 보드에 직접 납땜하여 장착하는 다른 패키지와는 달리 소켓에 삽입하여 사용하는 타입으로 4면에 7핀 씩 위치하고, 6×6[mm]의 외형으로 가장 작은 패키지를 갖는다.

그림 2.2는 PIC16F73의 핀 배치 및 패키지 모양을 나타내는 외형도이다.

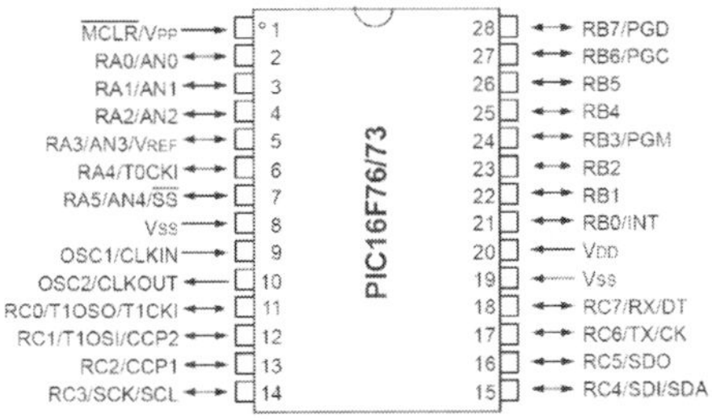

(a) DIP, SOIC, SSOP 핀 배치

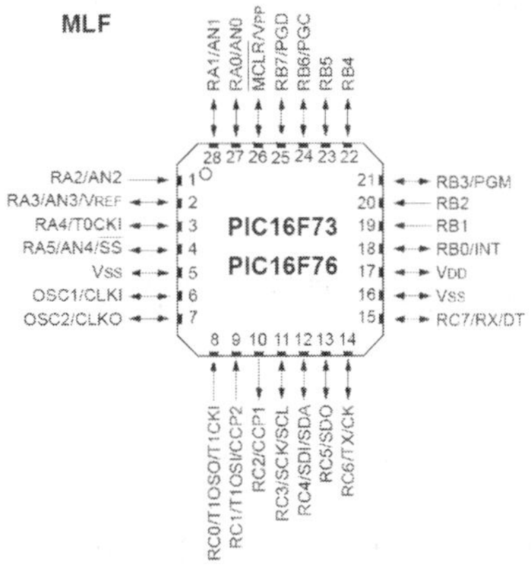

(b) MLF 핀 배치

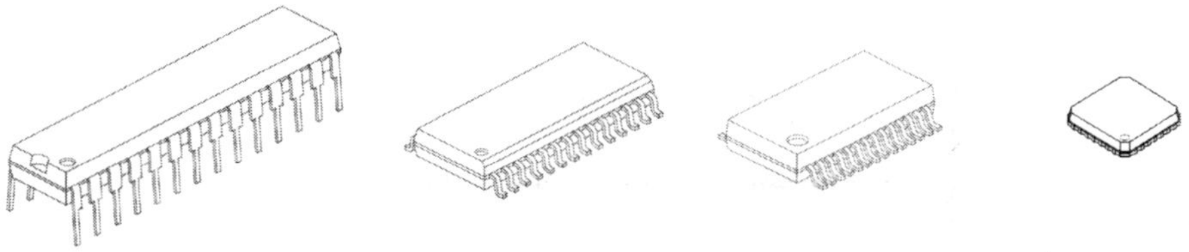

DIP SOIC SSOP MLF

(c) 패키지별 외형도

그림 2.2 PIC16F73의 핀 배치 및 외형도(출처 : PIC16F7X 데이터 쉬트)

제3장

PIC16F73의 메모리 및 I/O 포트

PIC16F73은 프로그램 메모리와 데이터 메모리 블록을 갖고 있는데, 각 메모리 블록은 별도의 버스가 있기 때문에 동시에 엑세스하는 것이 가능하다.

1. PIC16F73 메모리 구성

1-1 프로그램 메모리 구성

PIC16F73은 14비트로 이루어진 4K 워드의 플래시 프로그램 메모리를 탑재하고 있다. 프로그램 메모리는 13비트의 프로그램 카운터(Program Counter)에 의해 엑세스되며, 0000h~0FFFh까지 4K워드의 용량으로 이루어진다. 그림 3.1은 PIC16F73의 프로그램 메모리 맵을 나타낸 그림이다.

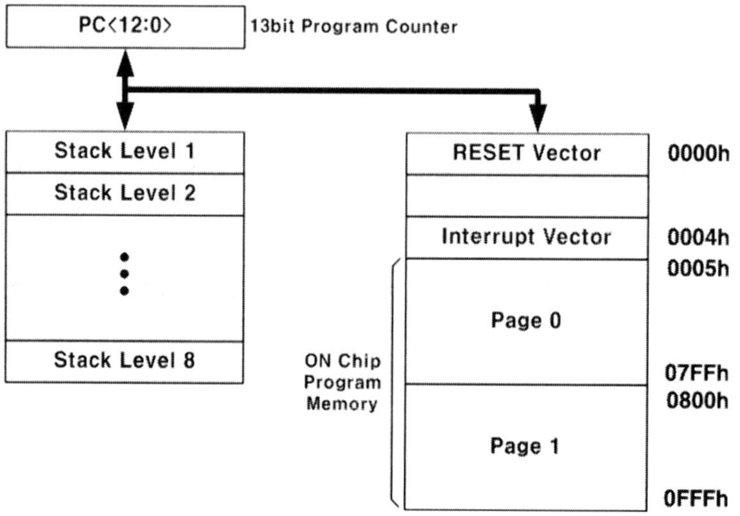

그림 3.1 PIC16F73의 프로그램 메모리 맵

1-2 데이터 메모리 구성

PIC16F73의 데이터 메모리는 범용 레지스터와 특수기능 레지스터를 포함하는 4개의 뱅크로 구성된다. 각 뱅크는 STATUS 레지스터의 6번, 5번 비트인 STATUS<6>(RP1), STATUS<5>(RP0)의 상태에 따라 선택된다. 각 뱅크는 128바이트이며, 각 뱅크의 하위 번지는 특수기능 레지스터로 할당되어 있으며, 특수기능 레지스터 보다 높은 상위 어드레스는 범용 레지스터로 할당되어 있다.

또한 자주 사용되는 특수기능 레지스터의 경우에는 명령어를 줄이고, 더 빠른 엑세스가 가능하도록 하기 위해 하나의 뱅크에만 할당하는 것이 아니라 다른 뱅크에도 할당되는 경우가 있다. 표 3.1은 RP1, RP0의 값에 따라 각각 선택되는 뱅크의 번호를 나타낸다.

표 3.1 뱅크 선택 조건

선택조건		뱅크 번호
STATUS〈6〉(RP1)	STATUS〈5〉(RP0)	
0	0	0
0	1	1
1	0	2
1	1	3

1) 범용 레지스터 구성

레지스터 파일은 FSR(File Select Register)에 의해 직접 어드레싱 또는 간접 어드레싱 기법으로 엑세스 되며, 레지스터 파일의 맵은 그림 3.2와 같다.

2) 특수기능 레지스터 구성

특수기능 레지스터는 원하는 동작을 위해 CPU 코어 또는 주변장치 제어 모듈에 의해 사용되는 레지스터로서, 그림 3.3은 특수기능 레지스터의 종류 및 기능을 요약한 그림이다.

Addr	Name	Bit 7	Bit 6	Bit 5	Bit 4	Bit 3	Bit 2	Bit 1	Bit 0
00h	INDF	Addressing this location uses contents of FSR to address data memory							
01h	TMR0	Timer0 Module Register							
02h	PCL	Program Counter(PC) Least Significant Byte							
03h	STATUS	IRP	RP1	RP0	$\overline{\text{TO}}$	$\overline{\text{PD}}$	Z	DC	C
04h	FSR	Indirect Data Memory Address Pointer							
05h	PORTA	-	-	PORTA Data Latch when written : PORTA pins when read					
06h	PORTB	PORTB Data Latch when written : PORTB pins when read							
07h	PORTC	PORTC Data Latch when written : PORTC pins when read							
08h									
09h									
0Ah	PCLATH	-	-	-	Write Buffer for the upper 5 bits of the PC				
0Bh	INTCON	GIE	PEIE	TMR0IE	INTE	RBIE	TMR0IF	INTF	RBIF
0Ch	PIR1		ADIF	RCIF	TXIF	SSPIF	CCP1IF	TMR2IF	TMR1IF
0Dh	PIR2	-	-	-	-	-	-	-	CCP2IF
0Eh	TMR1L	Holding Register for the Least Significant Byte of the 16-bit TMR1 Register							
0Fh	TMR1H	Holding Register for the Most Significant Byte of the 16-bit TMR1 Register							
10h	T1CON	-	-	T1CKPS1	T1CKPS0	T1OSCEN	$\overline{\text{T1SYNC}}$	TMR1CS	TMR1ON
11h	TMR2	Timer2 Module Register							
12h	T2CON	-	TOUTPS3	TOUTPS2	TOUTPS	TOUTPS0	TMR2ON	T2CKPS1	T2CKPS0
13h	SSPBUF	Synchronous Serial Port Receive Buffer/Transmit Register							
14h	SSPCON	WCOL	SSPOV	SSPEN	CKP	SSPM3	SSPM2	SSPM1	SSPM0
15h	CCPR1L	Capture/Compare/PWM Register1 (LSB)							
16h	CCPR1H	Capture/Compare/PWM Register1 (MSB)							
17h	CCP1CON	-	-	CCP1X	CCP1Y	CCP1M3	CCP1M2	CCP1M1	CCP1M0
18h	RCSTA	SPEN	RX9	SREN	CREN	-	FERR	OERR	RX9D
19h	TXREG	USRT Transmit Data Register							
1Ah	RCREG	USRT Receive Data Register							
1Bh	CCPR2L	Capture/Compare/PWM Register2 (LSB)							
1Ch	CCPR2H	Capture/Compare/PWM Register2 (MSB)							
1Dh	CCP2CON	-	-	CCP2X	CCP2Y	CCP2M3	CCP2M2	CCP2M1	CCP2M0
1Eh	ADRES	A/D Result Register Byte							
1Fh	ADCON0	ADCS1	ADCS0	CHS2	CHS1	CHS0	GO/$\overline{\text{DONE}}$	-	ADON

(a) 특수기능 레지스터 구성(뱅크 0)

Addr	Name	Bit 7	Bit 6	Bit 5	Bit 4	Bit 3	Bit 2	Bit 1	Bit 0
80h	INDF	Addressing this location uses contents of FSR to address data memory							
81h	OPTION_REG	$\overline{\text{RBPU}}$	INTEDG	T0CS	T0SE	PSA	PS2	PS1	PS0
82h	PCL	Program Counter(PC) Least Significant Byte							
83h	STATUS	IRP	RP1	RP0	$\overline{\text{TO}}$	$\overline{\text{PD}}$	Z	DC	C
84h	FSR	Indirect Data Memory Address Pointer							
85h	TRISA	-	-	PORTA Data Direction Register					
86h	TRISB	PORTB Data Direction Register							
87h	TRISC	PORTC Data Direction Register							
88h									
89h									
8Ah	PCLATH	-	-	-	Write Buffer for the upper 5 bits of the PC				
8Bh	INTCON	GIE	PEIE	TMR0IE	INTE	RBIE	TMR0IF	INTF	RBIF
8Ch	PIE1		ADIE	RCIE	TXIE	SSPIE	CCP1IE	TMR2IE	TMR1IE
8Dh	PIE2	-	-	-	-	-	-	-	CCP2IE
8Eh	PCON	-	-	-	-	-	-	$\overline{\text{POR}}$	BOR
8Fh	-	Unimplemented							
90h	-	Unimplemented							
91h	-	Unimplemented							
92h	PR2	Timer2 Period Register							
93h	SSPADD	Synchronous Serial Port (I^2C mode) Address Register							
94h	SSPSTAT	SMP	CKE	D/$\overline{\text{A}}$	P	S	R/$\overline{\text{W}}$	UA	BF
95h	-	Unimplemented							
96h	-	Unimplemented							
97h	-	Unimplemented							
98h	TXSTA	CSRC	TX9	TXEN	SYNC	-	BRGH	TRMT	TX9D
99h	SPBRG	Baud Rate Generator Register							
9Ah	-	Unimplemented							
9Bh	-	Unimplemented							
9Ch	-	Unimplemented							
9Dh	-	Unimplemented							
9Eh	-	Unimplemented							
9Fh	ADCON1	-	-	-	-	-	PCFG2	PCFG1	PCFG0

(b) 특수기능 레지스터 구성(뱅크 1)

Addr	Name	Bit 7	Bit 6	Bit 5	Bit 4	Bit 3	Bit 2	Bit 1	Bit 0
100h	INDF	Addressing this location uses contents of FSR to address data memory							
101h	TMR0	Timer0 Module Register							
102h	PCL	Program Counter(PC) Least Significant Byte							
103h	STATUS	IRP	RP1	RP0	$\overline{TO}$	$\overline{PD}$	Z	DC	C
104h	FSR	Indirect Data Memory Address Pointer							
105h	-	Unimplemented							
106h	PORTB	PORTB Data Latch when written : PORTB pins when read							
107h	-	Unimplemented							
108h	-	Unimplemented							
109h	-	Unimplemented							
10Ah	PCLATH	-	-	-	Write Buffer for the upper 5 bits of the PC				
10Bh	INTCON	GIE	PEIE	TMR0IE	INTE	RBIE	TMR0IF	INTF	RBIF
10Ch	PMDATA	Data Register Low Byte							
10Dh	PMADR	Address Register Low Byte							
10Eh	PMDATH	-	-	Data Register High Byte					
10Fh	PMADRH	-	-	-	Address Register High Byte				

(c) 특수기능 레지스터 구성(뱅크 2)

Addr	Name	Bit 7	Bit 6	Bit 5	Bit 4	Bit 3	Bit 2	Bit 1	Bit 0
180h	INDF	Addressing this location uses contents of FSR to address data memory							
181h	OPTION_REG	$\overline{RBPU}$	INTEDG	T0CS	T0SE	PSA	PS2	PS1	PS0
182h	PCL	Program Counter(PC) Least Significant Byte							
183h	STATUS	IRP	RP1	RP0	$\overline{TO}$	$\overline{PD}$	Z	DC	C
184h	FSR	Indirect Data Memory Address Pointer							
185h	-	Unimplemented							
186h	TRISB	PORTB Data Direction Register							
187h	-	Unimplemented							
188h	-	Unimplemented							
189h	-	Unimplemented							
18Ah	PCLATH	-	-	-	Write Buffer for the upper 5 bits of the PC				
18Bh	INTCON	GIE	PEIE	TMR0IE	INTE	RBIE	TMR0IF	INTF	RBIF
18Ch	PMCON1	-	-	-	-	-	-	-	RD
18Dh	-	Unimplemented							
18Eh	-	Reserved maintain clear							
18Fh	-	Reserved maintain clear							

(d) 특수기능 레지스터 구성(뱅크 3)

그림 3.3 특수기능 레지스터 요약

2. PIC16F73 I/O 포트

PIC16F73은 28개의 단자로 구성되어 있으며, 각 단자는 외부 결선형태 또는 프로그램의 정의에 따라 하나 이상의 고유 기능을 수행하게 되며, 기능에 따라 아래와 같이 크게 분류할 수 있다. 그림 3.4는 전원 단자, 리셋 단자, 오실레이터 연결 단자에 대한 결선을 나타내는 회로도이다.

○ 전원 단자
○ 리셋 단자
○ 오실레이터 연결 단자
○ 데이터 입출력 단자

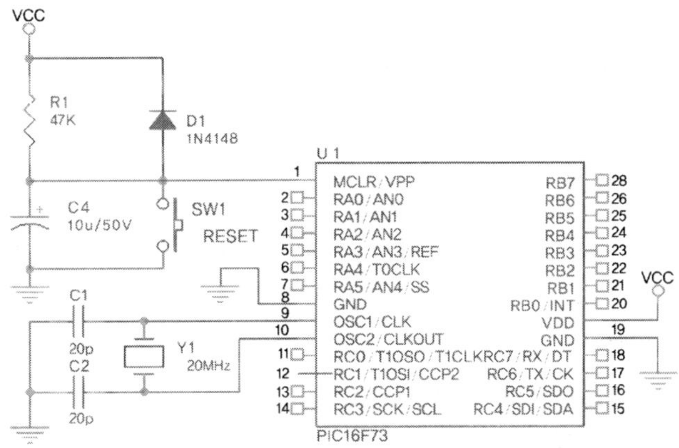

그림 3.4 전원, 리셋, 오실레이터 결선도

2-1 전원 단자

전원 단자는 VCC(20번), GND(8, 19번)으로 이루어져 있으며, PIC16F73을 동작시키기 위해 양 단자 사이에 전원을 반드시 연결해 주어야 한다. 사양 상의 동작 전압의 범위는 4.0V~5.5V이지만 안정적인 DC 5V를 공급하는 것이 필요하다.

2-2 수정 발진자 연결 단자

PIC16F73은 프로그램에 의해 FOSC1, FOSC0의 2핀 설정상태를 변경함에 의해 4가지의 다른 오실레이터 모드에서 동작시킬 수 있으며, 수정발진자 연결 단자는 OSC1(9번),

OSC2(10번)이다.

- ○ LP　　Low Power Crystal
- ○ XT　　Crystal/Resonator
- ○ HS　　High Speed Crystal/Resonator
- ○ RC　　Resistor/Capacitor

2-3 리셋 단자

리셋 단자는 프로그램을 초기화하는 단자로서, 그림 3.4와 같이 커패시터 및 저항의 직렬회로를 이용하여 PIC16F73에 투입되는 바이어스 전압이 안정화되기까지 PIC16F73가 리셋상태를 유지하도록 결선한다. 전원이 투입되어 커패시터 C4가 완전히 충전되면 리셋 단자(1번 핀)에 DC5[V]의 전압이 공급됨으로 인해 리셋 상태가 해제되며, 이때부터 PIC16F73이 정상적으로 동작된다. PIC16F73이 정상적으로 동작 중에도 리셋 단자가 'low' 상태가 되면 즉시 CPU 리셋이 발생한다.

2-4 데이터 입출력 단자

PIC16F73의 데이터 입출력 단자는 포트 A, B, C의 3개 입출력 포트가 포함되어 있으며 각 포트는 외부 단자와 1:1로 대응된다. 포트 A는 6비트, 포트 B, C는 8비트로 구성되어 있으며, 각 데이터 입출력 단자는 데이터의 입출력 기능으로 사용할 수도 있지만 주변기능을 활용할 때에는 각 비트별로 필요한 고유기능이 할당되어 있기 때문에 프로그램에서 적절히 설정해 주어야 한다.

1) 포트 A

포트 A는 6비트로 이루어진 양방향성 포트로서 데이터의 방향은 TRISA 레지스터에 의해 결정된다. TRISA 비트값이 '1'이면 해당하는 PORTA의 비트는 입력으로 설정되고, TRISA 비트값이 '0'이면 해당하는 PORTA의 비트는 출력으로 설정된다. 특히 포트 A는 A/D 변환기능 사용 시에 아날로그 입력 포트로 사용된다.

포트 A의 자세한 기능은 표 3.2와 같으며, 표 3.3은 PORTA의 동작과 관련된 특수기능 레지스터를 나타낸 표이다.

표 3.2 포트 A 기능

비트명	비트번호	기 능
RA0/AN0	bit0	입력/출력, 아날로그 입력
RA1/AN1	bit1	입력/출력, 아날로그 입력
RA2/AN2	bit2	입력/출력, 아날로그 입력
RA3/AN3/V_{REF}	bit3	입력/출력, 아날로그 입력, V_{REF}
RA4/T0CKI	bit4	입력/출력, Timer0용 외부 클럭 입력
RA5/$\overline{SS}$/AN4	bit5	입력/출력, 동기 직렬통신포트용 슬레이브 선택 입력, 아날로그 입력

표 3.3 포트 A의 동작과 관련된 특수기능 레지스터

Addr	Name	Bit 7	Bit 6	Bit 5	Bit 4	Bit 3	Bit 2	Bit 1	Bit 0
05h	PORTA	–	–	RA5	RA4	RA3	RA2	RA1	RA0
85h	TRISA	–	–	PORTA Data Direction Register					
95h	ADCON1	–	–	–	–	–	PCFG2	PCFG1	PCFG0

2) 포트 B

포트 B는 8비트로 이루어진 양방향성 포트로서 데이터의 방향은 TRISB 레지스터에 의해 결정된다. TRISB 비트값이 '1'이면 해당하는 PORTB의 비트는 입력으로 설정되고, TRISB 비트값이 '0'이면 해당하는 PORTB의 비트는 출력으로 설정된다.

포트 B의 RB3, RB6, RB7핀은 PC의 직렬통신 기능을 이용하여 PIC 소자로 직접 프로그램을 다운로드하는 방식인 ICSP(In Circuit Serial Programming) 프로그래밍 시에 이용된다.

또한 포트 B는 내부 풀업 기능을 포함하고 있으며, 내부 풀업 기능은 프로그램에서 선택하여 사용할 수 있다.

표 3.4 포트 B 기능

비트명	비트번호	기능
RB0/INT	bit0	입력/출력, 외부 인터럽트 입력
RB1	bit1	입력/출력
RB2	bit2	입력/출력
RB3/PGM	bit3	입력/출력, ICSP 인에이블 핀
RB4	bit4	입력/출력
RB5	bit5	입력/출력
RB6/PGC	bit6	입력/출력, ICSP 프로그래밍 클럭
RB7/PGD	bit7	입력/출력, ICSP 프로그래밍 데이터

표 3.5 포트 B의 동작과 관련된 특수기능 레지스터

Addr	Name	Bit 7	Bit 6	Bit 5	Bit 4	Bit 3	Bit 2	Bit 1	Bit 0
06h, 106h	PORTB	RB7	RB6	RB5	RB4	RB3	RB2	RB1	RB0
86h, 186h	TRISB	PORTB Data Direction Register							
81h, 181h	OPTION_REG	RBPU	INTEDG	T0CS	T0SE	PSA	PS2	PS1	PS0

포트 B의 자세한 기능은 표 3.4와 같으며, 표 3.5는 PORTB의 동작과 관련된 특수기능 레지스터를 나타낸 표이다.

3) 포트 C

포트 C는 8비트로 이루어진 양방향성 포트로서 데이터의 방향은 TRISC 레지스터에 의해 결정된다. TRISC 비트값이 '1'이면 해당하는 PORTC의 비트는 입력으로 설정되고, TRISC 비트값이 '0'이면 해당하는 PORTC의 비트는 출력으로 설정된다. 포트 C는 CCP 출력을 겸하며, 직렬통신 동작을 수행하는데 사용된다.

포트 C의 자세한 기능은 표 3.6와 같으며, 표 3.7은 PORTC의 동작과 관련된 특수기능 레지스터를 나타낸 표이다.

표 3.6 포트 C 기능

비트명	비트번호	기능
RC0/T1OSO/T1CKI	bit0	입력/출력, Timer1 오실레이터 출력, Timer1 클럭 입력
RC1/T1OSI/CCP2	bit1	입력/출력, Timer1 오실레이터 입력, CCP2 출력
RC2/CCP1	bit2	입력/출력, CCP1 출력
RC3/SCK/SCL	bit3	입력/출력, SPI, I^2C용 동기 직렬통신 클럭
RC4/SDI/SDA	bit4	입력/출력, SPI 데이터(SPI모드), 데이터 I/O(I^2C 모드)
RC5/SDO	bit5	입력/출력, 동기 직렬통신포트 데이터 출력
RC6/TX/CK	bit6	입력/출력, USART 비동기 송신, 동기 클럭
RC7/RX/DT	bit7	입력/출력, USART 비동기 수신, 동기 데이터

표 3.7 포트 C의 동작과 관련된 특수기능 레지스터

Addr	Name	Bit 7	Bit 6	Bit 5	Bit 4	Bit 3	Bit 2	Bit 1	Bit 0
07h	PORTC	RC7	RC6	RC5	RC4	RC3	RC2	RC1	RC0
87h	TRISC	PORTC Data Direction Register							

제4장

타이머/카운터 기능

PIC16F73은 2개의 8비트 타이머/카운터 및 1개의 16비트 타이머/카운터가 내장되어 있는데 타이머란 외부에 결선된 수정발진자의 클럭을 4분주($F_{osc}/4$)한 내부 시스템 클럭을 카운트하여 필요한 시간을 만들어 내는 것을 말하며, 카운터란 외부에서 입력되는 이벤트를 카운트 하는 것을 말한다. 따라서 타이머/카운터는 외부에서 입력되는 이벤트를 카운트하거나 시간 및 펄스폭을 측정하는데 사용하며 주기적으로 인터럽트를 발생시키는 기능에도 이용된다.

1. 타이머 0 모듈

타이머 0 모듈 타이머/카운터는 다음과 같은 특성을 가지고 있다.

○ 8비트 타이머/카운터
○ 8비트 소프트웨어 프로그래머블 프리스케일러
○ 내부 및 외부 클럭 선택
○ FFh에서 00h로 변화될 때 오버플로우 인터럽트 발생
○ 외부 클럭에 대한 에지 선택

타이머 0의 동작은 OPTION_REG 레지스터에 의해 제어되며, TMR0 레지스터의 값이 FFh에서 00h로 오버플로우될 때 TMR0 인터럽트가 발생되어 INTCON 레지스터의 bit2인 TMR0IF 비트가 세트된다. 또한 타이머 0는 외부로부터 입력되는 수정발진자의 외부클럭을 4분주한 클럭을 내부클럭으로 사용하게 되어 있는데, OPTION_REG 레지스터의 PS2~PS0 비트 설정값에 따라 프리스케일러의 분주비를 결정하여 사용할 수 있다. 예를 들어 그림 4.1과 같이 20[MHz]의 외부 클럭과 PS2~PS0 비트 설정값을 '010'으로 설정하였다고 가정하면, 내부 클럭은 외부 클럭을 4분주한 5[MHz]가 되고 프리스케일러의 분주비 값은 1:18이 되므로, 최종적인 시스템 클럭은 625[kHz]로 결정된다.

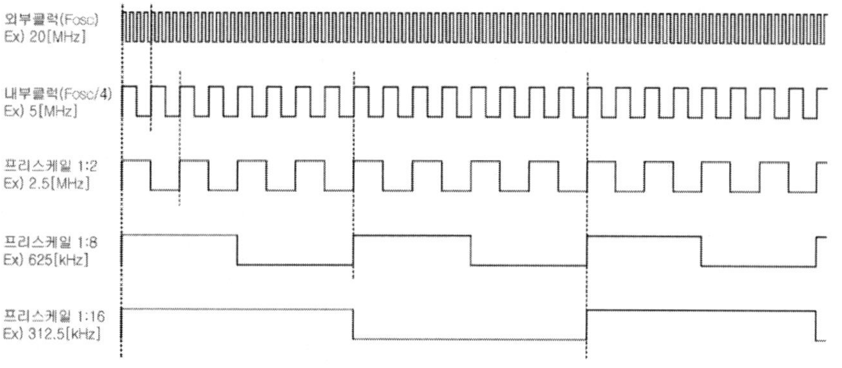

그림 4.1 내부 클럭 및 프리스케일러 분주비

Bit 7	Bit 6	Bit 5	Bit 4	Bit 3	Bit 2	Bit 1	Bit 0
$\overline{\text{RBPU}}$	INTEDG	T0CS	T0SE	PSA	PS2	PS1	PS0

bit 7 : $\overline{\text{RBPU}}$ (PORTB 풀업 인에이블 비트)
bit 6 : INTEDG(인터럽트 에지 선택 비트)
bit 5 : T0CS(TMR0 클럭 소스 선택 비트)
1 = T0CKI핀의 변동
0 = 내부 명령어 사이클 클럭(CLKOUT)
bit 4 : T0SE(TMR0 소스 에지 선택 비트)
1 = T0CKI핀이 high에서 low로 변동될 때 증가
0 = T0CKI핀이 low에서 high로 변동될 때 증가
bit 3 : PSA(프리스케일러 할당 비트)
1 = WDT에 할당된 프리스케일러
0 = 타이머 0 모듈에 할당된 프리스케일러
bit 2-0 : PS2-PS0(프리스케일러 속도 선택 비트)

비트 값	TMR0 속도	WDT 속도
000	1 : 2	1 : 1
001	1 : 4	1 : 2
010	1 : 8	1 : 4
011	1 : 16	1 : 8
100	1 : 32	1 : 16
101	1 : 64	1 : 32
110	1 : 128	1 : 64
111	1 : 256	1 : 128

그림 4.2 OPTION_REG 레지스터의 동작

그림 4.2는 OPTION_REG 레지스터에 대한 자세한 내용을 설명하고 있으며, 표 4.1은 타이머 0의 동작과 관련된 레지스터의 동작을 나타낸다.

표 4.1 타이머 0 동작과 관련된 레지스터

Addr	Name	Bit 7	Bit 6	Bit 5	Bit 4	Bit 3	Bit 2	Bit 1	Bit 0
01h, 101h	TMR0	Timer0 Module Register							
0Bh, 8Bh, 10Bh, 18Bh	INTCON	GIE	PEIE	TMR0IE	INTE	RBIE	TMR0IF	INTF	RBIF
81h, 181h	OPTION_REG	$\overline{\text{RBPU}}$	INTEDG	T0CS	T0SE	PSA	PS2	PS1	PS0

※ 진한 부분은 타이머 0에서 사용하지 않는 비트임

2. 타이머 1 모듈

타이머 1 모듈은 2개의 8비트 레지스터(TMR1H, TRM1L)로 구성된 16비트 타이머/카운터로서, TMR1 레지스터쌍의 값이 FFFFh에서 0000h로 오버플로우가 발생했을 때 타이머 1 인터럽트를 발생되어 TMR1IF(PIR1<0>) 비트가 래치된다. 타이머 1은 클럭 선택 비트 TMR1CS(T1CON<1>)에 의해 타이머 모드 또는 카운터 모드로 선택되어 동작되며, 제어 비트 TMR1ON(T1CON<0>)의 세트/리셋에 따라 동작 또는 정지시킬 수 있다.

Bit 7	Bit 6	Bit 5	Bit 4	Bit 3	Bit 2	Bit 1	Bit 0
–	–	T1CKPS1	T1CKPS0	T1OSCEN	$\overline{\text{T1SYNC}}$	TMR1CS	TMR1ON

bit 7-6 : 미사용('0'으로 읽힘)
bit 5-4 : T1CKPS1-T1CKPS0(타이머1 입력클럭 프리스케일 선택 비트)
 11 = 1:8 프리스케일 값
 10 = 1:4 프리스케일 값
 01 = 1:2 프리스케일 값
 00 = 1:1 프리스케일 값
bit 3 : T1OSCEN(타이머 1 오실레이터 인에이블 제어 비트)
 1 = 오실레이터 동작
 0 = 오실레이터 정지

bit 2 : $\overline{\text{T1SYNC}}$ (타이머 1 외부 클럭 입력 동기화 제어 비트)
TMR1CS = 1 :
1 = 외부 클럭 입력에 동기화 시키지 않음
0 = 외부 클럭 입력에 동기화 시킴
TMR1CS = 0 : 이 비트는 무시됨. 타이머 1은 내부 클럭을 이용함

bit 1 : TMR1CS(타이머 1 클럭 소스 선택 비트)
1 = 외부클럭(RC0/T1OSO/T1CKI 핀)
0 = 내부클럭(F_{osc}/4)

bit 0 : TMR1ON(타이머 1 동작 비트)
1 = 타이머 1 동작
0 = 타이머 1 정지

그림 4.3 T1CON : 타이머 컨트롤 레지스터(10h)

표 4.2 타이머 1 동작과 관련된 레지스터

Addr	Name	Bit 7	Bit 6	Bit 5	Bit 4	Bit 3	Bit 2	Bit 1	Bit 0
0Bh, 8Bh, 10Bh, 18Bh	INTCON	GIE	PEIE	TMR0IE	INTE	RBIE	TMR0IF	INTF	RBIF
0Ch	PIR1	PSPIF	ADIF	RCIF	TXIF	SSPIF	CCP1IF	TMR2IF	TMR1IF
8Ch	PIE1	PSPIE	ADIE	RCIE	TXIE	SSPIE	CCP1IE	TMR2IE	TMR1IE
0Eh	TMR1L	16비트 TMR1 레지스터의 최하위용 홀딩 레지스터							
0Fh	TMR1H	16비트 TMR1 레지스터의 최상위용 홀딩 레지스터							
10h	T1CON	–	–	T1CKPS1	T1CKPS0	T1OSCEN	$\overline{\text{T1SYNC}}$	TMR1CS	TMR1ON

※ 진한 부분은 타이머 1에서 사용하지 않는 비트임

3. 타이머 2 모듈

타이머 2는 프리스케일러 및 포스트스케일러를 포함하고 있는 8비트 타이머로서, CCP 모듈 PWM 모드의 기준시간 발생기로 이용된다. 포스트스케일러는 CCP 모듈에서 발생되는 PWM 파형의 분주 스케일을 결정하는 기능으로, T2CON 레지스터의 TOUTPS3- TOUTPS0 비트의 설정값에 따라 결정된다. 그림 4.4는 타이머 2 제어 레지스터의 내용을 나타낸다.

Bit 7	Bit 6	Bit 5	Bit 4	Bit 3	Bit 2	Bit 1	Bit 0
–	TOUTPS3	TOUTPS2	TOUTPS1	TOUTPS0	TMR2ON	T2CKPS1	T2CKPS0

bit 7 : 미사용('0'으로 읽힘)

bit 6-3 : TOUTPS3-TOUTPS0(타이머 2 출력 포스트스케일 선택 비트)
- 0000 = 1:1 포스트스케일
- 0001 = 1:2 포스트스케일
- 0010 = 1:3 포스트스케일
- :
- 1111 = 1:16 포스트스케일

bit 2 : TMR2ON(타이머 2 동작 비트)
- 1 = 타이머 2 동작
- 0 = 타이머 2 정지

bit 1-0 : T2CKPS1-T2CKPS0(타이머 2 클럭 프리스케일 선택 비트)
- 00 = 프리스케일러 1
- 01 = 프리스케일러 4
- 0x = 프리스케일러 16

그림 4.4 T2CON : 타이머 컨트롤 레지스터(12h)

표 4.3 타이머 2 동작과 관련된 레지스터

Addr	Name	Bit 7	Bit 6	Bit 5	Bit 4	Bit 3	Bit 2	Bit 1	Bit 0
0Bh, 8Bh, 10Bh, 18Bh	INTCON	GIE	PEIE	TMR0IE	INTE	RBIE	TMR0IF	INTF	RBIF
0Ch	PIR1	PSPIF	ADIF	RCIF	TXIF	SSPIF	CCP1IF	TMR2IF	TMR1IF
8Ch	PIE1	PSPIE	ADIE	RCIE	TXIE	SSPIE	CCP1IE	TMR2IE	TMR1IE
11h	TMR2	타이머 2 모듈 레지스터							
12h	T2CON	–	TOUTPS3	TOUTPS2	TOUTPS1	TOUTPS0	TMR2ON	T2CKPS1	T2CKPS0
92h	PR2	타이머 2 주기 레지스터							

※ 진한 부분은 타이머 2에서 사용하지 않는 비트임

제5장

인터럽트 기능

인터럽트란 CPU가 임의의 프로그램을 수행하는 도중에 미리 정해진 특별한 입력이나 이벤트가 발생하게 되면, CPU는 현재까지 수행하던 프로그램을 일시 중단하고 미리 정해진 인터럽트 루틴 내의 프로그램을 먼저 수행하여 명령을 마친 후 원래 실행하고 있던 프로그램을 되돌아가 해당 프로그램을 수행하는 동작을 말한다.

이를 쉽게 이해할 수 있도록 예를 들어 설명하면, 비디오로 만화영화를 시청하고 있는 아이를 엄마가 불러 할머니 방에 가서 할머니가 말씀하시는 심부름을 하라고 말한다면 아이는 비디오를 일시정지 시킨 후에 일어나 할머니 방으로 가서 할머니의 심부름을 먼저 실행하게 된다. 심부름을 마치면 아이는 다시 비디오를 재생시켜 시청하던 만화영화를 계속 시청한다.

이와 같이 아이가 하던 일을 멈추고 먼저 정해진 일을 실행하도록 하는 과정을 인터럽트 처리과정이라고 비유할 수 있으며, 인터럽트 처리 기능 용어와 인간생활에 대한 용어를 비교해 보면 표 5.1과 같다.

표 5.1 인간생활 용어와 이에 대응되는 인터럽트 기능 용어 비교

인간생활 용어	인터럽트 기능 용어		비 고
엄마	인터럽트 소스	Interrupt Source	인터럽트 발생 요인
아이	CPU	CPU	
만화영화 시청	메인 루틴 내의 처리중인 프로그램	Main Routine Program	평상 시 처리해야 할 프로그램
심부름 내용	인터럽트 서비스 루틴 내의 프로그램	Interrupt Service Routine Program	인터럽트 발생 시 처리해야 할 프로그램
할머니 방	인터럽트 서비스 루틴	Interrupt Service Routine	인터럽트 서비스 루틴 번지

1. 외부 인터럽트(INT 인터럽트)

외부 인터럽트는 RB0/INT 핀에 입력되는 에지신호에 의해 활성화되는 인터럽트로서, INTEDG(OPTION_REG<6>)가 '1'로 설정되면 상승에지에서, INTEDG 비트가 '0'으로 설정되면 하강에지에서 각각 인터럽트가 활성화 된다. 외부 RB0/INT 핀의 에지 트리거가 발생하면 INTF(INTCON<1>)가 '1'로 세트된다. INTE(INTCON<4>)가 '1'로 설정되어 있으면 외부 인터럽트가 동작될 수 있으나, '0'으로 리셋되어 있으면 외부 인터럽트가 동작되지 않는다. 한번 외부 인터럽트가 발생된 후에 다시 이 인터럽트를 발생시키기 위해서는 인터럽트 서비스 루틴에서 소프트웨어적으로 INTF 비트를 반드시 '0'으로 리셋시켜 주어야 함에 주의해야 한다.

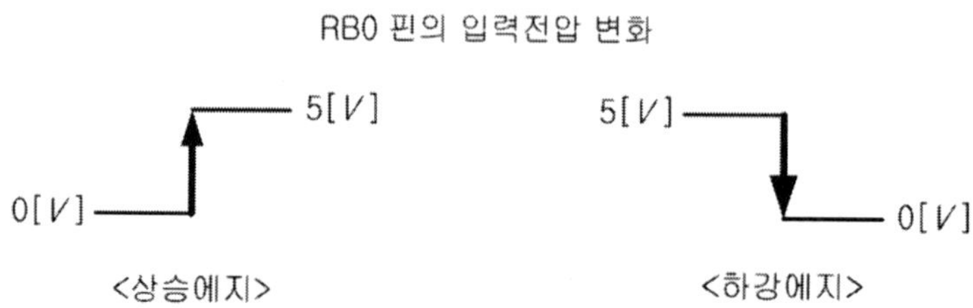

그림 5.1 상승에지 및 하강에지

표 5.2 및 표 5.3은 외부 인터럽트와 관련된 레지스터 및 외부 인터럽트 발생 과정을 설명하는 표이다.

표 5.2 외부 인터럽트 관련 레지스터

Addr	Name	Bit 7	Bit 6	Bit 5	Bit 4	Bit 3	Bit 2	Bit 1	Bit 0
81h, 181h	OPTION_REG	$\overline{\text{RBPU}}$	INTEDG	T0CS	T0SE	PSA	PS2	PS1	PS0
0Bh, 8Bh, 10Bh, 18Bh	INTCON	GIE	PEIE	TMR0IE	INTE	RBIE	TMR0IF	INTF	RBIF
06h, 106h	PORTB	RB7	RB6	RB5	RB4	RB3	RB2	RB1	RB0

※ 진한 부분은 외부 인터럽트에서 사용하지 않는 비트임

표 5.3 외부 인터럽트 발생 과정

인터럽트 조건		인터럽트 발생	인터럽트 결과	비 고
GIE=1, INTE=1	INTEDG=0	RB0=하강에지	INTF=1	소프트웨어적으로 INTF를 리셋시켜야 함
	INTEDG=1	RB0=상승에지	INTF=1	

타이머 0 모듈은 타이머 1, 2와 달리 카운트 ON/OFF 기능이 없기 때문에 전원이 인가되면 타이머 모듈 레지스터 TMR0의 값은 저절로 증가하여 00h~FFh를 반복해서 카운트하게 된다.

2. 타이머 인터럽트(TMR 인터럽트)

타이머 인터럽트는 외부 클럭을 4분주한 내부 클럭을 타이머 모듈 레지스터 TMRX의 값으로 카운트하여 오버플로우가 생겼을 때 발생하는 인터럽트로서, 타이머 0(TMR0), 타이머 1(TMR1), 타이머 2(TMR2) 인터럽트가 있다.

2-1 TMR0 인터럽트

TMR0 인터럽트는 8비트 레지스터인 TMR0 레지스터의 값이 FFh에서 00h로 되는 오버플로우가 발생할 때 발생된다. TMR0 인터럽트를 사용하기 위해서는 TMR0IE(INTCON<5>) 비트를 세트시켜야 하며, TMR0 인터럽트가 발생되면 TMR0IF(INTCON<2>) 비트가 세트된다. TMR0 인터럽트가 한번 발생하면, 추후 다시 발생시키기 위해 TMR0IF는 타이머 0 모듈 인터럽트 서비스 루틴에서 소프트웨어적으로 리셋시켜 주어야 한다.

표 5.4 TMR0 인터럽트 관련 레지스터

Addr	Name	Bit 7	Bit 6	Bit 5	Bit 4	Bit 3	Bit 2	Bit 1	Bit 0
0Bh, 8Bh, 10Bh, 18Bh	INTCON	GIE	PEIE	TMR0IE	INTE	RBIE	TMR0IF	INTF	RBIF
81h, 181h	OPTION_REG	$\overline{\text{RBPU}}$	INTEDG	T0CS	T0SE	PSA	PS2	PS1	PS0
01h, 101h	TMR0	Timer0 Module Register							

※ 진한 부분은 TMR0 인터럽트에서 사용하지 않는 비트임

표 5.5 TMR0 인터럽트 발생 과정

인터럽트 조건	인터럽트 발생	인터럽트 결과	비 고
GIE=1, TMR0IE=1	TMR0 오버플로우 발생(8비트)	TMR0IF=1	TMR0IF를 소프트웨어적으로 리셋시켜야 함

2-2 TMR1 인터럽트

TMR1 인터럽트는 2개의 8비트 레지스터로 된 TMR1 레지스터쌍(TMR1H, TMR1L)으로 이루어진 16비트 타이머로서, TMR1 레지스터쌍의 데이터가 0000h~FFFFh까지 카운트된 후 다시 0000h로 증가되는 순간 오버플로우가 발생하여 TMR1 인터럽트가 발생하게 된다.

표 5.6 TMR1 인터럽트 관련 레지스터

Addr	Name	Bit 7	Bit 6	Bit 5	Bit 4	Bit 3	Bit 2	Bit 1	Bit 0
0Bh, 8Bh, 10Bh, 18Bh	INTCON	GIE	PEIE	TMR0IE	INTE	RBIE	TMR0IF	INTF	RBIF
0Ch	PIR1	PSPIF	ADIF	RCIF	TXIF	SSPIF	CCP1IF	TMR2IF	TMR1IF
8Ch	PIE1	PSPIE	ADIE	RCIE	TXIE	SSPIE	CCP1IE	TMR2IE	TMR1IE
0Eh	TMR1L	16비트 TMR1 레지스터의 최하위 바이트용 카운트 유지 레지스터							
0Fh	TMR1H	16비트 TMR1 레지스터의 최상위 바이트용 카운트 유지 레지스터							
10h	T1CON	–	–	T1CKPS1	T1CKPS0	T1OSCEN	$\overline{\text{T1SYNC}}$	TMR1CS	TMR1ON

※ 진한 부분은 TMR0 인터럽트에서 사용하지 않는 비트임

표 5.7 TMR1 인터럽트 발생 과정

인터럽트 조건	인터럽트 발생	인터럽트 결과	비 고
GIE=1, PEIE=1, TMR1IE=1	TMR1 오버플로우 발생(16비트)	TMR1IF=1	

TMR1 인터럽트를 사용하기 위해서는 TMR1IE(PIE1<0>) 비트를 세트시켜야 하며, TMR1 인터럽트가 발생되면 TMR1IF(PIR1<0>) 비트가 세트된다. 또한 전원만 투입하면 바로 카운트를 시작하는 TMR0와는 달리 TMR1은 TMR1ON(T1CON <0>)비트값의 설정에 따라 카운트의 동작 또는 정지를 선택할 수 있다.

표 5.8 TMR2 인터럽트 관련 레지스터

Addr	Name	Bit 7	Bit 6	Bit 5	Bit 4	Bit 3	Bit 2	Bit 1	Bit 0
0Bh, 8Bh, 10Bh, 18Bh	INTCON	GIE	PEIE	TMR0IE	INTE	RBIE	TMR0IF	INTF	RBIF
0Ch	PIR1	PSPIF	ADIF	RCIF	TXIF	SSPIF	CCP1IF	TMR2IF	TMR1IF
8Ch	PIE1	PSPIE	ADIE	RCIE	TXIE	SSPIE	CCP1IE	TMR2IE	TMR1IE
11h	TMR2	타이머 2 모듈 레지스터							
12h	T2CON	–	TOUTPS3	TOUTPS2	TOUTPS1	TOUTPS0	TMR2ON	T2CKPS1	T2CKPS0
92h	PR2	타이머 2 주기 레지스터							

※ 진한 부분은 TMR2 인터럽트에서 사용하지 않는 비트임

표 5.9 TMR2 인터럽트 발생 과정

인터럽트 조건	인터럽트 발생	인터럽트 결과	비 고
GIE=1, PEIE=1, TMR2IE=1	TMR2 오버플로우 발생(8비트)	TMR2IF=1	

2-3 TMR2 인터럽트

TMR2 인터럽트는 8비트 타이머 레지스터 TMR2에 발생하는 오버플로우에 의해 발생되는 인터럽트로써, 인터럽트가 발생하는 TMR2IF 비트가 세트된다. TMR2 인터럽트를 사용하기 위해서는 TMR2IE(PIE1<1>) 비트를 세트시켜야 한다.

3. 포트 B INTCON 변화

포트 B INTCON 변화 인터럽트는 포트 B의 bit4~bit7 비트, 즉 PORTB<7:4> 핀의 입력상태가 변화될 때 RBIF(INTCON<0>) 비트를 세트시켜 인터럽트를 발생시키는 것으로써, RBIE(INTCON<4>) 비트를 세트시키면 인터럽트가 활성화되고, RBIE(INTCON<4>) 비트를 리셋시키면 활성화되지 않게 된다.

표 5.10 포트 B INTCON 변화 인터럽트 관련 레지스터

Addr	Name	Bit 7	Bit 6	Bit 5	Bit 4	Bit 3	Bit 2	Bit 1	Bit 0
0Bh, 8Bh, 10Bh, 18Bh	INTCON	GIE	PEIE	TMR0IE	INTE	RBIE	TMR0IF	INTF	RBIF
06h, 106h	PORTB	RB7	RB6	RB5	RB4	RB3	RB2	RB1	RB0

※ 진한 부분은 포트 B INTCON 변화 인터럽트에서 사용하지 않는 비트임

제6장

A/D 변환 기능

A/D 변환이란 Analog-to-Digital 변환이라는 말로써, 아날로그값을 디지털값으로 변환시키는 기능을 말하는 것이며, 마이크로컨트롤러 제어에서는 주로 외부에서 입력되는 전압, 전류 등과 같은 전기량의 아날로그값을 디지털적인 숫자 데이터 값으로 변환시키는 기능을 의미한다. A/D 변환 기능을 위한 전용 IC도 있지만 전용 IC는 특별히 필요한 경우에만 사용되며, PIC 시리즈를 비롯하여 최근에 출시되고 있는 마이크로컨트롤러에 A/D 변환 모듈이 내장되어 있기 때문에 외부에 별도의 A/D 전용 IC를 사용하지 않고 내부 A/D 변환 기능을 사용하는 것이 일반적이다.

PIC16F73은 8비트의 A/D 변환 모듈을 5개 내장하고 있으며, 5개의 외부 핀을 통해 각각 입력되는 아날로그 입력을 8비트의 디지털 숫자 데이터로 각각 변환시키는 기능을 한다. 또한 아날로그 기준전압은 소프트웨어적인 설정에 의해 바이어스 전압(V_{DD}) 또는 RA3/AN3/V_{REF} 핀에 입력되는 전압값 중 하나를 선택하여 사용하는 것이 가능하다.

1. A/D 변환 레지스터

A/D 모듈은 A/D 결과값이 저장되는 ADRES와 A/D 변환 동작의 형태를 결정하고 제어하는 ADCON0, ADCON1에 의해 제어된다.

Bit 7	Bit 6	Bit 5	Bit 4	Bit 3	Bit 2	Bit 1	Bit 0
ADCS1	ADCS0	CHS2	CHS1	CHS0	GO/$\overline{DONE}$	–	ADON

bit 7-6 : ADCS1-ADCS0(A/D 변환 클럭 선택 비트)

00 = $F_{OSC}/2$

01 = $F_{OSC}/8$

10 = $F_{OSC}/32$

11 = F_{RC}(내부 A/D 모듈 RC 오실레이터로부터 얻는 클럭)

bit 5-3 : CHS2-CHS0(아날로그 채널 선택 비트)
000 = 채널 0(RA0/AN0)
001 = 채널 1(RA1/AN1)
010 = 채널 2(RA2/AN2)
011 = 채널 3(RA3/AN3)
100 = 채널 4(RA5/AN4)
bit 2 : GO/$\overline{\text{DONE}}$ (A/D 변환 상태 비트)
ADON = 1 인 상태일 때
1 = A/D 변환 과정 진행(비트 세팅 시 A/D 변환 시작)
0 = A/D 변환 과정 비진행(A/D 변환 완료 시 하드웨어 자동 리셋됨)
bit 1 : 미사용('0'으로 읽힘)
bit 0 : ADON(A/D ON 비트)
1 = A/D 변환기 모듈이 작동됨
0 = A/D 변환기 모듈이 정지됨

그림 6.1 ADCON0 레지스터(1Fh)

Bit 7	Bit 6	Bit 5	Bit 4	Bit 3	Bit 2	Bit 1	Bit 0
–	–	–	–	–	PCFG2	PCFG1	PCFG0

bit 7-3 : 미사용('0'으로 읽힘)
bit 2-0 : PCFG2-PCFG0(A/D 포트 구성 제어 비트)

PCFG2:PCFG0	RA0	RA1	RA2	RA5	RA3	V_{REF}
000	A	A	A	A	A	V_{DD}
001	A	A	A	A	V_{REF}	RA3
010	A	A	A	A	A	V_{DD}
011	A	A	A	A	V_{REF}	RA3
100	A	A	D	D	A	V_{DD}
101	A	A	D	D	V_{REF}	RA3
11X	D	D	D	D	D	V_{DD}

※ A=Analog input으로 사용됨, D=Digital I/O로 사용됨

그림 6.2 ADCON1 레지스터(9Fh)

2. A/D 변환 과정

A/D 변환은 GO/$\overline{\text{DONE}}$ 비트를 셋팅하면 시작되는데, 변환이 완료되면 8비트의 결과값이 ADRES 레지스터에 저장되고 GO/$\overline{\text{DONE}}$ 비트는 클리어 되며 ADIF(PIR<6>) 비트가 세트된다.

만일 A/D 인터럽트 비트 ADIE(PIE1<6>), 주변장치 인터럽트 인에이블 비트 PEIE(INTCON<6>), 글로벌 인터럽트 비트 GIE(INTCON<7>)이 모두 세트되어 있으면 하드웨어에 의해 ADIF가 세트될 때마다 인터럽트가 발생하게 된다. 변환하는 동안에 GO/$\overline{\text{DONE}}$ 비트가 클리어되면 현재의 변환이 모두 철회되고, ADRES 레지스터값은 변하지 않게 되며, ADIF 플래그도 세트되지 않는다. 변환이 종료되거나 또는 펌웨어에 의해 GO/$\overline{\text{DONE}}$ 비트가 클리어 된 후에는 GO/$\overline{\text{DONE}}$를 세트시켜 다시 변환동작을 시작할 수 있으며, A/D 변환 모듈 이용 시에는 이러한 점을 감안하여 적정한 검출시간을 고려해야 한다.

PIC16F73의 A/D 변환 과정은 다음과 같다.

1) A/D 모듈 구성
   - ○ 아날로그 핀, 전압 레퍼런스, 디지털 I/O 설정 구성(ADCON1)
   - ○ A/D 변환 클럭 선택(ADCON0)
   - ○ A/D 모듈 ON(ADCON0)
2) A/D 인터럽트 구성(사용 시)
   - ○ ADIF 비트 클리어
   - ○ ADIE 비트 세트
   - ○ PEIE 비트 세트
   - ○ GIE 비트 세트
3) A/D 입력 채널 선택(ADCON0)
4) 적정 검출시간 이상 대기
5) 변환시작 : GO/$\overline{\text{DONE}}$ 비트(ADCON0) 세트
6) A/D 변환이 완료되기까지 대기
   - ○ GO/$\overline{\text{DONE}}$ 비트가 클리어 되기를 요구하거나(인터럽트 미사용 시)
   - ○ A/D 인터럽트를 기다리거나
7) A/D 결과 레지스터(ADRES)을 읽어 들이고 필요 시 ADIF 비트를 클리어
8) 다음 변환동작을 위해 필요 시 3 또는 4 단계로 이동

A/D 변환은 CCP2 모듈의 "특별 이벤트 트리거"에 의해 시작될 수도 있다. 이 기능은 CCP2M3-CCPM0 비트(CCP2CON<3:0>)가 '1011'로 프로그램되고, A/D 모듈이 인에이블 되면(ADON 비트가 세트) 가능하다. 트리거가 발생하면 GO/$\overline{\text{DONE}}$가 세트되어 A/D 변환이 시작되고, 타이머 1 카운터는 '0'으로 리셋된다.

아날로그 입력 채널이 선택되고 적정한 검출시간이 경과되면 "특별 이벤트 트리거"에 의해 GO/$\overline{\text{DONE}}$가 세트되어 변환이 시작된다. 만일 A/D 모듈이 인에이블 되어 있지 않으면(ADON이 클리어되어 있음), "특별 이벤트 트리거"는 A/D 모듈에 의해 무시되지만 타이머 1 카운터는 리셋 상태를 유지하게 된다.

ADCON1, TRISA 레지스터는 A/D 포트 핀의 동작을 제어하게 되는데, 아날로그 입력으로 사용하기 위한 포트 핀은 해당 TRIS 비트를 세트, 즉 입력모드로 설정해야 한다. 만일 TRIS 비트가 클리어 되면(출력으로 설정됨) 디지털 출력 레벨(V_{OH} 또는 V_{OL})이 변환된다.

표 6.1 A/D 변환 관련 레지스터

Addr	Name	Bit 7	Bit 6	Bit 5	Bit 4	Bit 3	Bit 2	Bit 1	Bit 0
0Bh, 8Bh, 10Bh, 18Bh	INTCON	GIE	PEIE	TMR0IE	INTE	RBIE	TMR0IF	INTF	RBIF
0Ch	PIR1	–	ADIF	RCIF	TXIF	SSPIF	CCP1IF	TMR2IF	TMR1IF
0Dh	PIR2	–	–	–	–	–	–	–	CCP2IF
8Ch	PIE1	–	ADIE	RCIE	TXIE	SSPIE	CCP1IE	TMR2IE	TMR1IE
8Dh	PIE2	–	–	–	–	–	–	–	CCP2IE
1Eh	ADRES	A/D 결과 레지스터							
1Fh	ADCON0	ADCS1	ADCS0	CHS2	CHS1	CHS0	GO/$\overline{\text{DONE}}$	–	ADON
9Fh	ADCON1	–	–	–	–	–	PCFG2	PCFG1	PCFG0
05h	PORTA	–	–	RA5	RA4	RA3	RA2	RA1	RA0
85h	TRISA	–	–	포트 A 데이터 방향 레지스터					

※ 진한 부분은 A/D 변환 기능에서 사용하지 않는 비트임

3. A/D 변환 클럭 선택

비트당 A/D 변환시간을 T_{AD}로 정의하는데 8비트 변환을 위해서는 9.0 T_{AD}의 변환시간이 필요하다. A/D 변환 클럭 소스는 소프트웨어적으로 선택할 수 있는데, T_{AD}에 대해 4개의 선택 가능한 모드가 있다.

- ○ 2 T_{OSC}(F_{OSC}/2)
- ○ 8 T_{OSC}(F_{OSC}/8)
- ○ 32 T_{OSC}(F_{OSC}/32)
- ○ 내부 RC 오실레이터(2-6㎲)

정확한 A/D 변환을 위해서 A/D 변환 클럭 T_{AD}는 가능한 한 작지만 1.6[㎲] 정도의 최소 T_{AD} 시간은 보장하도록 선택되어야 한다.

제7장

Capture/Compare/PWM 기능

각각의 Capture/Compare/PWM 모듈은 16비트 Capture 레지스터, 16비트 Compare 레지스터, PWM 미스디/슬레이브 시비율 레지스터로 각각 동작하는 16비트 레시스터를 포함하고 있다.

1. CCP 모듈

CCP1과 CCP2 모듈은 특별 이벤트 트리거 동작과 관련된 것을 제외하면 동일한 동작을 하며, 표 7.1과 7.2는 CCP 모듈의 리소스와 상호작용을 나타낸다.

표 7.1 CCP 모듈-타이머 리소스

CCP 모듈	타이머 리소스
Capture	타이머 1
Compare	타이머 1
PWM	타이머 2

표 7.2 CCP 모듈의 상호작용

CCPx 모드	CCPy 모드	상호작용
Capture	Capture	Same TMR1 time-base
Capture	Compare	Same TMR1 time-base
Compare	Compare	Same TMR1 time-base
PWM	PWM	PWM은 같은 주파수, 업데이트 속도를 갖게 됨 (TMR2 인터럽트). 상승에지가 할당됨.
PWM	Capture	None
PWM	Compare	None

1-1 CCP1 모듈

Capture/Compare/PWM 레지스터 1(CCPR1)은 CCPR1L(하위 바이트), CCPR1H(상위 바이트)이라 불리는 2개의 8비트 레지스터로 이루어져 있으며, CCP1CON 레지스터에 의해 CCP1의 동작이 제어된다. 컴페어 매치가 이루어지면 특별 이벤트 트리거가 발생하게 되며, TMR1H와 TMR1L 레지스터 모두를 클리어하게 된다.

1-2 CCP2 모듈

Capture/Compare/PWM 레지스터 1(CCPR1)은 CCPR1L(하위 바이트), CCPR1H(상위 바이트)이라 불리는 2개의 8비트 레지스터로 이루어져 있으며, CCP2CON 레지스터에 의해 CCP2의 동작이 제어된다. 컴페어 매치가 이루어지면 특별 이벤트 트리거가 발생하게 되고, 이로 인해 TMR1H와 TMR1L 레지스터 모두를 클리어하게 되고, A/D 모듈이 인에이블 되어 있는 경우에는 A/D 변환이 시작된다.

Bit 7	Bit 6	Bit 5	Bit 4	Bit 3	Bit 2	Bit 1	Bit 0
–	–	CCPxX	CCPxY	CCPxM3	CCPxM2	CCPxM1	CCPxM0

bit 7-6 : 미사용('0'으로 읽힘)

bit 5-4 : CCPxX-CCPxY(PWM 최하위 비트),
캡처, 컴페어 모드 : 사용하지 않음
PWM 모드 : PWM 시비율용 최하위 2 비트임. 8개의 최상위 비트는 CCPRxL에 포함됨

bit 3-0 : CCPxM3-CCPxM0(CCPx 모드 선택 비트)
0000 = Capture/Compare/PWM 사용하지 않음(CCPx 모듈 리셋)
0100 = Capture 모드, 하강 에지마다
0101 = Capture 모드, 상승 에지마다
0110 = Capture 모드, 4번째 상승 에지마다
0111 = Capture 모드, 16번째 상승 에지마다
1000 = Compare 모드, 매치 시 출력 세트함(CCPxIF 비트 세트됨)
1001 = Compare 모드, 매치 시 출력 클리어함(CCPxIF 비트 세트됨)
1010 = Compare 모드, 매치 시 소프트웨어 인터럽트 발생
(CCPxIF 비트 세트되고 CCPx 핀은 영향 없음)
1011 = Compare 모드, 특별 이벤트 트리거(CCPxIF 비트 세트되고 CCPx 핀은 영향 없음)
CCP1은 타이머 1 클리어, CCP2는 타이머 1 클리어 및 A/D 변환 시작(A/D 모듈 인에이블 시)
11xx = PWM 모드

그림 7.1 CCP1CON 레지스터/CCP2CON 레지스터(17h/1Dh)

2. Capture 모드

Capture 모드는 RC2/CCP1 핀에 이벤트가 발생하는 순간의 TMR1 레지스터의 16비트 값을 CCPR1H:CCPR1L에 캡쳐하는 기능이다. 이 이벤트는 CCPxCON <3:0>의 설정에 의해 다음 중 하나로 선택된다.

- ○ 매 하강 에지마다
- ○ 매 상승 에지마다
- ○ 4번째 상승 에지마다
- ○ 16번째 상승 에지마다

이벤트는 제어비트 CCP1M3:CCP1M0(CCP1CON<3:0>)에 의해 선택되며, 캡쳐가 발생하면 인터럽트 요청 플래그 비트 CCP1IF(PIR1<2>)가 세트된다. 인터럽트 플래그는 소프트웨어적으로 클리어 되어야 한다. CCPR1 레지스터의 값이 읽혀지기 전에 또 다른 캡쳐가 발생하면 이전에 캡쳐되었던 값은 새로이 캡쳐된 값으로 다시 쓰여진다.

2-1 CCP 핀 구성

Capture 모드에서 RC2/CCP1 핀은 TRISC<2> 비트를 세팅하여 입력으로 설정해야 한다. 만일 RC2/CCP1 핀이 출력으로 설정되면 포트에 써 넣은 데이터에 의해 캡쳐동작이 발생할 수도 있으므로 주의해야 한다.

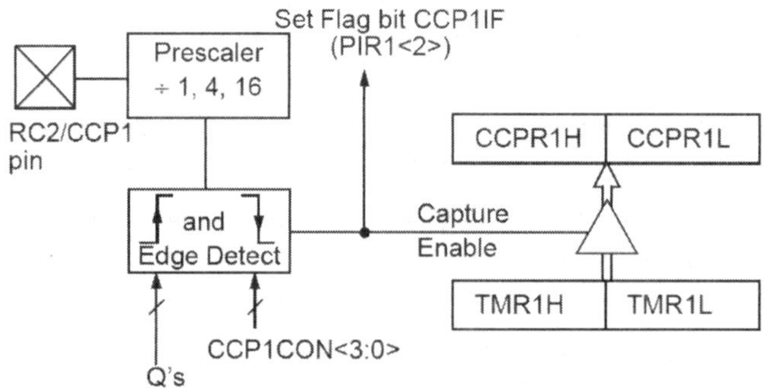

그림 7.2 Capture 모드 동작 블록도

2-2 타이머 1 모드 선택

CCP 모듈을 캡쳐 동작으로 이용하기 위해서는 타이머 1은 타이머 모드나 동기 카운터 모드로 동작되어야 하며, 비동기 카운터 모드에서는 캡쳐 동작이 이루어질 수 없다.

2-3 소프트웨어 인터럽트

캡쳐 모드가 변화될 때 오류 캡쳐 인터럽트가 발생할 수 있으므로, 이러한 오류 인터럽트를 방지하기 위해 CCP1IE(PIE<2>) 비트를 클리어 해 주어야 하며, 동작 모드에서 그러한 변화로 인해 세트될 수 있는 CCP1IF 플래그 비트도 클리어 해 주어야 한다.

2-4 CCP 프리스케일러

CCP1M3:CCP1M0 비트의 설정에 의해 4가지 프리스케일러 설정이 가능하다. CCP 모듈이 정지되거나 또는 CCP 모듈이 캡쳐 모드로 설정되어 있지 않을 때마다 프리스케일러 카운터가 클리어 된다. 어떤 하나의 캡쳐 프리스케일러에서 다른 프리스케일러로 변경될 때에 인터럽트가 발생하며, 프리스케일러 카운터는 클리어 되지 않으므로 첫 번째 캡쳐는 non-zero 프리스케일러로 발생할 수 있다.

3. Compare 모드

Compare 모드에서 16비트 CCPR1 레지스터 값이 TMR1 레지스터쌍의 값과 비교되어 매치가 발생하면 RC2/CCP1 핀은 제어 비트 CCP1M3:CCP1M0(CCP1CON <3:0>)의 설정 값에 따라 다음의 3가지 중 1가지의 동작이 이루어진다.

- ○ high 상태
- ○ low 상태
- ○ 변화없이 이전 상태 유지

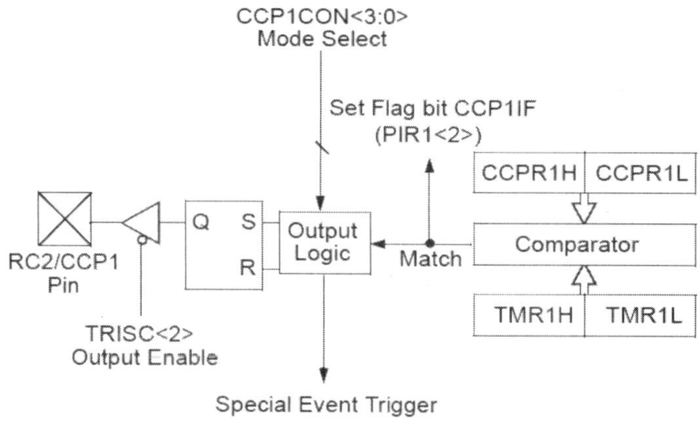

그림 7.3 Compare 모드 동작 블록도

3-1 CCP 핀 구성

RC2/CCP1 핀은 TRISC<2> 비트를 클리어하여 출력핀으로 설정해야 한다. 만일 CCP1CON 레지스터를 클리어하면 RC2/CCP1 비교 출력 래치를 강제로 디폴트 로우 레벨로 만들게 될 것이며, 이것은 PORTC I/O 데이터 래치와는 다른 것이다.

3-2 타이머 1 모드 선택

만일 CCP 모듈이 컴패어 특성으로 이용된다면 타이머 1은 타이머 모드나 동기 카운터 모드로 동작되어야 한다. 비동기 카운터 모드에서는 컴페어 동작이 이루어질 수 없다.

3-3 소프트웨어 인터럽트 모드

소프트웨어 인터럽트 발생 모드가 선택되면 CCP1 핀은 영향을 받지 않으며, CCP 인터럽트를 발생시키는 CCP1IF나 CCP2IF 비트는 세트된다.

3-4 특별 이벤트 트리거

이 모드에서는 내부 하드웨어 트리거가 발생되며, 동작을 시작하는데 이용된다. CCP1의 특별 이벤트 트리거 출력은 TMR1 레지스터 쌍을 리셋하며, 이것은 CCPR1 레지스터를 타이머 1용 16비트 프로그래머블 주기 레지스터로 할당하는 결과가 된다. CCP2의 특별 이벤트 트리거 출력은 TMR1 레지스터 쌍을 리셋하며(만일 A/D 모듈이 인에이블 되어 있다면), A/D 변환을 시작하게 한다. CCP1 및 CCP2 모듈로부터 발생하는 특별 이벤트 트리거는 인터럽트 플래그 비트 TMR1IF(PIR1<0>)를 세트하지 않는다.

Addr	Name	Bit 7	Bit 6	Bit 5	Bit 4	Bit 3	Bit 2	Bit 1	Bit 0
0Bh, 8Bh, 10Bh, 18Bh	INTCON	GIE	PEIE	TMR0IE	INTE	RBIE	TMR0IF	INTF	RBIF
0Ch	PIR1	–	ADIF	RCIF	TXIF	SSPIF	CCP1IF	TMR2IF	TMR1IF
0Dh	PIR2	–	–	–	–	–	–	–	CCP2IF
8Ch	PIE1	–	ADIE	RCIE	TXIE	SSPIE	CCP1IE	TMR2IE	TMR1IE
8Dh	PIE2	–	–	–	–	–	–	–	CCP2IE
87h	TRISC	포트 C 데이터 방향 레지스터							
0Eh	TMR1L	16비트 TMR1 레지스터의 최하위 바이트용 카운트 유지 레지스터							
0Fh	TMR1H	16비트 TMR1 레지스터의 최상위 바이트용 카운트 유지 레지스터							
10h	T1CON	–	–	T1CKPS1	T1CKPS0	T1OSCEN	$\overline{\text{T1SYNC}}$	TMR1CS	TMR1ON
15h	CCPR1L	Capture/Compare/PWM 레지스터 1(LSB)							
16h	CCPR1H	Capture/Compare/PWM 레지스터 1(MSB)							
17h	CCP1CON	–	–	CCP1X	CCP1Y	CCP1M3	CCP1M2	CCP1M1	CCP1M0
1Bh	CCPR2L	Capture/Compare/PWM 레지스터 2(LSB)							
1Ch	CCPR2H	Capture/Compare/PWM 레지스터 2(MSB)							
1Dh	CCP2CON	–	–	CCP2X	CCP2Y	CCP2M3	CCP2M2	CCP2M1	CCP2M0

그림 7.4 Capture, Compare, 타이머 1과 관련된 레지스터

4. PWM 모드

PWM 모드에서는 CCPx 핀에 10비트 분해능의 PWM 파형이 출력된다. CCP1 핀은 PORTC 데이터 래치기능도 포함하고 있기 때문에 TRISC<2> 비트는 CCP1 핀을 출력으로 만들기 위해 클리어 되어야 한다. CCP1CON 레지스터를 클리어하면 CCP1 PWM 출력 래치를 강제로 디폴트 로우 레벨로 만들어 준다. 이것은 PORTC I/O 데이터 래치가 아니다. 그림 7.5는 PWM 모드로 동작될 때의 CCP 모듈의 블록도를 나타낸다.

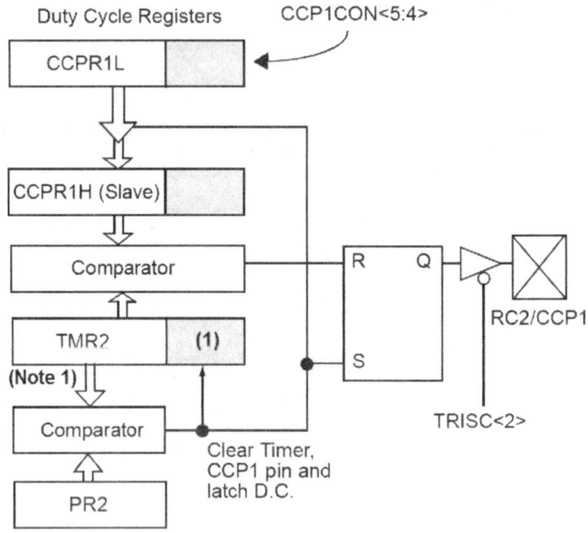

그림 7.5 간략화한 PWM 블록도

또한 그림 7.6은 PWM 출력파형과 각 레지스터의 관계를 나타낸 그림이다.

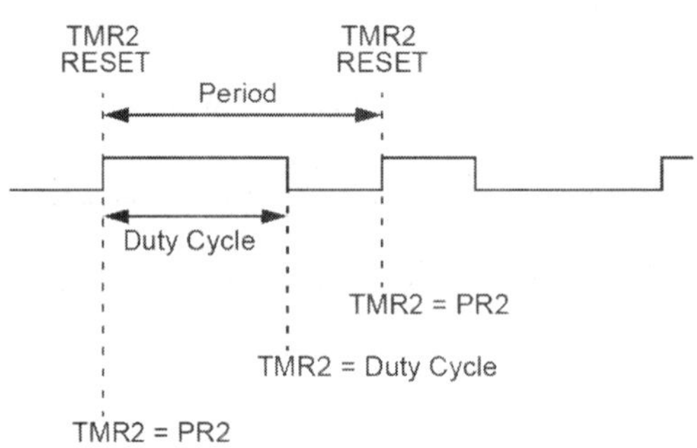

그림 7.6 PWM 출력

4-1 PWM 주기

PWM 주기는 아래 식 (7.1)과 같이 PR2 레지스터에 쓰여지는 값에 의해 결정된다.

$$\text{PWM 주기} = [(\text{PR2})+1] \times 4 \times T_{OSC} \times (\text{TMR2 프리스케일 값}) \qquad (7.1)$$

TMR2가 PR2와 같아질 때, TMR2가 클리어 되면서 CCP1 핀은 세트되고, PWM 시비율은 CCPR1L로부터 CCPR1H로 래치된다.

4-2 PWM 시비율

PWM 시비율은 CCPR1L 레지스터와 CCP1CON<5:4>에 씌어지는 값에 의해 10비트 분해능까지 가능하게 된다. CCPR1L에 상위 8비트가, CCP1CON<5:4>에 하위 2비트가 포함되어 전체 10비트의 값이 CCPR1L:CCP1CON<5:4>에 포함된다. 식(7.2)는 PWM 시비율을 나타내는 식이다.

PWM 시비율=(CCPR1L:CCP1CON<5:4>)×T_{OSC}×(TMR2 프리스케일 값)　(7.2)

CCPR1L과 CCP1CON<5:4>는 아무 때나 값이 쓰여질 수 있지만, 시비율값은 한 주기가 끝나는 순간인 PR2와 TMR2 사이의 매칭이 이루어지기 전까지 래치되지 않는다.

4-3 PWM 동작 과정

PWM 동작을 위해서는 다음과 같은 과정에 따라 CCP 모듈을 설정해야 한다.

1) PR2 레지스터에 PWM 주기 값을 써 넣는다.
2) CCPR1L 레지스터와 CCP1CON<5:4> 비트에 PWM 시비율을 써 넣는다.
3) TRISC<2> 비트를 클리어 하여 CCP1 핀을 출력으로 할당한다.
4) TMR2 프리스케일 값을 결정하고, T2CON을 설정하여 타이머 2를 동작시킨다.
5) PWM 동작으로 CCP1 모듈을 설정한다.

Addr	Name	Bit 7	Bit 6	Bit 5	Bit 4	Bit 3	Bit 2	Bit 1	Bit 0
0Bh, 8Bh, 10Bh, 18Bh	INTCON	GIE	PEIE	TMR0IE	INTE	RBIE	TMR0IF	INTF	RBIF
0Ch	PIR1	–	ADIF	RCIF	TXIF	SSPIF	CCP1IF	TMR2IF	TMR1IF
0Dh	PIR2	–	–	–	–	–	–	–	CCP2IF
8Ch	PIE1	–	ADIE	RCIE	TXIE	SSPIE	CCP1IE	TMR2IE	TMR1IE
8Dh	PIE2	–	–	–	–	–	–	–	CCP2IE
87h	TRISC	포트 C 데이터 방향 레지스터							
11h	TMR2	TMR2 모듈 레지스터							
92h	PR2	TMR2 모듈 주기 레지스터							
12h	T2CON	–	TOUTPS3	TOUTPS2	TOUTPS1	TOUTPS0	TMR2ON	T2CKPS1	T2CKPS0
15h	CCPR1L	Capture/Compare/PWM 레지스터 1(LSB)							
16h	CCPR1H	Capture/Compare/PWM 레지스터 1(MSB)							
17h	CCP1CON	–	–	CCP1X	CCP1Y	CCP1M3	CCP1M2	CCP1M1	CCP1M0
1Bh	CCPR2L	Capture/Compare/PWM 레지스터 2(LSB)							
1Ch	CCPR2H	Capture/Compare/PWM 레지스터 2(MSB)							
1Dh	CCP2CON	–	–	CCP2X	CCP2Y	CCP2M3	CCP2M2	CCP2M1	CCP2M0

그림 7.7 PWM, 타이머 2와 관련된 레지스터

제 II 편. 개발환경 구축

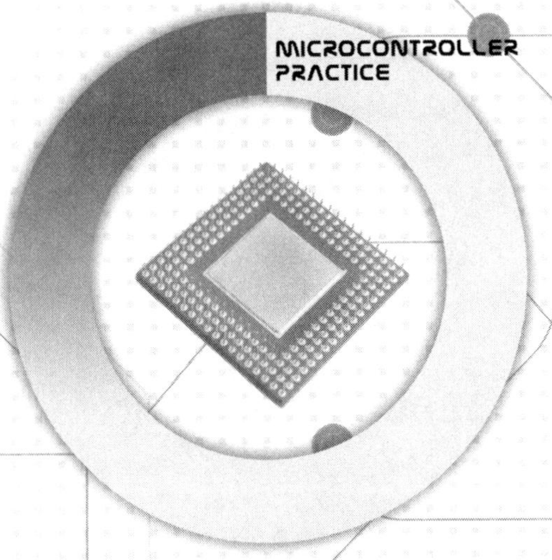

제1장

개발환경 구축 개요

PIC16F73을 이용하여 마이크로컨트롤러 응용시스템을 설계하고 동작시키기 위해서는 첫 번째, 프로그래밍 언어를 이용하여 프로그램 소스 파일을 작성하는 프로그램 코딩, 두 번째, 작성된 프로그램 소스 파일을 기계어로 변환시키는 소스 컴파일링, 세 번째, 컴파일된 프로그램의 데이터 파일을 PIC16F73 내부의 플래시 메모리에 탑재시키는 프로그램 버닝 과정을 차례로 거쳐야 한다.

'제Ⅱ편 개발환경 구축' 편에서는 프로그램 코딩, 소스 컴파일링, 프로그램 버닝 등의 각 과정에 대해 자세히 설명한다.

1. 프로그램 코딩 및 컴파일러

프로그램 코딩(Program Coding)이란 마이크로컨트롤러의 프로그램을 작성하는 과정을 말하는 것으로 프로그래밍 언어를 이용하여 프로그램을 작성하게 된다. 프로그래밍 언어는 여러 종류가 있으나 마이크로컨트롤러 응용시스템 제어를 위해서는 C언어, 어셈블리어 등과 같이 하드웨어 제어성능이 우수한 프로그래밍 언어가 많이 사용된다.

본 교재에서는 PIC16F73을 제어하기 위해 코딩이 용이하고, 호환성 및 제어성능이 우수한 C언어를 이용하여 프로그램을 작성한다. 이를 위해서는 일반적인 C언어 문법에 대해 알아야 할 뿐만 아니라 PIC16F73용 C언어 명령어에 대해서도 학습해야 한다. 다른 마이크로컨트롤러에서는 적용되지 않고, PIC 시리즈에서만 적용되는 명령어들이 있기 때문에 이에 대한 학습이 반드시 필요하다.

또한 명령어를 이용하여 프로그램을 코딩하기 위한 환경을 구축해야 한다. 일반적으로 마이크로컨트롤러를 이용하여 제어시스템을 구성하는 경우, 마이크로컨트롤러에 탑재할 프로그램 개발이 필요한데, 프로그램 개발 과정은 프로그램을 작성하여 실행시켜 본 후, 최종 목표에 이를 때까지 수정이 필요한 부분을 디버깅하는 과정을 반복해야 한다. 산업현장에서는 프로그래밍 및 디버깅 시간을 단축시킬 수 있는 에뮬레이터를 이용하거나, 다운로드 기법을 이용하여 프로그램을 개발하는 경우가 많이 있지만, 본 교재에서는 마이크로컨트롤러에 직접 프로그램을 탑재하여 실행시키는 방식을 이용한다. 이와 같이 직접 프로그램을 마이크로컨트롤러에 탑재하면 다소 불편하고, 프로그램 개발 시간도 많이 필요하지만 마이크로컨트롤러 응용시스템 개발이 생소한 초보자들에게는 마이크로컨트롤러를 직접 접하는 기회가 많아짐으로써 학습효과를 높일 수 있을 것으로 판단된다.

본 교재에서는 프로그램 코딩 및 컴파일에 많이 사용되고 있는 CCS(Custom Computer Service)사의 컴파일러 CCS-C를 설치하여 프로그램 개발 환경을 구축한다.

2. 프로그램 버닝

프로그램 버닝(Program Burning)이란 CCS-C 컴파일러에 의해 생성된 기계어 파일을 PIC16F73 내부에 포함되어 있는 플래시 메모리로 저장시키는 과정을 말하는 것으로, 프로그램 버닝을 위해 산업현장에서 많이 사용되고 있는 유니버설 프로그래머 ALL-100을 이용하여 버닝과정을 실습한다. ALL-100의 사용법을 익히기 위해 기기의 설치, 기능, 사용법 등에 대해 자세히 학습한다.

3. 마이크로컨트롤러 응용 시스템 개발 과정

마이크로컨트롤러를 이용하여 응용 시스템을 개발하기 위해서는 먼저 시스템의 동작을 구상하고, 해당 동작을 수행하기 위한 입출력 장치를 결정해야 한다. 시스템의 동작 및 입출력 장치가 결정되면 적합한 하드웨어를 설계 및 제작하고, 하드웨어 제작이 완료되면 소프트웨어를 개발하며, 이후에는 하드웨어에 소프트웨어를 탑재하여 동작실험을 실시한다. 동작실험에서 구상한 동작이 이루어지지 않는 경우 원인을 찾아 소프트웨어 또는 하드웨어를 수정하는 디버깅 작업을 응용 시스템의 목표가 달성될 때까지 반복적으로 수행한다.

개발과정을 쉽고 정확하게 완성하기 위해서는 처음에 실시하는 과정이 매우 중요하다. 특히 정확한 시스템의 동작을 정의하고, 입출력을 결정하는 과정은 매우 중요하다고 할 수 있다. 시스템의 동작을 부정확하게 정의하게 되면 그 이후의 하드웨어 및 소프드웨어 개발내용이 모두 설계자가 의도했던 것과는 다르게 제작될 수 밖에 없기 때문에 설계자의 의도대로 시스템이 동작되는 것을 기대할 수 없게 된다. 따라서 정확하고 세세하게 시스템이 수행해야 할 동작의 순서, 내용 등을 정확하게 정의하고, 정의된 시스템 동작의 내용을 가장 잘 수행할 수 있는 입력 및 출력장치를 결정한다.

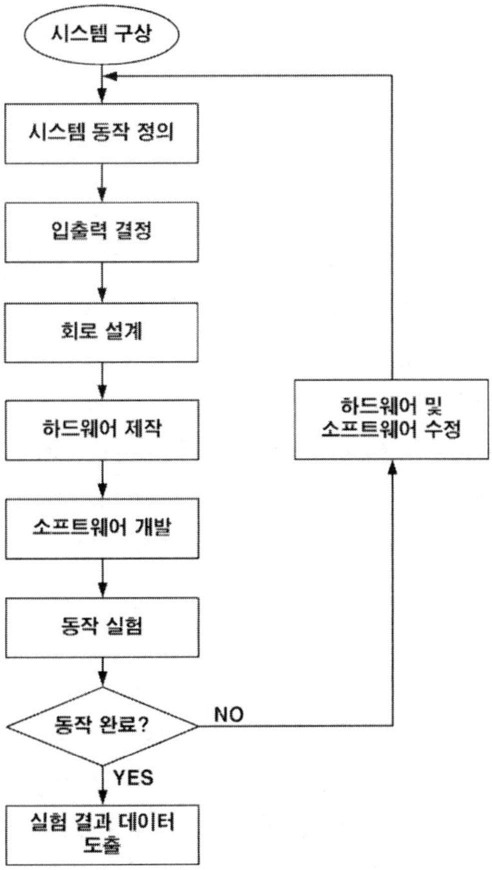

그림 1.1 PIC16F73 응용시스템 개발 과정

그림 1.1은 PIC16F73을 이용하여 응용 시스템을 개발하는 과정을 순서적으로 나타낸 그림으로써, 시스템을 구상하는 과정부터 시작하여 시스템을 제작하고 동작시키는 과정까지의 흐름을 나타낸다. 하드웨어 및 소프트웨어의 개발이 완료되면 동작실험을 실시한다. 응용 시스템의 정확한 동작을 세밀히 실험하여 설계자가 의도하는 모든 동작이 정상적으로 이루어지는지 확인하고, 만일 설계 의도와 차이가 있는 부분에 대해서는 문제의 원인이 하드웨어인지 소프트웨어인지를 찾아 문제 부분을 수정한다.

제2장

프로그램 코딩 및 컴파일

1. 개요

마이크로컨트롤러를 이용하여 전기전자기기를 제어하기 위해서는 Ⅰ편에서 설명한 바와 같이 기기가 수행해야 할 일의 내용을 컴퓨터가 이해할 수 있는 언어로 순서대로 작성해야 하는데 이것을 프로그래밍(Programming)이라고 하며, 프로그램을 작성하기 위한 언어를 프로그래밍 언어(Programming Language)라고 한다. 프로그래밍 언어는 크게 고급(High Level) 언어와 저급(Low Level) 언어로 나눌 수 있는데 저급언어는 기계 중심의 언어로 어셈블리어(Assembly)가 이에 해당한다. 저급언어는 기계 중심의 언어이기 때문에 마이크로컨트롤러가 해독하고 처리하는데 유리하여 일반적으로 처리속도가 고급언어에 비해 빠른 편이나 사람들이 이해하기 어렵고 코딩하기가 불편한 단점이 있다. 고급언어는 기능 중심의 언어라고 할 수 있는데 FORTRAN, COBOL, PASCAL, BASIC, C언어 등이 이에 속한다. 고급언어는 기능 중심이기 때문에 특정 목적의 기능에 장점을 가지고 있으므로 필요한 목적에 따라 선택해서 사용하는 경우가 일반적이다.

마이크로컨트롤러를 이용한 시스템 제어에 가장 많이 사용되고 있는 C언어는 호환성 있는 데이터 구조를 가지고 있기 때문에 구조화된 프로그래밍이 가능하다는 장점이 있다. 구조화된 프로그램이란 어린 아이들이 가지고 노는 블록놀이 장난감과 비교해서 생각해 볼 수 있다. 부품별로 규격이 정해져 있고 호환이 가능하기 때문에 필요한 블록을 다른 블록놀이에서도 사용할 수 있는 것과 마찬가지로 프로그램 작성 시에도 필요한 규격만 맞추어 작성하면 다른 프로그램에서도 해당 부분을 그대로 사용할 수 있는 프로그램이란 뜻이다. 이와 같이 어떤 프로그램을 개발할 때 다른 프로그래머가 작성한, 또는 자신이 작성한 다른 프로그램의 일부를 바로 사용할 수 있기 때문에 프로그램 개발 기간이 단축되고, 작성 및 수정이 매우 용이하게 된다. 반면에 C언어는 프로그램의 크기가 커지므로 실행속도가 느려지는 단점이 있다. 따라서 제어용 시스템에서 기본적인 입출력, 하드웨어 제어 등을 담당하는 부분의 프로그램은 어셈블리어로 작성하고, 그래픽을 비롯한 응용 프로그램은 C언어를 사용하는 이중 프로그램 구조를 사용하기도 한다.

또한 마이크로컨트롤러를 이용하여 전기전자기기를 제어하기 위해서는 프로그래머가 프로그래밍 언어를 사용하여 프로그램 소스를 작성하고, 작성된 프로그램 소스를 마이크로컨트롤러가 이해할 수 있는 기계어로 변환하여 메모리에 저장하여야 한다. 마이크로컨트롤러는 메모리 장치에 저장된 프로그램의 내용을 해독하여 프로그램에 정해진 동작을 수행하게 된다. 이와 같이 프로그래머가 작성한 프로그램 소스 파일을 기계어로 변환시키는 중간과정이 필요한데, 이러한 과정을 컴파일(Compile) 과정이라고 하며 변환을 담당하는 프로그램을 컴파일러(Compiler)라고 한다. 그림 2.1은 프로그램 개발 과정의 흐름을 나타내는 그림이다. 어셈블리어로 프로그램을 개발하는 경우에는 컴파일 과정 이후에 링커(Linker)를 이용한 링크(Link) 과정이 대부분 필요하지만, 최근에 출시되고 있는 대부분의 C언어 개발 통합환경에서는 컴파일 명령만으로 필요한 모든 과정을 수행하도록 되어 있다.

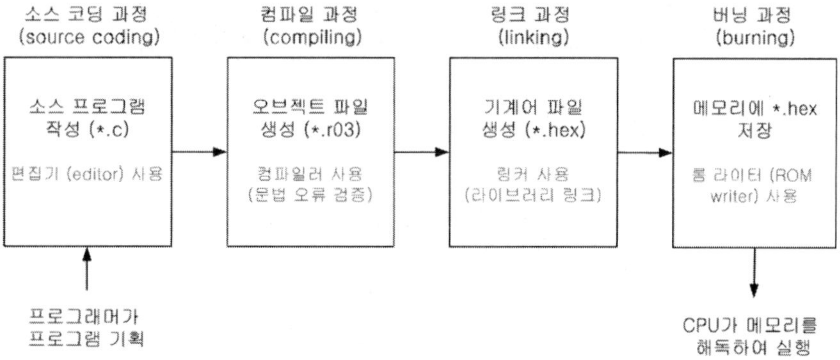

그림 2.1 프로그램 개발 및 실행 과정

2. CCS-C 컴파일러 설치

본 교재에서는 PIC16F73을 이용한 응용 시스템을 개발하기 위해 PIC 시리즈 C 컴파일러인 CCS-C를 이용하여 시스템을 개발하기로 하며, 이를 위해 CCS-C의 설치 및 사용법, 컴파일 방법 등에 대해 학습하기로 하고, CCS-C 컴파일러를 설치한다.

CCS-C 컴파일러 CD내에 포함된 프로그램을 확인한 후, 프로그램을 설치하기 위하여 위의 'Setup1.exe' 파일을 더블클릭하여 실행시킨다.

설치 초기화면이 표시되면, 아래 그림과 같이 선택사항을 선택한 후, 'Start Install' 버튼을 클릭한다.

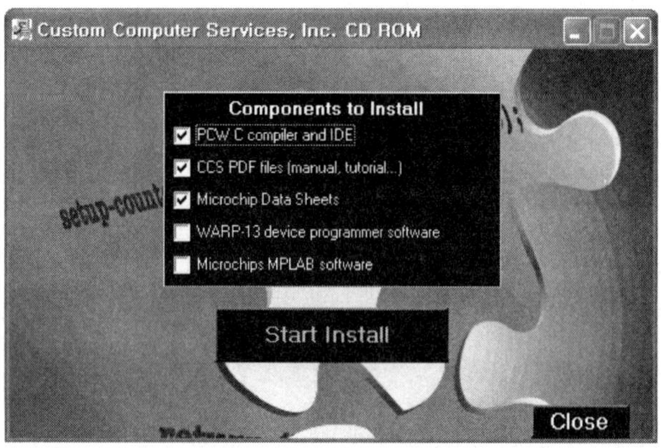

이어지는 팝업창의 'OK' 버튼을 클릭한다.

PCWH 설치화면이 표시되면 'Next' 버튼을 클릭하여 설치를 시작한다.

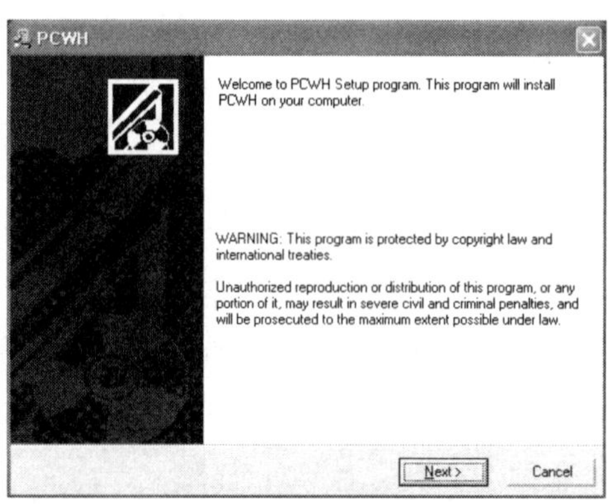

라이센스 정보 화면에서 'Next' 버튼을 클릭한다.

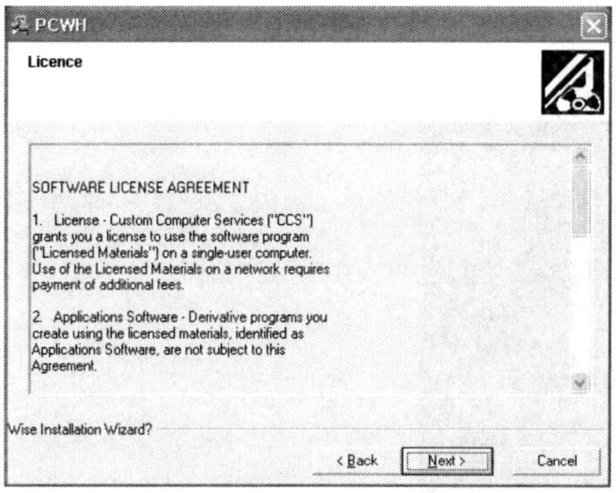

설치될 경로를 지정하는 화면에서, 반드시 경로를 변경시켜야만 하는 경우 외에는 'Next' 버튼을 클릭하여 디폴트로 설정된 경로를 선택한다.

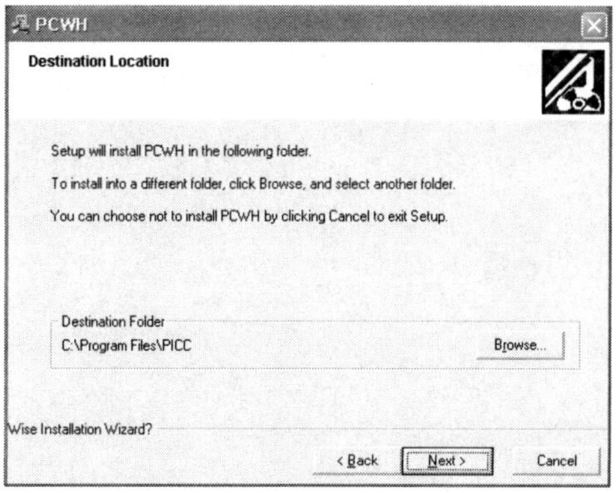

설치시작 화면에서, 'Next' 버튼을 클릭하여 설치가 시작되도록 한다.

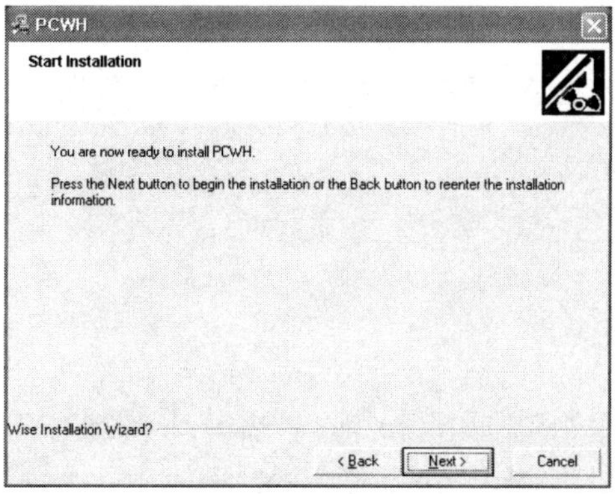

PCWH 설치작업이 완료되면 'Finish' 버튼 및 'OK' 버튼을 이어서 클릭하여 설치작업을 모두 완료한다.

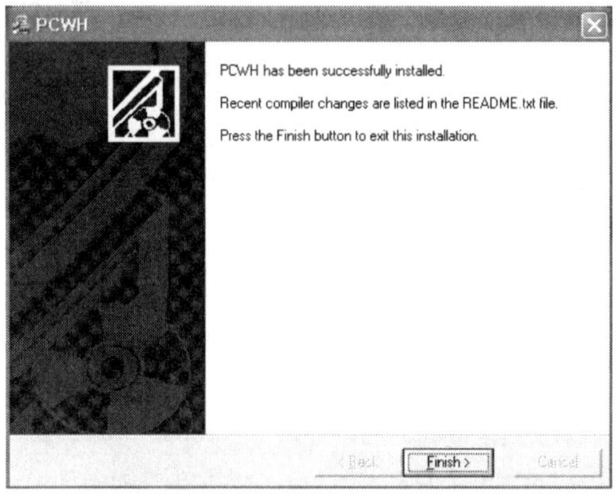

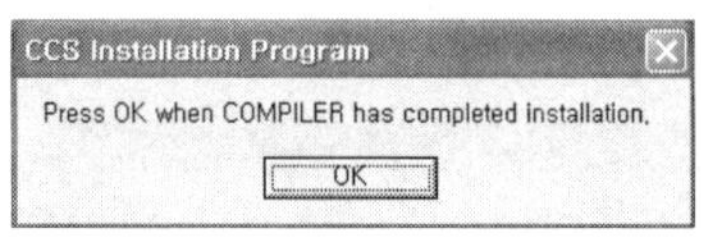

3. CCS-C 컴파일러 사용법

3-1 프로젝트 파일 생성

1) 프로젝트 파일 경로 및 파일 이름 지정

CCS-C 컴파일러 초기화면이 나타나도록 'PIC C Compiler' 아이콘을 더블클릭하여 CCS-C 컴파일러를 시작한다.

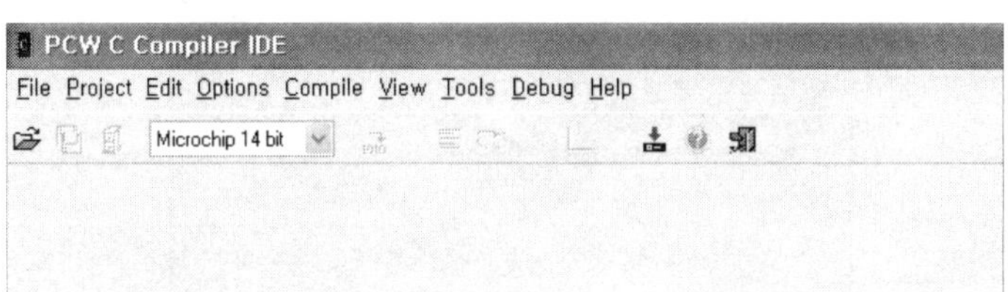

CCS-C 컴파일러를 이용하여 프로그램을 개발하기 위해서 먼저 새로운 프로젝트를 만들어야 한다. 아래 그림과 같이 'Project → New → PIC Wizard' 순서로 메뉴를 선택

하여 새로운 프로젝트를 생성한다.

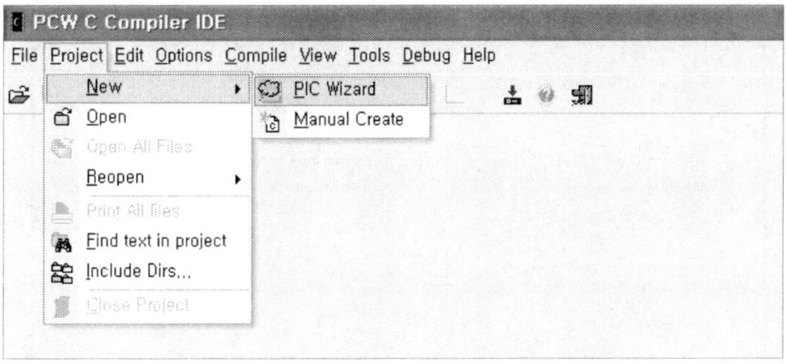

새로운 프로젝트를 저장할 폴더경로, 폴더명, 파일명을 지정한 후, '저장' 버튼을 눌러 저장한다. 폴더경로, 폴더명, 파일명 등은 자유로이 지정할 수 있다. 본 교재에서는 폴더경로를 'C:\PIC16F73\EX1'로, 파일명을 'ver1'으로 지정하였다.

2) PIC16F73 기능 설정

PIC16F73 프로그램 작성 시 필요한 기본적인 기능을 설정한다. 프로그램 코딩 시 직접 입력해 주어도 되지만, 아래 화면과 같은 CCS-C 컴파일러 환경 상에서 필요한 기능을 선택하면 자동으로 프로그램 내부에 코딩이 되기 때문에 매우 편리한 기능이라고 할 수 있다. PIC16F73의 모든 기능을 선택할 수 있기 때문에 각 메뉴의 기능에 대해 잘 아는 것이 필요하지만, 여기서는 본 교재에서 사용하는 하드웨어를 기준으로 하여, 꼭 필요한 부분만 선택하고 넘어가는 것으로 한다. 나머지 기능은 PIC16F73 프로그램 개발경험이 쌓이면 쉽게 이해할 수 있을 것이기 때문에 여기서는 설명하지 않기로 한다.

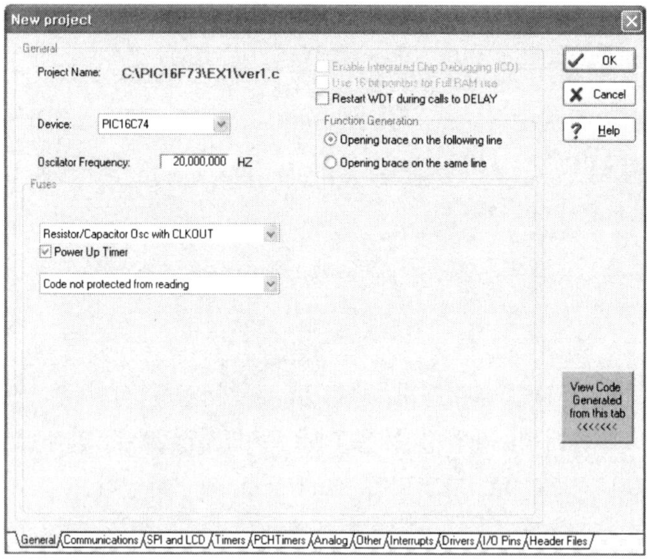

화면 하단부에 11개의 세부기능 선택 버튼을 이용하면 세부기능 선택화면을 바꾸어 표시할 수 있다. 첫 번째 'General' 화면은 PIC16F73의 전반적인 기본 선택사항에 관한 것으로서 'Device'를 'PIC16F73'으로 선택하고, 'Oscilator Frequency'를 '20,000,000'Hz로 선택한다. 또한 'Fuses' 화면의 오실레이터 선택란을 'High speed Osc(>4mhz)'으로 변경한다.

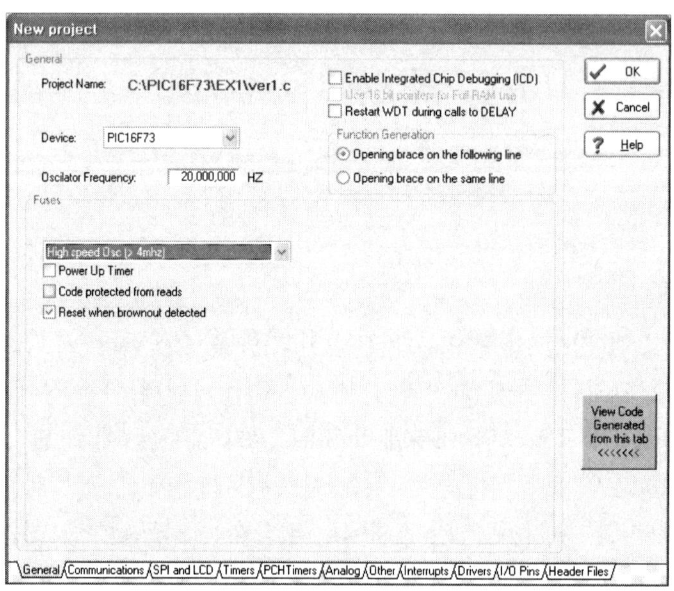

'Communications' 버튼을 선택한 후 'Use RS-232' 선택란의 체크 표시를 해제하여 통신기능을 사용하지 않는 것으로 결정한다.

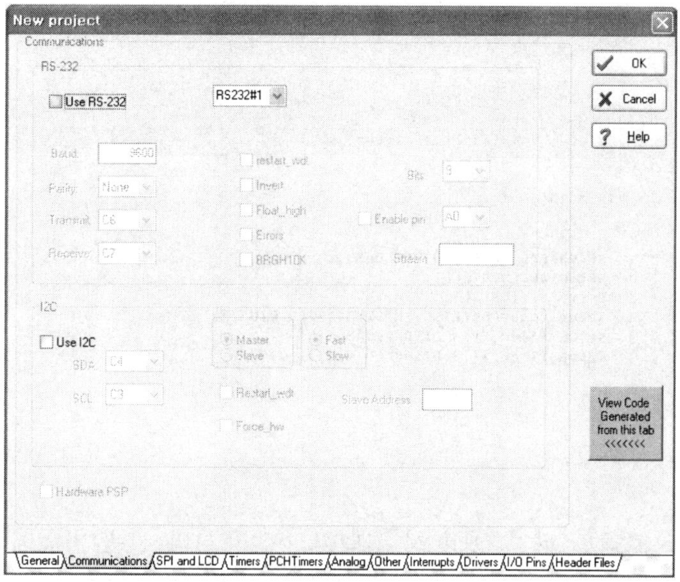

'Timers' 메뉴에서는 'WDT'는 'Not used', 'Timer 1'은 'Disabled'로 선택한다. 즉, 워치독 타이머는 사용하지 않고, 타이머 1은 미사용으로 선택된다.

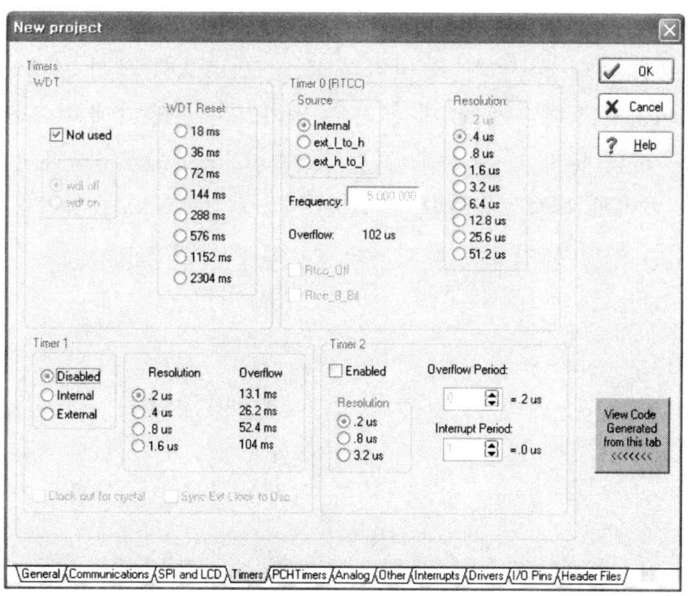

나머지 선택사항에 대해서는 추후 필요한 경우에 선택하여 사용하기로 하고, 여기서는 다른 변경없이 'OK' 버튼을 눌러 새로운 프로젝트 파일을 생성과정을 완료한다.

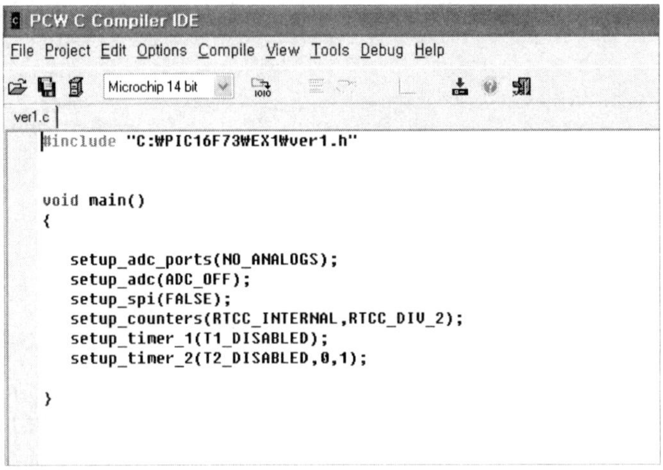

위의 그림은 프로젝트 파일 생성 시 선택한 PIC16F73의 선택 기능이 자동으로 코딩되어 나타난 화면이다. 이 화면과 같은 상태에서 본격적으로 프로그램 코딩 작업을 수행하게 된다.

3-2 프로그램 코딩

프로그램 코딩은 필요한 기능을 수행하기 위해 PIC16F73 명령어를 포함한 C언어 문법에 따라 프로그램을 작성하는 것을 말한다. 실제 프로그램 작성 시에는 매우 길게 작성이 되겠지만 여기서는 간단하게 세 문장을 추가하여 프로그램을 작성한다.

이 프로그램은 아무 동작도 안 이루어지게 되지만, 컴파일 하는 과정을 한번 경험해 보기 위해 가장 간단한 프로그램으로 작성한다.

코딩이 완료되면 파일을 저장하게 되는데, 이 파일은 확장명이 '.c'로 저장되며, 이를 소스파일이라고 부른다.

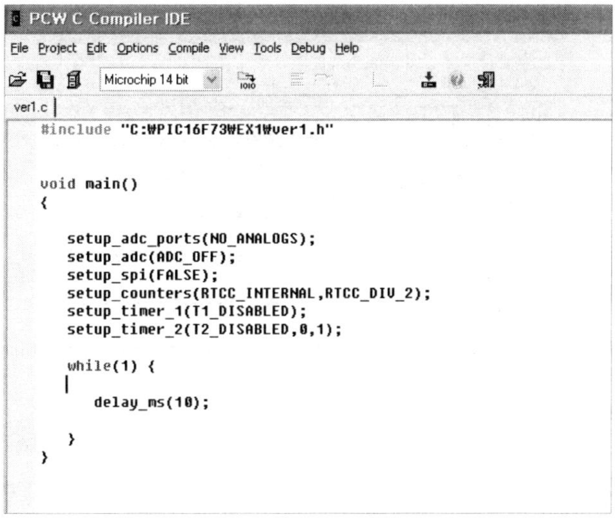

3-3 프로그램 컴파일

1) 정상적인 컴파일 작업

소스파일의 코딩작업이 끝나면 소스파일을 기계어로 변환시키기 위한 컴파일 작업을 수행해야 한다.

먼저 컴파일 전후를 비교해 보기 위해 현재 작성된 파일을 살펴보자. 소스 코딩이 완료되면 폴더에는 '*.c', '*.h', '*.PJT'의 세 개 파일이 생성되어 있음을 확인할 수 있다. '*.PJT' 파일은 프로젝트 파일로서 새로운 프로젝트를 작성할 때 생성되고, '*.h' 파일은 헤더파일 이라고 하며 앞서서 실행한 PIC16F73의 환경선택의 내용이 프로젝트 파일 생성 완료 시 자동으로 생성된다. '*.c' 파일은 소스파일이다. 추후 컴파일 과정이 완료되었을 때 이 폴더의 파일 수가 어떻게 변화되었는지 비교하면서 살펴보기로 한다.

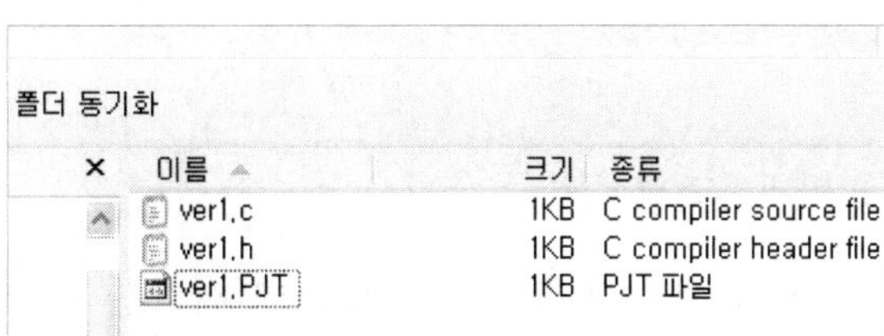

컴파일 작업은 메뉴의 'Compile' 버튼 또는 단축키 F9 버튼을 눌러 실행시킬 수 있다. 컴파일을 실행시키면 아래와 같은 팝업창이 표시되어 컴파일이 완료되었음을 알려준다.

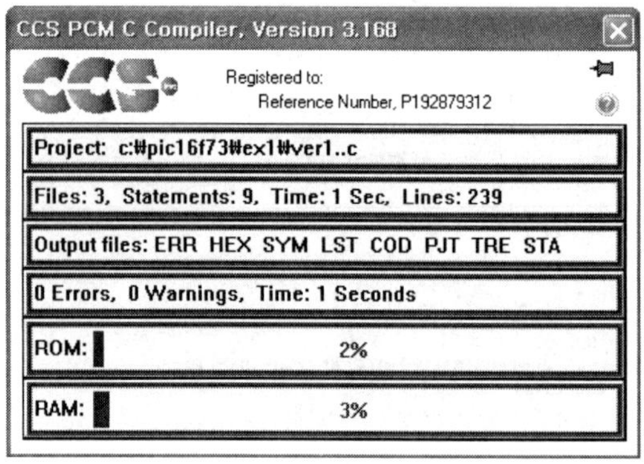

컴파일이 정상적으로 이루어지면 기존의 파일 3개에 8개의 파일이 새로이 추가되는 것을 확인할 수 있다. 새로 생성된 각각의 파일은 고유기능을 가지고 있다. 여기서 관심을 가져야 하는 파일은 '*.HEX' 파일로서, 이 컴파일의 결과물이라고 할 수 있다. 이 파일은 코딩된 소스 프로그램을 16진수를 이용하여 기계어로 변환한 내용이며, 이 파일을 나중에 PIC16F73에 버닝하게 된다. 파일의 종류는 'Intel HEX file'로 되어 있는데 이것도 버닝과정에 사용되므로 알고 있어야 한다.

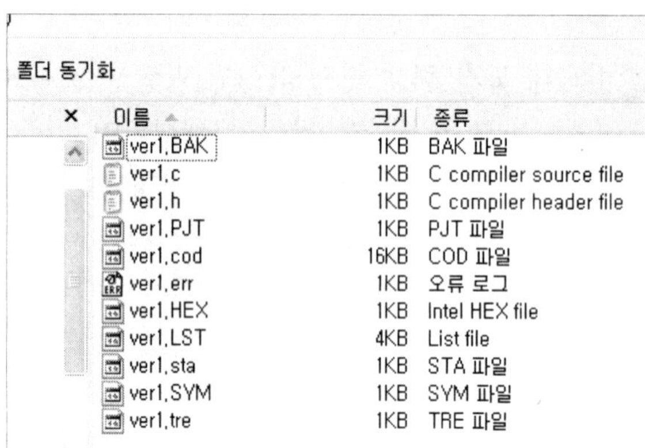

2) 에러가 포함되어 있을 때의 컴파일 작업

만일 소스 프로그램 내용에 에러가 포함되어 있으면 컴파일 과정에서 에러가 발생했음을 표시하게 되는데 발생한 에러를 수정하지 않으면 컴파일 과정이 완료되지 않으므로 주의해야 한다. 초보자들은 특히 C언어 문법에 익숙치 않기 때문에 소스파일 코딩 과정에서 C언어 문법을 잘못 입력하여 에러가 발생하는 경우가 있는데, 이 경우 당황하지 말고 차근차근히 발생된 에러를 찾아 수정하면 된다.

에러가 발생되는 예를 보기 위해 아래 화면과 같이 프로그램의 'delay_ms(10);' 문장에서 ';'를 빼고 'delay_ms(10)'라고 코딩한 후 컴파일 해 보면 팝업창에 아래 화면과 같이 에러가 발생된 위치를 나타냄과 동시에 화면 하단부에 빨간색으로 마크된 영역에 에러의 내용을 표시하게 된다. 따라서 에러 메시지 내용에 따라 해당 에러를 수정하고, 만일 여러 개의 에러가 발생되었을 때에는 에러를 하나씩 수정하면 다음 에러가 차례로 표시되므로 차례로 수정한 후 컴파일을 다시 실행하면 된다.

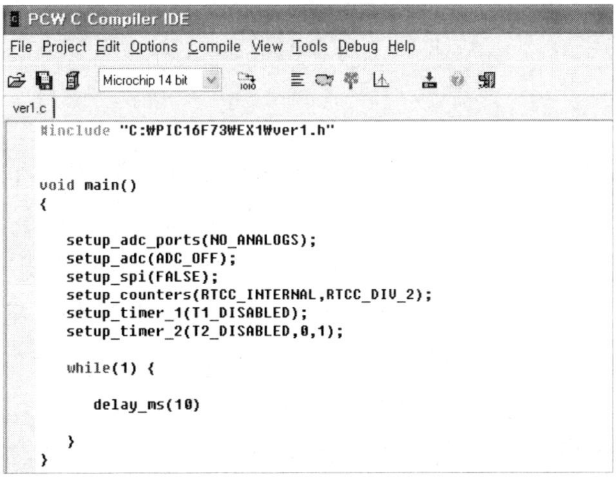

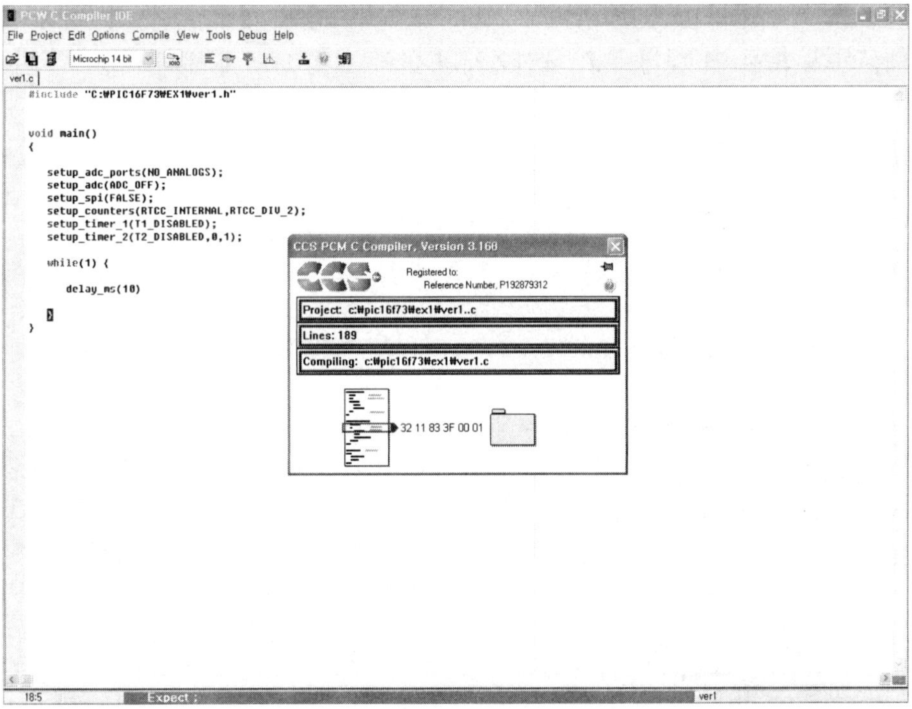

제3장

프로그램 버닝

1. 개요

프로그램을 코딩하고 컴파일하여 '*.HEX' 파일을 생성하게 되면 이 파일을 메모리 장치에 저장한다. 마이크로프로세서의 경우 칩 내부에 메모리 장치를 포함하고 있지 않기 때문에 외부 ROM에 프로그램을 저장하지만, 요즈음 출시되고 있는 마이크로컨트롤러의 경우 내부에 플래시 메모리를 포함하고 있기 때문에 플래시 메모리 내부에 프로그램을 저장한다. 이와 같이 '*.HEX' 파일을 메모리 장치에 저장하는 과정을 버닝한다고 하며, 버닝장치를 ROM 라이터(ROM Writer)라고 부른다.

산업현장에서 사용되고 있는 롬 라이터는 여러 종류가 있지만 본 교재에서는 일반적으로 많이 적용되고 있는 ALL-100에 대해 설명한다. ALL-100은 유니버설 프로그래머라고 부르는데, 그 이유는 ROM 뿐만 아니라 EEPROM, MPU 등에 대해서도 모두 버닝이 가능하기 때문이다. 또한 전 세계 주요 생산업체의 거의 모든 모델에 대해 버닝이 가능하다.

2. ALL-100 설치

ALL-100 설치용 CD를 넣고 'AutoRun.exe' 파일을 실행시켜 설치를 시작한다.

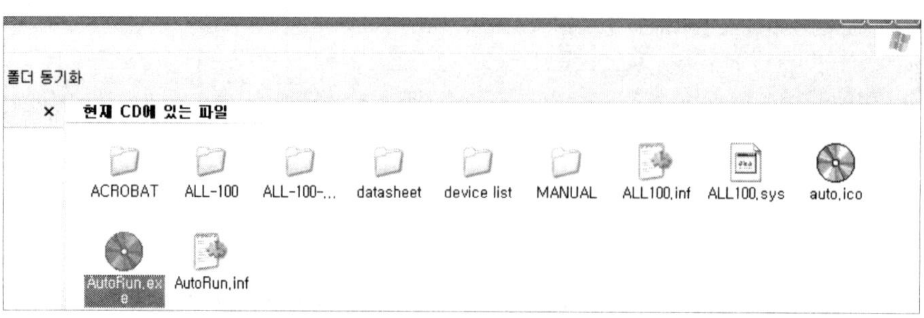

설치 초기화면이 나타나면 좌측 상단에 있는 'Programmer File Setup(Single Socket Module)'을 선택한다.

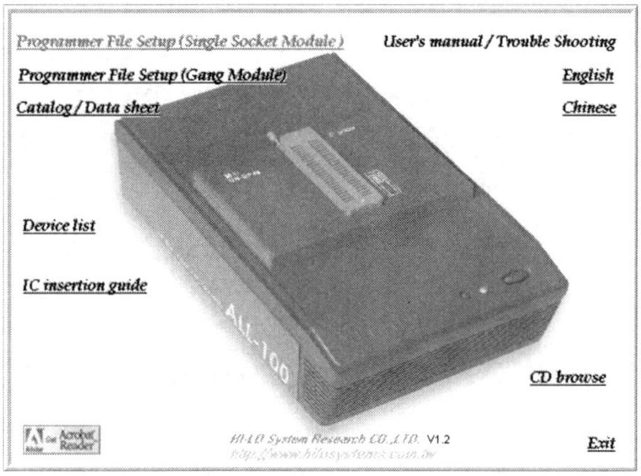

이어지는 설치 화면에서 'Next'를 선택한다.

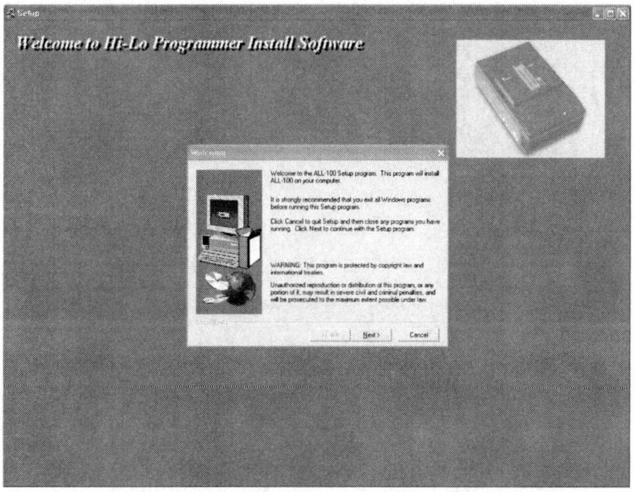

다음 과정은 경로지정, 프로그램 폴더의 이름 지정 등에 관한 것으로 특별히 수정해야 할 경우를 제외하곤 'Next' 버튼을 눌러 디폴트로 설정되어 있는 값을 선택한다.

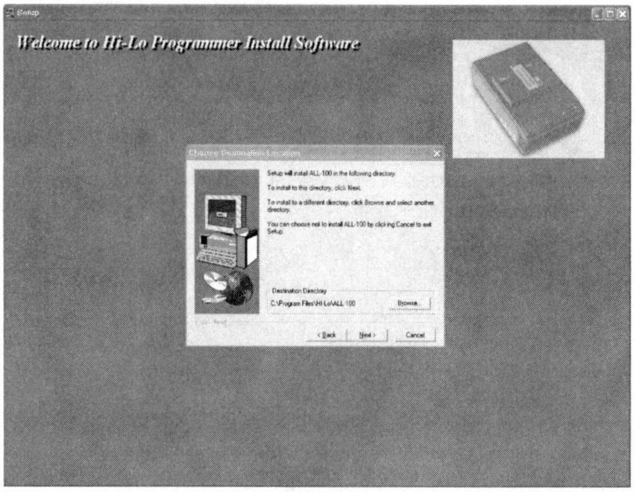
Welcome to Hi-Lo Programmer Install Software

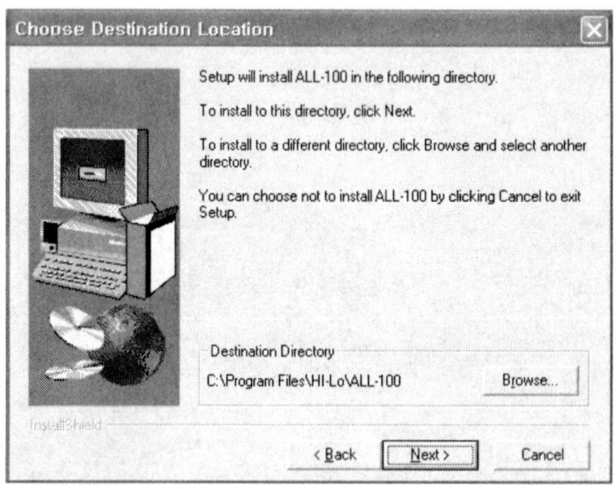
Choose Destination Location
Setup will install ALL-100 in the following directory.
To install to this directory, click Next.
To install to a different directory, click Browse and select another directory.
You can choose not to install ALL-100 by clicking Cancel to exit Setup.
Destination Directory
C:\Program Files\HI-Lo\ALL-100
Browse...
InstallShield
< Back
Next >
Cancel

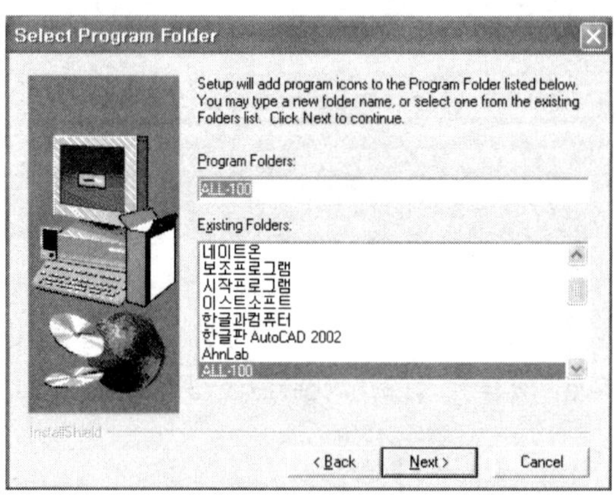
Select Program Folder
Setup will add program icons to the Program Folder listed below. You may type a new folder name, or select one from the existing Folders list. Click Next to continue.
Program Folders:
ALL-100
Existing Folders:
네이트온
보조프로그램
시작프로그램
이스트소프트
한글과컴퓨터
한글판 AutoCAD 2002
AhnLab
ALL-100
InstallShield
< Back
Next >
Cancel

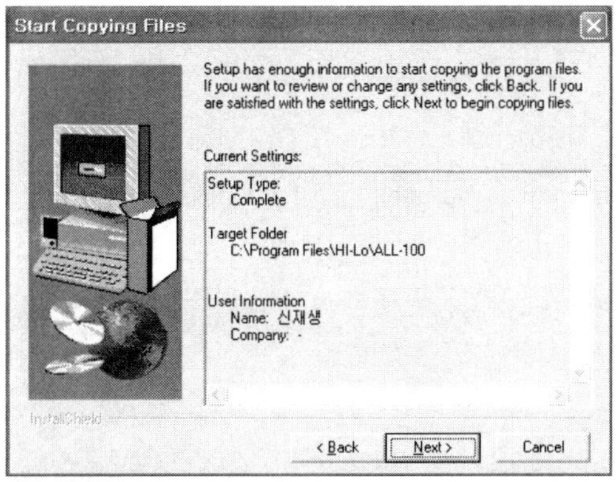

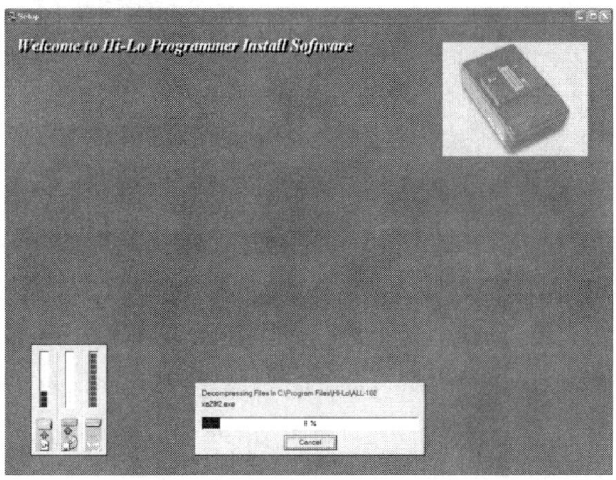

프로그램 설치가 완료되면 시스템을 다시 부팅해야 할 필요가 있다. 따라서 컴퓨터를 다시 시작하기 위해 'Yes, I want to restart my computer now.'를 선택하고 'Finish' 버튼을 눌러 설치를 완료한다.

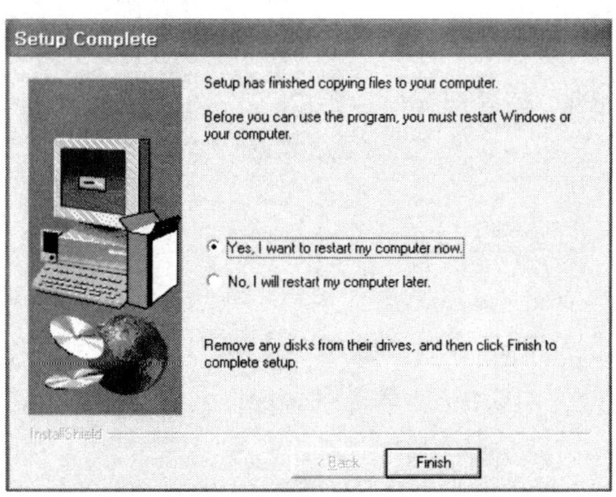

3. 프로그램 버닝

ALL-100의 설치가 완료되면 프로그램 버닝을 위해 ALL-100을 실행시킨다.

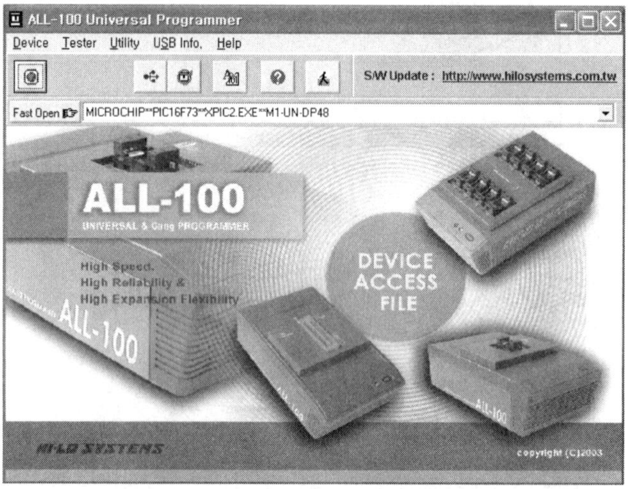

ALL-100 메인화면의 좌측에 위치한 'Device' 메뉴를 선택하여 사용하게 될 IC의 모델을 지정한다. 'Device' 메뉴를 선택하면 먼저 IC의 제조사를 선택해야 하며, PIC16F73은 Microchip사의 제품이므로 해당 제조사를 선택한다.

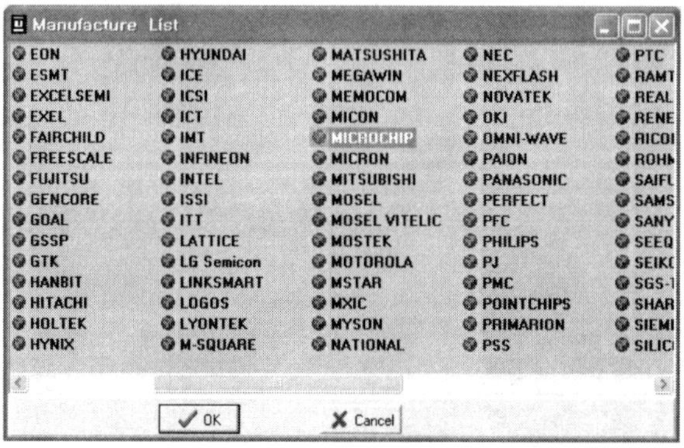

제조사를 선택한 후에는 IC 모델번호를 선택한다. PIC16F73을 선택하기 위해 좌측 선택 화면에서 'MPU/CPU'를 선택하고 우측의 여러 모델 중 'PIC16F73'을 선택한다.

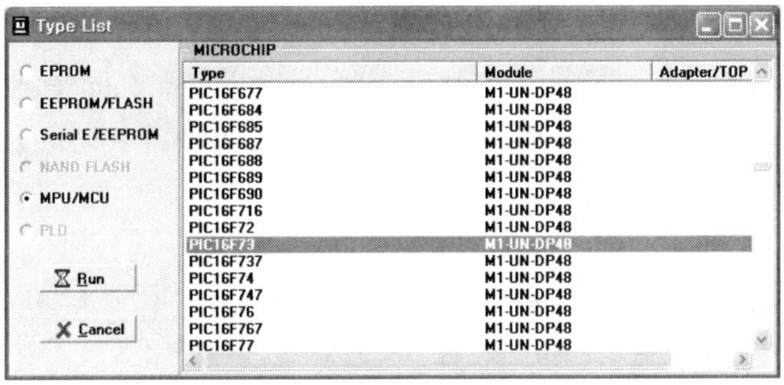

디바이스 선택이 완료되면 본격적인 버닝 화면으로 변환된다. 이때 가장 먼저 실행해야 할 일은 프로그램 파일을 로딩하는 과정이다. 소스파일을 컴파일하여 생성되는 '*.hex' 파일을 로드해야 하는데, 메뉴에서 'File'을 선택한 후, 'Load File to Programmer Buffer' 선택한다.

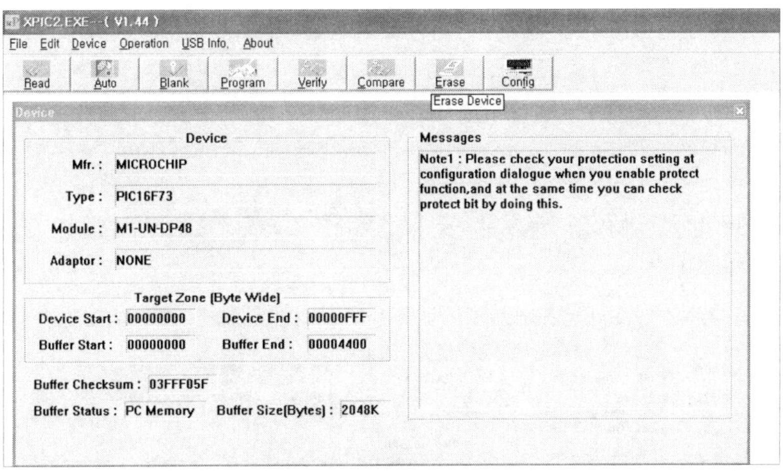

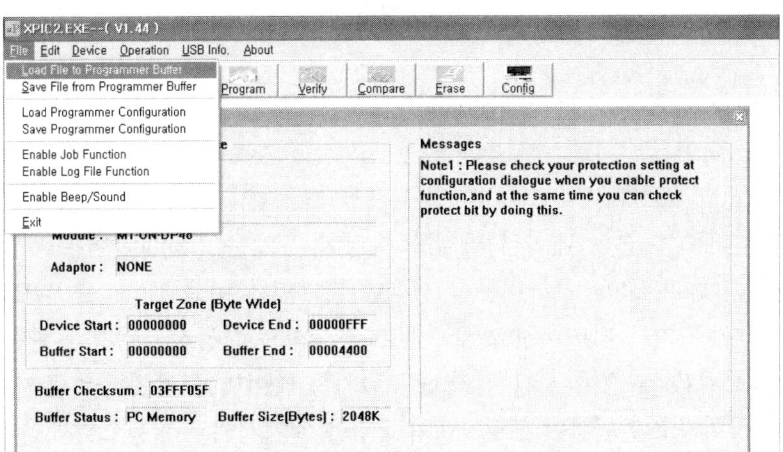

로드할 파일의 경로를 지정하고 해당 파일을 선택한 후, '열기' 버튼을 누르면 파일의 형식을 선택하는 팝업 메뉴창이 생성된다. 팝업 메뉴창에서 'Intel Hex' 형식을 선택한 후 'OK' 버튼을 누르면 로딩이 시작된다. 이 과정을 수행하면 '*.hex' 파일의 내용을 ALL-100의 버퍼로 로드하게 된다.

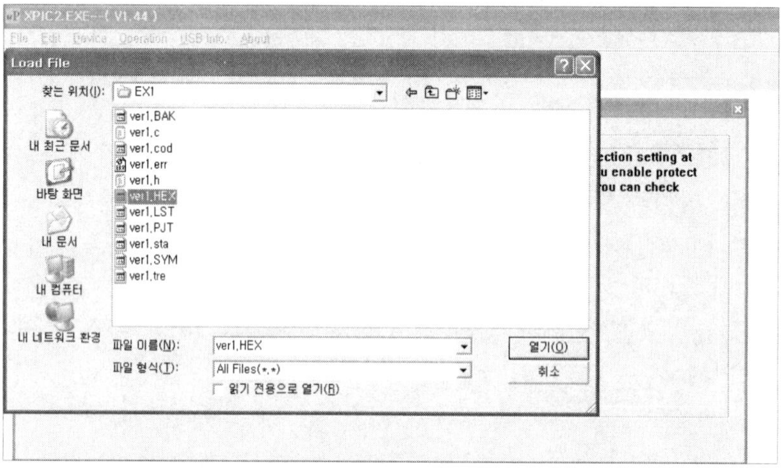

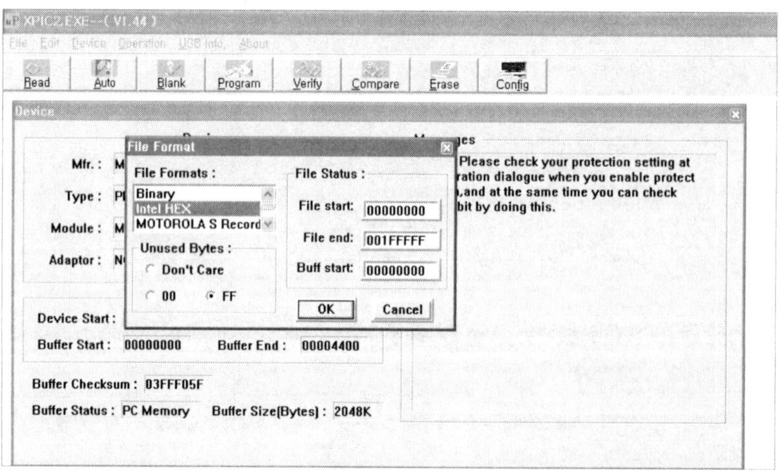

ALL-100의 버퍼로 16진수 데이터 파일을 로딩한 후에는 'Config' 버튼을 눌러 config 창을 생성한다. 'Configration ID' 버튼을 선택한 후, 'Watchdog Timer'를 'WDT disabled' 상태로 선택한다. 워치독 타이머란 프로그램이 정상적으로 동작되는지를 판단하기 위해 사용하는 기능으로써, 일정한 시간 간격마다 워치독 타이머를 리셋시켜 주지 않으면 프로그램이 비정상이라고 판단하여 프로그램의 동작을 정지시키는 기능으로서, 본 실습 교재

에서는 워치독 기능을 사용하지 않기 때문에 반드시 'Watchdog Timer'를 'WDT disabled' 상태로 선택해야 한다. 만일 'WDT enabled' 로 선택하고 프로그램을 버닝하면 프로그램 소스 파일에 워치독 리셋 명령어가 포함되어 있지 않기 때문에 곧바로 워치독 기능이 발발하여 프로그램이 리셋되고, 전혀 동작하지 않게 된다. 따라서 프로그램을 버닝하기 전에 반드시 'Watchdog Timer'를 'WDT disabled'로 선택해야 함에 주의해야 한다.

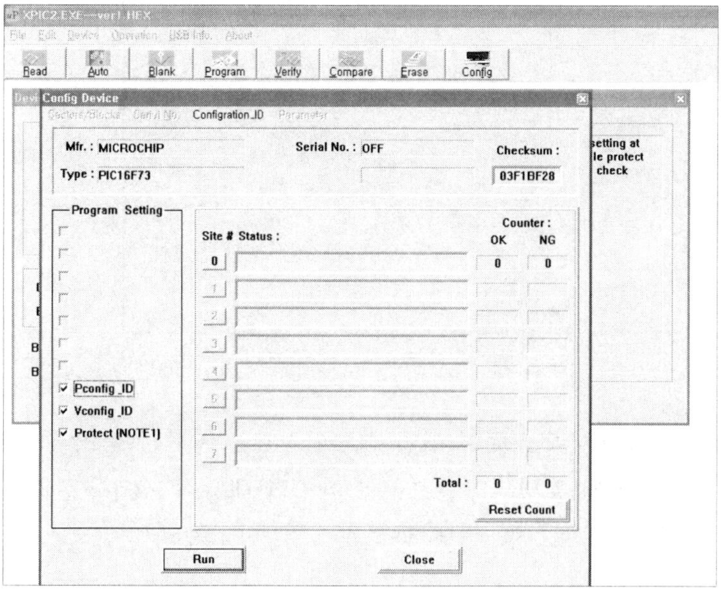

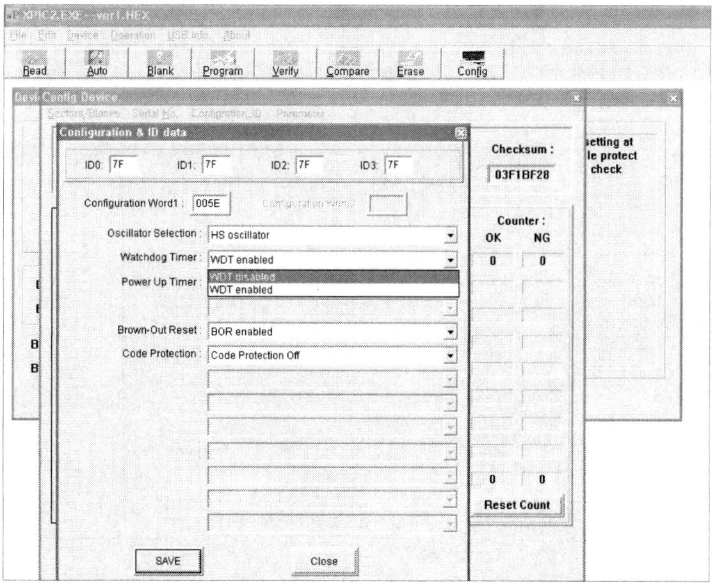

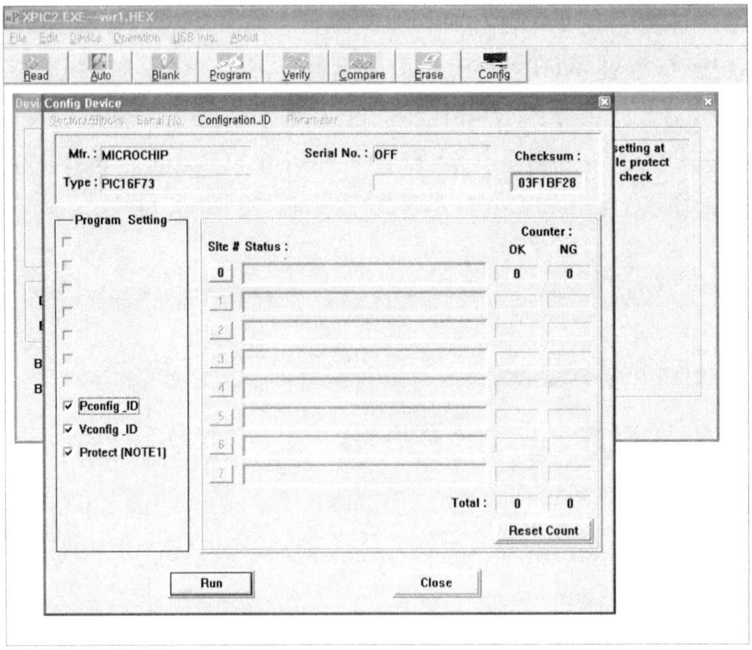

'Configration ID' 설정이 완료되면 메인 메뉴의 'Auto' 버튼을 눌러준다. 'Auto' 버튼을 누르면 ALL-100의 버퍼에 로딩되었던 '*.hex' 파일의 내용이 PIC16F73의 프로그램 메모리 영역으로 복사되어 프로그램 버닝 과정을 모두 마치게 된다.

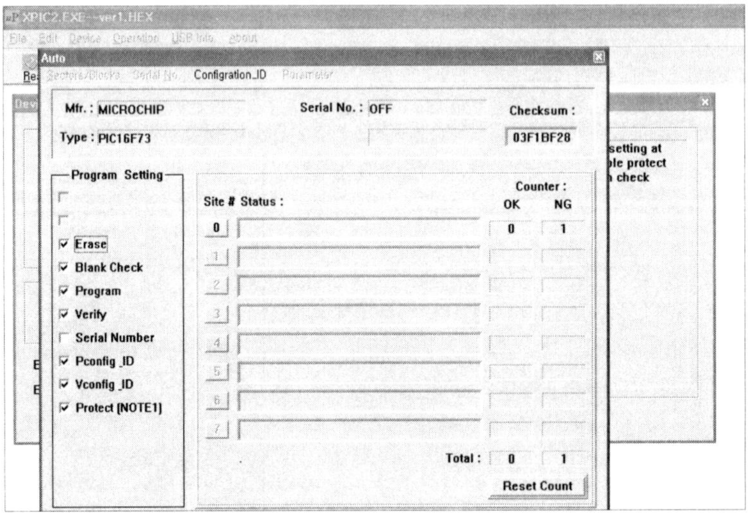

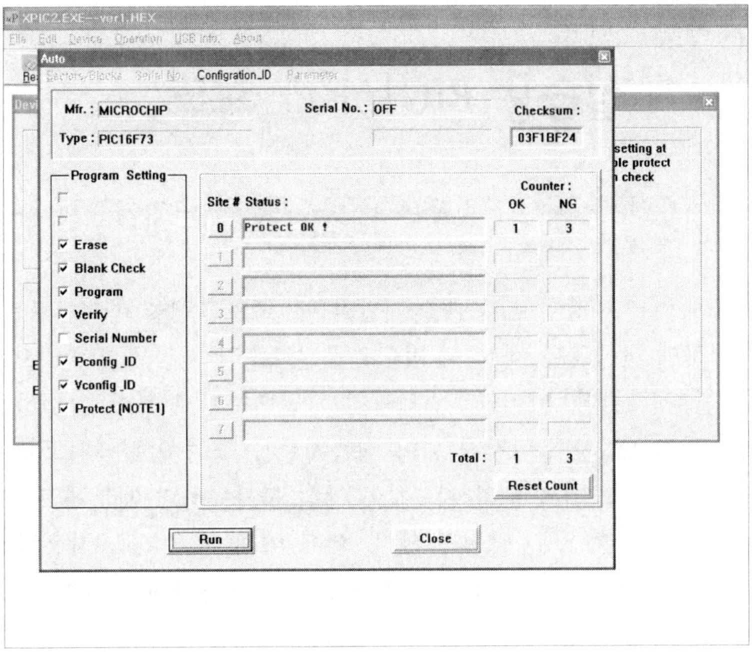
XPIC2.EXE---ver1.HEX
Auto
Configration_ID
Mfr. : MICROCHIP
Serial No. : OFF
Checksum :
Type : PIC16F73
03F1BF24
Program Setting
Erase
Blank Check
Program
Verify
Serial Number
Pconfig_ID
Vconfig_ID
Protect (NOTE1)
Site # Status :
Counter :
OK
NG
Protect OK !
Total :
Reset Count
Run
Close

제4장

실습용 PIC16F73 보드

마이크로컨트롤러를 이용한 시스템을 개발할 때, 프로그램을 마이크로컨트롤러에 버닝해야 하기 때문에 하드웨어 제작 시 마이크로컨트롤러 자리에 일반적으로 IC 소켓을 이용하여 보드를 제작한다. 마이크로컨트롤러를 납땜하여 보드에 고정하면 패턴과 IC 핀의 접촉이 안정적으로 이루어지게 되어 접촉저항을 줄여 안정적인 동작을 보장하는 장점이 있지만, IC를 보드에서 분리하는 것이 거의 불가능하기 때문에 프로그램 수정작업을 자유롭게 진행할 수 없는 단점도 있다. 이에 비해 IC 소켓을 사용하게 되면 납땜하지 않기 때문에 IC의 착탈이 자유로워서 프로그램을 손쉽게 개발할 수 있는 장점이 있다.

본 교재에서는 여러 가지 응용회로를 설계해야 하기 때문에, 하드웨어를 수시로 변경해야 하는데 납땜을 하여 하드웨어를 제작하면 변경이 불가능하기 때문에 브레드 보드를 이용하여 하드웨어를 제작한다. 또한 마이크로컨트롤러를 적용할 때는 수정발진자, 리셋회로, 디커플링 커패시터 등의 부품을 반드시 포함시켜야 하는데, 응용회로 설계 시 매번 같은 회로를 브레드 보드에서 반복하여 연결하지 않고, 마이크로컨트롤러 및 기본 필수회로는 PCB를 제작하여 PCB 자체를 브레드 보드에 삽입하고, 외부에서 나머지 응용회로를 연결하는 방식으로 제작한다.

그림 4.1(a)는 본 교재의 PIC16F73 실습을 위해 PIC16F73을 이용할 때 반드시 포함되어야 하는 부품이 포함된 실습용 PIC16F73 보드의 회로도이다. 컨넥터 J_1, J_2는 브레드 보드에 실습용 PIC16F73 보드를 삽입하기 위한 컨넥터이며, 사용된 수정발진자는 20[MHz]이고, 저항 R_1, 커패시터 C_1, 다이오드 D_1, 버튼 SW_1은 필요 시 마이크로컨트롤러를 리셋하기 위한 리셋회로이다.

그림 4.1(b)는 조립된 실습용 PIC16F73 보드를 나타낸 사진이다. 또한 본 교재에서는 수시로 프로그램을 버닝해야 하기 때문에 PIC16F73 자리에 IC 소켓 대신에 삽입 및 제거가 용이한 롬 라이터용 소켓인 textool(DIP32-011)을 이용한다.

그림 4.1(c)는 textool까지 삽입된 실습용 PIC16F73 보드의 사진이다.

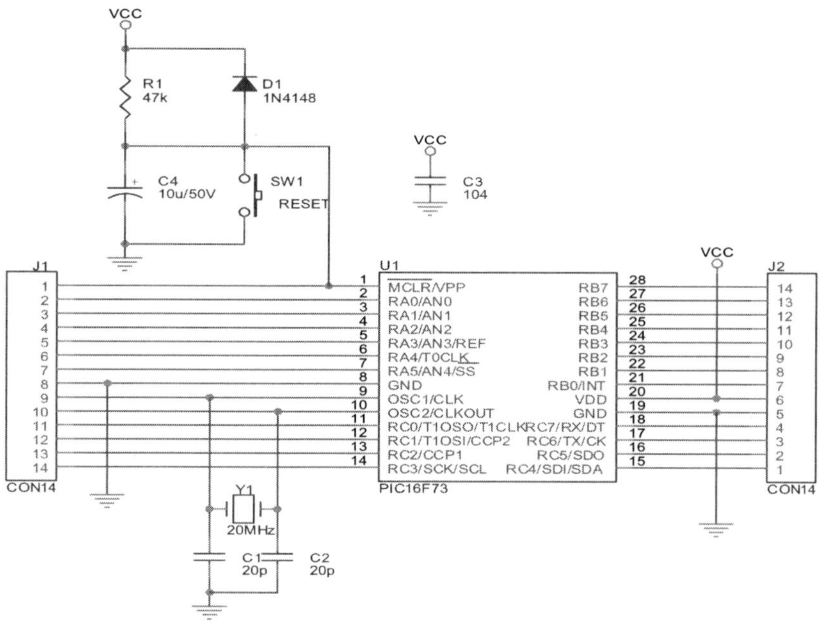

(a) 회로도

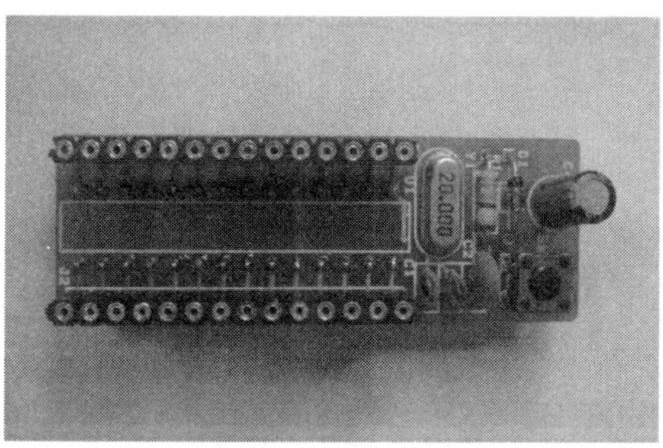

(b) PIC16F73 보드

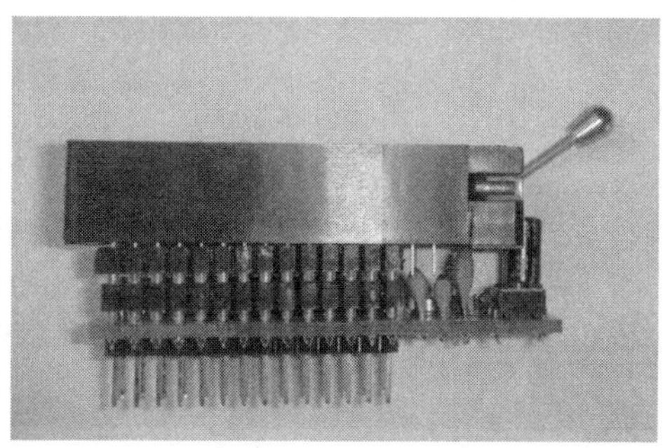

(c) 실습용 PIC16F73 보드

그림 4.1 실습용 PIC16F73 보드의 회로도 및 PCB

표 4.1은 실습용 PIC16F73 보드에 사용된 부품 리스트이다.

표 4.1 실습용 PIC16F73 보드 부품 리스트

	종류	규격	수량	기호
1	마이크로컨트롤러	PIC16F73	1	U_1
2	수정발진자	20[MHz]	1	Y_1
3	다이오드	1N4148	1	D_1
4	저항	47[$k\Omega$], 1/4[W]	1	R_1
5	커패시터	세라믹, 20[pF]	2	C_1, C_2
6	커패시터	세라믹, 0.1[μF]	1	C_3
7	커패시터	전해, 10[μF]/50[V]	1	C_4
8	스위치	tact 스위치, 4.3mm	1	SW_1
9	핀헤더	14pin, 2.54 pitch	2	J_1, J_2
10	textool	DIP32-011	1	
11	IC 소켓	DIP 28pin, round	1	

제III편. CCS-C 명령어

제1장

CCS-C 명령어

1. 개요

PIC용 C 컴파일러는 HI-TEC C, MPLABC, IAR, CCS-C 등과 같이 여러 가지가 있으며, 각 컴파일러마다 장단점을 가지고 있다. 따라서 어떤 컴파일러가 우수하다고 말하기는 어려우며 특별한 경우를 제외하고는 개발자가 익숙한 컴파일러를 사용하는 것이 일반적이다. PIC용 C 컴파일러 중 CCS-C는 미국의 CCS 사에서 개발한 컴파일러로서, 완벽하다고는 할 수 없지만 비교적 안정된 동작을 하고 있으며, 명령어가 함수화 되어 있기 때문에 초보자들이 쉽게 사용할 수 있는 장점이 있다. CCS-C의 명령어는 모두 90여 가지에 이르는데, 본 교재에서는 고급기술 구현을 위해 사용되는 명령어 등은 제외하고 비교적 용이하면서 PIC 초보자들이 꼭 알고 있어야 할 명령어 및 본 교재의 응용실습에서 사용하게 될 명령어에 대해서만 설명하기로 한다.

2. CCS-C 명령어

2-1 비트 제어 명령어

1) BIT_CLEAR( )

형 식	BIT_CLEAR(레지스터 또는 포트명, 비트번호)
기 능	레지스터 또는 포트의 해당 비트를 클리어 시킴(나머지 비트 변화없음)
사용 예	아래 참조

```
bit_clear(portb,7)
```

비트번호	7	6	5	4	3	2	1	0
실행 전	1	0	0	1	1	1	1	0
실행 후	0	0	0	1	1	1	1	0

```
bit_clear(portb,7)
```

비트번호	7	6	5	4	3	2	1	0
실행 전	0	0	0	1	1	1	1	0
실행 후	0	0	0	1	1	1	1	0

2) BIT_SET( )

형 식	BIT_SET(레지스터 또는 포트명, 비트번호)
기 능	레지스터 또는 포트의 해당 비트를 세트 시킴(나머지 비트 변화없음)
사용 예	(아래 참조)

사용 예:

```
bit_set(portb,7)
```

비트번호	7	6	5	4	3	2	1	0
실행 전	1	0	0	1	1	1	1	0
실행 후	1	0	0	1	1	1	1	0

```
bit_set(portb,7)
```

비트번호	7	6	5	4	3	2	1	0
실행 전	0	0	0	1	1	1	1	0
실행 후	1	0	0	1	1	1	1	0

3) BIT_TEST( )

형 식	BIT_TEST(레지스터 또는 포트명, 비트번호)
기 능	레지스터 또는 포트의 해당 비트가 0인지 1인지 판단함
사용 예	(아래 참조)

사용 예:

```
if(bit_test(portb,0)) {
        ①
}
else {
        ②
}
```

포트 b의 0번 비트를 판단하여 1일 때에는 ① 부분의 프로그램을 수행하고 0일 때에는 ②를 수행함

2-2 I/O 제어 명령어

1) OUTPUT_BIT( )

형 식	OUTPUT_BIT(핀이름,데이터값)
기 능	해당 핀에 '0' 또는 '1' 데이터값 출력
사용 예	(아래 참조)

사용 예:

```
output_bit(pin_b7,0)
```

비트번호	7	6	5	4	3	2	1	0
실행 전	1	0	0	1	1	1	1	0
실행 후	0	0	0	1	1	1	1	0

```
output_bit(pin_b7,1)
```

비트번호	7	6	5	4	3	2	1	0
실행 전	0	0	0	1	1	1	1	0
실행 후	1	0	0	1	1	1	1	0

2) OUTPUT_HIGH( )

형 식	OUTPUT_HIGH(핀이름)
기 능	해당 핀에 '1' 출력
사용 예	output_high(pin_b7)

비트번호	7	6	5	4	3	2	1	0
실행 전	1	0	0	1	1	1	1	0
실행 후	1	0	0	1	1	1	1	0

output_high(pin_b7)

비트번호	7	6	5	4	3	2	1	0
실행 전	0	0	0	1	1	1	1	0
실행 후	1	0	0	1	1	1	1	0

3) OUTPUT_LOW( )

형 식	OUTPUT_LOW(핀이름)
기 능	해당 핀에 '0' 출력
사용 예	output_low(pin_b7)

비트번호	7	6	5	4	3	2	1	0
실행 전	1	0	0	1	1	1	1	0
실행 후	0	0	0	1	1	1	1	0

output_low(pin_b7)

비트번호	7	6	5	4	3	2	1	0
실행 전	0	0	0	1	1	1	1	0
실행 후	0	0	0	1	1	1	1	0

4) INPUT( )

형 식	변수명(비트) = INPUT(핀이름)
기 능	해당 핀의 입력상태를 읽어 '0' 또는 '1'을 비트 단위 변수에 저장
사용 예	(아래 참조)

```
if(input(pin_b7)) {
        ①
}
else {
        ②
}
```

포트 b의 7번 비트를 판단하여 1일 때에는 ① 부분의 프로그램을 수행하고 0일 때에는 ②를 수행함

5) INPUT_x( )

형 식	변수명(바이트) = INPUT_x( )
기 능	해당 포트의 입력상태를 읽어 8비트 데이터를 변수에 저장
사용 예	a = input_a( ) : 포트 a의 8비트 데이터 입력 (하위 6비트만 유효 : RA5~RA0) a = input_b( ) : 포트 b의 8비트 데이터 입력(RB7~RB0) a = input_c( ) : 포트 c의 8비트 데이터 입력(RC7~RC0)

6) OUTPUT_x( )

형 식	OUTPUT_x(8비트 데이터값)
기 능	해당 포트로 8비트 데이터 출력 output_a( ) : 포트 a로 8비트 데이터 출력 (하위 6비트만 유효 : RA5~RA0) output_b( ) : 포트 b로 8비트 데이터 출력(RB7~RB0) output_c( ) : 포트 c로 8비트 데이터 출력(RC7~RC0)
사용 예	output_a(0xf0)

RA7	RA6	RA5	RA4	RA3	RA2	RA1	RA0
-	-	1	1	0	0	0	0

output_c(0x4a)

RC7	RC6	RC5	RC4	RC3	RC2	RC1	RC0
0	1	0	0	1	0	1	0

7) SET_TRIS_x( )

형 식	SET_TRIS_x(8비트 데이터값)
기 능	해당 포트의 입출력 방향 결정 (비트 값 '0'이면 출력, '1'이면 입력 설정) set_tris_a( ) : RA5~RA0 입출력 방향 설정 set_tris_b( ) : RB7~RB0 입출력 방향 설정 set_tris_c( ) : RC7~RC0 입출력 방향 설정 해당 비트가 '0'이면 출력, '1'이면 입력으로 설정됨
사용 예	set_tris_a(0xf0)

RA7	RA6	RA5	RA4	RA3	RA2	RA1	RA0
-	-	입력	입력	출력	출력	출력	출력

set_tris_c(0x4a)

RC7	RC6	RC5	RC4	RC3	RC2	RC1	RC0
출력	입력	출력	출력	입력	출력	입력	출력

2-3 타이머, 카운터 제어 명령어

1) SETUP_TIMER_1( )

형 식	SETUP_TIMER_1(클럭소스, 분주비)
기 능	타이머 1의 동작 설정 T1_DISABLED : 타이머 1의 동작을 사용하지 않음 T1_INTERNAL : 클럭소스를 OSC/4 로 설정 T1_EXTERNAL : 클럭소스를 외부 OSC1 입력핀으로 설정 T1_EXTERNAL_SYNC : 외부클럭 입력과 내부 OSC 클럭 동기화 T1_CLK_OUT : 클럭출력 인에이블 T1_DIV_BY_1 : 분주비 1:1 T1_DIV_BY_2 : 분주비 1:2 T1_DIV_BY_4 : 분주비 1:4 T1_DIV_BY_8 : 분주비 1:8
사용 예	SETUP_TIMER_1(T1_INTERNAL | T1_DIV_BY_8) : 내부, 1:8 분주 SETUP_TIMER_1(T1_INTERNAL | T1_DIV_BY_1) : 내부, 1:1 분주

2) SETUP_TIMER_2( )

형 식	SETUP_TIMER_2(프리스케일러 분주비, 주기, 포스트스케일러 분주비)
기 능	타이머 2의 동작 설정 T2_DISABLED : 타이머 2의 동작을 사용하지 않음 T2_DIV_BY_1 : 프리스케일러 분주비 1:1 T2_DIV_BY_4 : 프리스케일러 분주비 1:4 T2_DIV_BY_16 : 프리스케일러 분주비 1:16 주기 : 오버플로우 발생 시점 조정값(0~255 사이의 값을 입력) ※ 타이머 0은 255에서, 타이머 1은 65,535에서 오버플로우가 발생하지만 타이머 2는 주기값에 따라 임의로 오버플로 발생 주기 설정 가능 예) 주기값 (PR2값) = 100이면 0~100까지 증가하고 101번째에서 오버플로우 발생 포스트스케일러 분주비 : 주기값에 의해 발생하는 오버플로우를 몇 회까지 무시할 것인가를 결정(1~15 사이의 값)

사용 예	SETUP_TIMER_2(T2_DIV_BY_4, 70, 5) 내부클럭을 1:4 분주한 타이머2 동작 클럭을 카운트하여, 타이머 2의 값이 0~70까지 증가하는 것을 5회 반복하면 인터럽트 발생 SETUP_TIMER_2(T2_DIV_BY_16, 99, 10) : 20[MHz] 외부클럭 사용

	주기
외부클럭	$T_{OSC}=\frac{1}{f_{OSC}}=\frac{1}{20\times10^6}=50[ms]$
내부클럭	$T_{OSC}\times4=50[ms]\times4=200[ms]$
프리스케일 출력 클럭	내부클럭$\times16=200[ms]\times16=3.2[s]$
오버플로우 발생	프리스케일$\times100=3.2[s]\times100=320[s]$
인터럽트 발생	오버플로우$\times5=320[s]\times5=1,600[s]=26.7$[분]

2-4 A/D 변환 제어 명령어

1) SETUP_ADC_PORTS( )

형 식	SETUP_ADC_PORTS(포트지정값)
기 능	A/D 기능으로 사용할 포트 지정 NO_ANALOGS : A/D 사용하지 않음(모드 디지털 I/O로 사용) ALL_ANALOG : RA0 RA1 RA2 RA3 RA5, $R_{ef}=V_{dd}$ ANALOG_RA3_REF : RA0 RA1 RA2 RA5, R_{ef}=RA3 RA0_RA1_RA3_ANALOG : RA0 RA1 RA3, $R_{ef}=V_{dd}$ RA0_RA1_ANALOG_RA3_REF : RA0 RA1, R_{ef}=RA3
사용 예	SETUP_ADC_PORTS(ALL_ANALOG)

2) SETUP_ADC( )

형 식	SETUP_ADC(클럭선택)
기 능	A/D 기능 옵션 설정 ADC_OFF : A/D 기능을 사용하지 않음 ADC_CLOCK_DIV2 : 클럭을 2분주하여 사용 ADC_CLOCK_DIV8 : 클럭을 8분주하여 사용 ADC_CLOCK_DIV32 : 클럭을 32분주하여 사용 ADC_CLOCK_INTERNAL : 내부 클럭 사용
사용 예	SETUP_ADC(ADC_CLOCK_DIV2)

3) SET_ADC_CHANNEL( )

형 식	SET_ADC_CHANNEL(A/D 채널번호)
기 능	입력받을 A/D 채널포트 지정 0 : AN0 (RA0) 1 : AN1 (RA1) 2 : AN2 (RA2) 3 : AN3 (RA3) 4 : AN4 (RA5)
사용 예	SET_ADC_CHANNEL(2) : 2번 A/D 채널 선택

4) READ_ADC( )

형 식	변수명 = READ_ADC( )
기 능	SET_ADC_CHANNEL(0~4)로 설정된 포트에서 A/D 변환 데이터값을 읽어 변수에 저장
사용 예	set_adc_channel(0) adc_value = read_adc( ) A/D 채널 0의 변환 데이터값을 adc_value 라는 변수에 저장

2-5 CCP 모듈 제어 명령어

1) SETUP_CCPx( )

형 식	SETUP_CCP1(모드), SETUP_CCP2(모드)
기 능	CCP 기능 및 모드 설정 CCP_OFF : CCP 기능 미사용 CCP_CAPTURE_FE : 캡쳐기능 하강에지 1회 발생 시 CCP_CAPTURE_RE : 캡쳐기능 상승에지 1회 발생 시 CCP_CAPTURE_DIV4 : 캡쳐기능 에지 4회 발생 시 CCP_CAPTURE_DIV16 : 캡쳐기능 에지 16회 발생 시 CCP_COMPARE_SET_ON_MATCH : 일치시 high 출력 CCP_COMPARE_CLR_ON_MATCH : 일치시 low 출력 CCP_COMPARE_INT : 일치시 인터럽트 발생 CCP_COMPARE_RESET_TIMER : 일치시 타이머 클리어 CCP_PWM_PLUS1 : 하위 2비트를 1로 설정(8비트 분해능) CCP_PWM_PLUS2 : 하위 2비트를 2로 설정(10비트 분해능) CCP_PWM_PLUS3 : 하위 2비트를 3으로 설정(10비트 분해능)
사용 예	setup_ccp1(CCP_CAPTURE_DIV4) : 에지 4회 발생 시 캡쳐 setup_ccp1(CCP_COMPARE_CLR_ON_MATCH) : 일치시 low 출력 setup_ccp1(CCP_PWM_PLUS3) : 10비트 분해능으로 PWM 기능설정

2) SET_PWMx_DUTY( )

형 식	SET_PWM1_DUTY(시비율 시간 데이터값) SET_PWM2_DUTY(시비율 시간 데이터값)
기 능	PWM 시비율 설정 시비율 시간 데이터값은 10비트 모드 시에는 0~1023, 8비트 모드 시에는 0~255 이어야 함
사용 예	set_pwm1_duty(1000) : 10비트 시 set_pwm1_duty((int)100) : 8비트 시 set_pwm2_duty((long int)100) : 10비트 시

2-6 시간지연 명령어

1) DELAY_CYCLES( )

형 식	DELAY_CYCLES(지연 시간 데이터값)
기 능	'내부클럭주기 × 지연시간 데이터값'의 시간만큼 지연 지연시간 데이터값은 1~255임
사용 예	delay_cycles(2) : 20[MHz] 클럭을 사용한 경우 $T_{OSC} \times 4 \times 2 = \frac{1}{20 \times 10^6} \times 4 \times 2 = 0.4[\mu s]$

2) DELAY_US( )

형 식	DELAY_US(지연 시간 데이터값)
기 능	'지연시간 데이터값[μs]'의 시간만큼 지연 지연시간 데이터값은 변수를 이용한 지연은 0~255, 상수를 이용한 지연은 0~65,535임
사용 예	delay_us(100) : 100[μs] 동안 지연

3) DELAY_MS( )

형 식	DELAY_MS(지연 시간 데이터값)
기 능	'지연시간 데이터값[ms]'의 시간만큼 지연 지연시간 데이터값은 변수를 이용한 지연은 0~255, 상수를 이용한 지연은 0~65,535임
사용 예	delay_ms(100) : 100[ms] 동안 지연

2-7 인터럽트 명령어

형 식	ENABLE_INTERRUPTS(인터럽트 동작모드)
기 능	해당하는 동작모드의 인터럽트를 인에이블 시킴 GLOBAL : 전체 인터럽트 인에이블 INT_RTCC : 타이머 0(RTCC) 인터럽트 인에이블 INT_RB : RB4~RB7 변화 인터럽트 인에이블 INT_EXT : 외부 인터럽트 인터럽트 인에이블 INT_AD : A/D 변환 완료 인터럽트 인에이블 INT_TBE : RS232C 송신 인터럽트 인에이블 INT_RDA : RS232C 수신 인터럽트 인에이블 INT_TIMER0 : 타이머 0(RTCC) 인터럽트 인에이블 INT_TIMER1 : 타이머 1 인터럽트 인에이블 INT_TIMER2 : 타이머 2 인터럽트 인에이블 INT_CCP1 : CCP1 캡쳐 인터럽트 인에이블 INT_CCP2 : CCP2 캡쳐 인터럽트 인에이블 INT_SSP : Smart Serial Port 인터럽트 인에이블
사용 예	enable_interrupts(GLOBAL) : 모든 인터럽트 허용 enable_interrupts(INT_TIMER1) : 타이머 1 인터럽트 허용

제Ⅳ편. 응용시스템 제작

MICROCONTROLLER
PRACTICE

응용실습 1

교통신호등 제어 실습

1. 개요

PIC16F73의 프로그래밍에 있어서 가장 기본이 되는 입출력 포트를 정의하여 활성화하고, 입출력 포트를 제어하는 기법을 실습한다.

PIC16F73의 입출력 포트 중 c포트 8핀(RC7~RC0)을 출력포트로 정의하여 사용하고, a포트 하위 4핀(RA3~RA0)을 입력포트로 정의하여, 입력포트에는 딥스위치를, 출력포트에는 LED를 각각 연결한다.

프로그램은 입력포트에 연결된 딥스위치를 여러 모드로 다르게 설정할 때마다 출력포트의 출력동작이 변화되도록 프로그래밍하여 입력포트의 입력상태 설정에 따른 출력포트의 동작을 제어하는 기법을 실습한다.

입출력 포트의 제어 실습이 익숙해지면 출력포트에 연결된 각 LED를 교통신호등으로 정의하여 교통신호등 신호체계의 동작이 이루어지도록 제어한다. 특히 입력 딥스위치의 모드 설정에 따라 교통신호등의 신호체계가 변화되는 프로그램을 작성한다.

2. 실습 목표

① 기본 프로그래밍 기법 실습
② 헤더파일 작성 실습
③ 출력포트 제어 명령어 실습
④ 입력포트 제어 명령어 실습

3. 하드웨어 제작

PIC16F73을 이용해 교통신호등의 동작을 제어하기 위하여 그림 1.1의 회로도와 같이 하드웨어를 구성한다. 실습용 PIC16F73 보드를 브레드 보드에 삽입한 후, 보드 외부에 LED 8개를 연결하여 구성하며, 각 LED의 기능은 표 1.1과 같이 정의한다.

표 1.1 하드웨어 출력포트 기능 정의

	LED		PIC16F73		신호등 기능
	신호명	기호	포트번호	포트명	
1	RED	LD_1	11	RC0	차량용 적색등
2	ORG	LD_2	12	RC1	차량용 황색등
3	GRE	LD_3	13	RC2	차량용 녹색등
4	ARR	LD_4	14	RC3	차량용 좌회전등
5	RED1	LD_5	15	RC4	보행자용 적색등 1
6	GRE1	LD_6	16	RC5	보행자용 녹색등 1
7	RED2	LD_7	17	RC6	보행자용 적색등 2
8	GRE2	LD_8	18	RC7	보행자용 녹색등 2

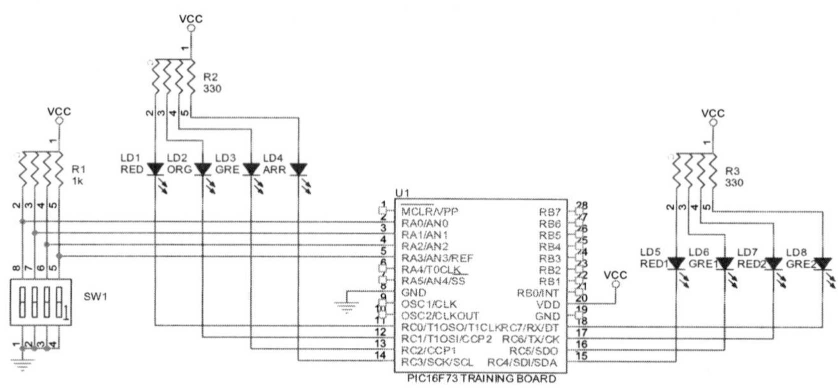

그림 1.1 교통신호등 제어 실습용 하드웨어 회로도

그림 1.2는 그림 1.1의 교통신호등 제어 실습용 하드웨어 회로도를 브레드 보드에 구성한 모습이다. 그림의 좌측에 차량신호용 LED(LD_1~LD_4) 4개가 위치하고 있으며, 그림 우측에 보행자용 LED(LD_5~LD_8) 4개가 위치해 있다.

그림 1.2 교통신호등 제어 실습용 하드웨어 결선

4. 소프트웨어 개발

4-1 출력 포트 ON/OFF 제어 실습

하드웨어 구성이 완료되면 CCS-C 컴파일러 상의 편집기를 이용하여 프로그램을 작성한다.

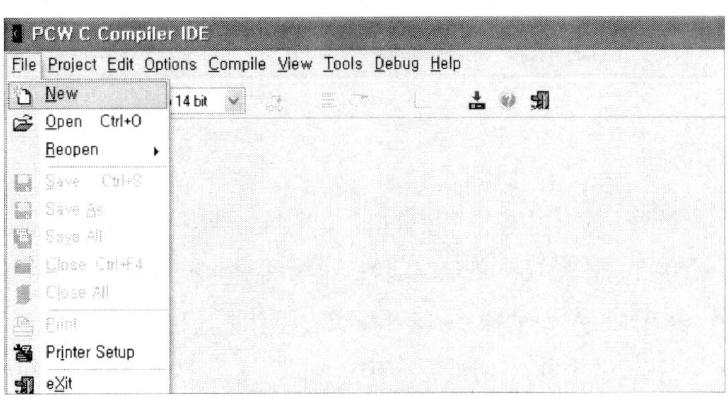

먼저 CCS-C 컴파일러를 실행시킨 후, 메뉴의 'File'→'New'를 선택하고, 폴더 만들기

버튼을 이용하여 'C:'→'PIC16F73'→'EX1' 폴더를 차례로 만든 후, 파일 이름을 'ex1'으로 입력하고 '저장' 버튼을 눌러 저장한다.

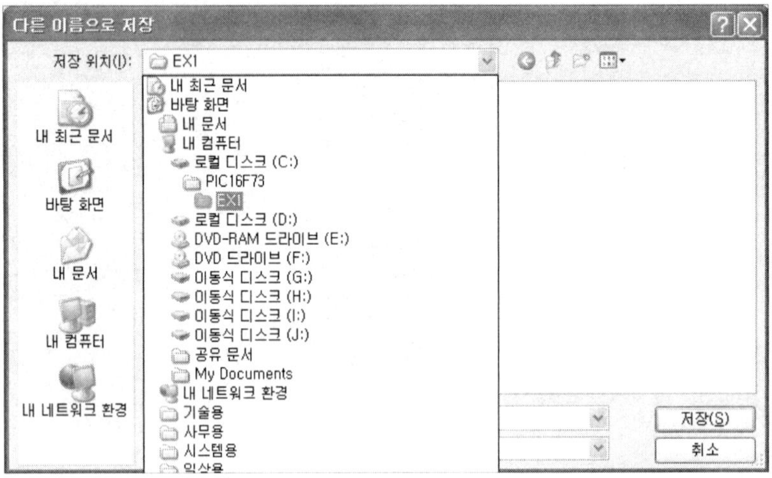

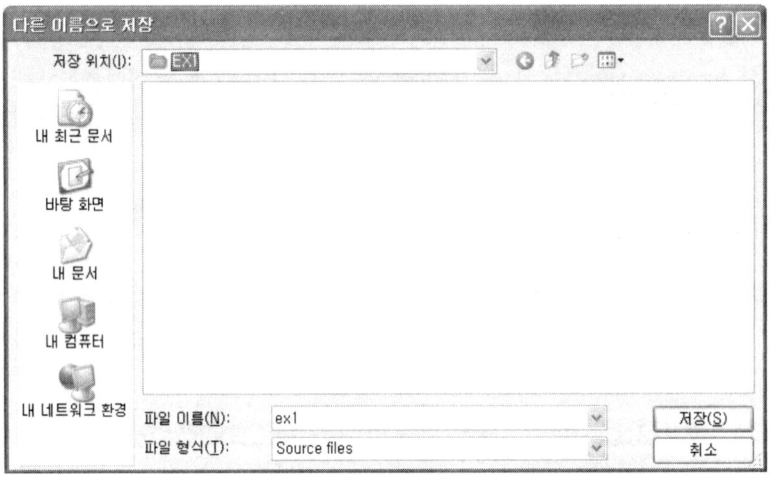

1) 비트 제어 명령어

PIC16F73의 출력핀 제어기법을 실습하기 위해 출력핀 RC0에 일정한 간격으로 'high(1)' 및 'low(0)'를 출력하는 프로그램을 작성해 본다. 출력핀 RC0에는 LED LD_1(적색)가 연결되어 있기 때문에 출력핀 RC0가 '1'인 경우에는 LD_1은 OFF, '0'인 경우에는 LD_1은 ON되는 동작을 반복하게 된다. 이러한 비트 제어 명령어는 3가지 종류가 있는데 표 1.2는 각 명령어에 따른 동작상태를 나타낸다.

표 1.2 비트 제어 명령어의 종류 및 동작 형태

비트 제어 명령 1	비트 제어 명령 2	비트 제어 명령 3	출력데이터	LED 동작
bit_clear(portc,0)	output_bit(pin_c0,0)	output_low(pin_c0)	0	ON
bit_set(portc,0)	output_bit(pin_c0,1)	output_high(pin_c0)	1	OFF

(1) bit_set( ), bit_clear( ) 명령어

bit_clear(portc,0) 명령어는 RC0 핀에 해당하는 출력핀의 데이터를 '0'으로 설정하는 명령어이다. 이에 비해 bit_set(portc,0) 명령어는 RC0 핀에 해당하는 출력핀의 데이터를 '1'로 설정하는 명령어이다. 이 두 명령어를 이용하여 RC0 출력핀의 데이터 값을 '0' 또는 '1'로 설정하면 RC0 출력핀에 연결된 LED RED가 점등 또는 소등된다.

Ex 1-1 1개 포트 제어 프로그램 예제

```
// 출력포트(RC0) ON/OFF 제어 실습 1-1 (파일명 : ex1-1.c)

#include <16F73.h>

#use delay(clock=20000000)          // 클럭 주파수를 20MHz로 설정
#fuses HS, BROWNOUT

#byte portc=0x07                    // portc를 스페셜 레지스터로 지정

void main()
{
  set_tris_c(0x00);                 // c포트를 출력으로 할당

  while(1) {                        // { } 안의 내용을 무한 반복

    bit_clear(portc,0);             // RED ON
    delay_ms(1000);                 // 1초간 유지
    bit_set(portc,0);               // RED OFF
    delay_ms(1000);                 // 1초간 유지
  }
}
```

이번에는 여러 개의 포트를 ON/OFF 제어하기 위해 프로그램 'while(1){ }' 루프 안의 내용만 아래와 같이 변경한 후, 다른 이름으로 저장하여 컴파일 시킨다.

아래와 같이 프로그램을 변경하면, 먼저 LED RED와 ORG는 점등되고 LED GRE와

ARR은 소등된 상태를 1초간 유지하다가 1초 후에는 LED RED와 ORG가 소등되고 LED GRE와 ARR가 점등되는 동작을 반복하게 된다.

Ex 1-2 4개 포트 동시 제어 프로그램 예제

```
// 출력핀(RC0~RC3) ON/OFF 제어 실습 1-2 (파일명 : ex1-2.c)

#include <16F73.h>

#use delay(clock=20000000)              // 클럭 주파수를 20MHz로 설정
#fuses HS, BROWNOUT
#byte portc=0x07                        // portc를 스페셜 레지스터로 지정

void main()
{
   set_tris_c(0x00);                    // c포트를 출력으로 할당

   while(1) {                           // { } 안의 내용을 무한 반복

      bit_clear(portc,0);               // RED ON
      bit_clear(portc,1);               // ORG ON
      bit_set(portc,2);                 // GRE OFF
      bit_set(portc,3);                 // ARR OFF
      delay_ms(1000);                   // 1초간 유지

      bit_set(portc,0);                 // RED OFF
      bit_set(portc,1);                 // ORG OFF
      bit_clear(portc,2);               // GRE ON
      bit_clear(portc,3);               // ARR ON
      delay_ms(1000);                   // 1초간 유지
   }
}
```

다른 형태의 ON/OFF 제어를 위해 'while(1){ }' 루프 안의 내용만 아래와 같이 변경하여 동작시켜 본다.

아래와 같이 프로그램을 변경하면, 4개의 LED 중 하나만 점등되고 나머지 LED는 소등되는데, 1초마다 점등되는 LED가 차례로 옮겨진다. LED의 점등순서는 RED→ORG→GRE→ARR→RED로 매 1초마다 점등순서가 바뀌기 때문에 마치 LED가 차례로 흘러지나가는 것과 같은 효과를 연출할 수 있다.

Ex 1-3 1개 포트의 순차 점등 제어 프로그램 예제

```
// 출력포트(RC0-RC3) ON/OFF 제어 실습 1-3 (파일명 : ex1-3.c)

#include <16F73.h>

#use delay(clock=20000000)               // 클럭 주파수를 20MHz로 설정
#fuses HS, BROWNOUT

#byte portc=0x07                         // portc를 스페셜 레지스터로 지정

void main()
{
   set_tris_c(0x00);                     // c포트를 출력으로 할당

   while(1) {                            // { } 안의 내용을 무한 반복

      bit_clear(portc,0);                // RED ON
      bit_set(portc,1);                  // ORG OFF
      bit_set(portc,2);                  // GRE OFF
      bit_set(portc,3);                  // ARR OFF
      delay_ms(1000);                    // 1초간 유지

      bit_set(portc,0);                  // RED OFF
      bit_clear(portc,1);                // ORG ON
      bit_set(portc,2);                  // GRE OFF
      bit_set(portc,3);                  // ARR OFF
      delay_ms(1000);                    // 1초간 유지

      bit_set(portc,0);                  // RED OFF
      bit_set(portc,1);                  // ORG OFF
      bit_clear(portc,2);                // GRE ON
      bit_set(portc,3);                  // ARR OFF
      delay_ms(1000);                    // 1초간 유지

      bit_set(portc,0);                  // RED OFF
      bit_set(portc,1);                  // ORG OFF
      bit_set(portc,2);                  // GRE OFF
      bit_clear(portc,3);                // ARR ON
      delay_ms(1000);                    // 1초간 유지
   }
}
```

(2) output_bit(pin_c0,1), output_bit(pin_c0,0) 명령어

위의 파일 'ex1-3.c'에서는 비트 제어 명령어 'bit_set( )', 'bit_clear( )'를 이용하여 프로그램을 작성하였다. PIC16F73의 명령어에서는 이외에도 다른 비트 제어 명령어를 사용할 수 있다. 파일 'ex1-4.c'는 output_bit(pin_c0,1), output_bit(pin_c0,0)의 비트 제어 명령어를 이용한 프로그램으로서, 동작은 'ex1-3.c'와 동일하다.

Ex 1-4 output_bit 명령어 사용 프로그램 예제

```
// 출력포트(RC0-RC7) ON/OFF 제어 실습 1-4 (파일명 : ex1-4.c)

#include <16F73.h>
#use delay(clock=20000000)          // 클럭 주파수를 20MHz로 설정
#fuses HS, BROWNOUT

#byte portc=0x07                    // portc를 스페셜 레지스터로 지정

void main()
{
  set_tris_c(0x00);                 // c포트를 출력으로 할당

  while(1) {                        // { } 안의 내용을 무한 반복

    output_bit(pin_c0,0);           // RED ON
    output_bit(pin_c1,1);           // ORG OFF
    output_bit(pin_c2,1);           // GRE OFF
    output_bit(pin_c3,1);           // ARR OFF
    delay_ms(1000);                 // 1초간 유지

    output_bit(pin_c0,1);           // RED OFF
    output_bit(pin_c1,0);           // ORG ON
    output_bit(pin_c2,1);           // GRE OFF
    output_bit(pin_c3,1);           // ARR OFF
    delay_ms(1000);                 // 1초간 유지

    output_bit(pin_c0,1);           // RED OFF
    output_bit(pin_c1,1);           // ORG OFF
    output_bit(pin_c2,0);           // GRE ON
    output_bit(pin_c3,1);           // ARR OFF
    delay_ms(1000);                 // 1초간 유지
```

```
      output_bit(pin_c0,1);            // RED OFF
      output_bit(pin_c1,1);            // ORG OFF
      output_bit(pin_c2,1);            // GRE OFF
      output_bit(pin_c3,0);            // ARR ON
      delay_ms(1000);                  // 1초간 유지
   }
}
```

(3) output_high(pin_c0), output_low(pin_c0) 명령어

파일 'ex1-5.c'는 output_high(pin_c0), output_low(pin_c0)의 비트 제어 명령어를 이용한 프로그램으로서, 동작은 'ex1-3.c'와 동일하다.

Ex 1-5 output_high, output_low 명령어 사용 프로그램 예제

```
// 출력포트(RC0-RC7) ON/OFF 제어 실습 1-5 (파일명 : ex1-5.c)

#include <16F73.h>

#use delay(clock=20000000)             // 클럭 주파수를 20MHz로 설정
#fuses HS, BROWNOUT

#byte portc=0x07                       // portc를 스페셜 레지스터로 지정
void main()
{

  set_tris_c(0x00);                    // c포트를 출력으로 할당

  while(1) {                           // { } 안의 내용을 무한 반복

      output_low(pin_c0);              // RED ON
      output_high(pin_c1);             // ORG OFF
      output_high(pin_c2);             // GRE OFF
      output_high(pin_c3);             // ARR OFF
      delay_ms(1000);                  // 1초간 유지

      output_high(pin_c0);             // RED OFF
      output_low(pin_c1);              // ORG ON
      output_high(pin_c2);             // GRE OFF
      output_high(pin_c3);             // ARR OFF
      delay_ms(1000);                  // 1초간 유지
```

```
        output_high(pin_c0);              // RED OFF
        output_low(pin_c1);               // ORG ON
        output_high(pin_c2);              // GRE OFF
        output_high(pin_c3);              // ARR OFF
        delay_ms(1000);                   // 1초간 유지

        output_high(pin_c0);              // RED OFF
        output_high(pin_c1);              // ORG OFF
        output_low(pin_c2);               // GRE ON
        output_high(pin_c3);              // ARR OFF
        delay_ms(1000);                   // 1초간 유지

        output_high(pin_c0);              // RED OFF
        output_high(pin_c1);              // ORG OFF
        output_high(pin_c2);              // GRE OFF
        output_low(pin_c3);               // ARR ON
        delay_ms(1000);                   // 1초간 유지

    }
}
```

2) 바이트 제어 명령어

앞에서 출력핀을 비트별로 제어하는 명령어를 이용하여 프로그램을 작성하였다. 그러나 이러한 명령어는 각 비트별로 출력포트를 제어하기 때문에 프로그램이 길어지고 복잡해지는 문제점이 있다. 이에 비해 여러 개의 출력포트를 동시에 제어할 수 있는 바이트제어 명령어를 이용하면 프로그램을 간단히 작성할 수 있다.

PIC16F73의 출력핀(RC0~RC7)에 연결된 각 LED의 점등 및 소등을 제어하기 위해서는 각 비트에 '0' 또는 '1'의 데이터값을 써넣어야 한다. 이와 같이 각 비트에 해당 데이터를 써넣어 제어하는 방법이 비트 제어이며, 8개의 비트를 하나의 포트로 할당하여 한꺼번에 16진수의 데이터를 써넣어 제어하는 방법이 바이트 제어 기법이다. 표 1.4는 바이트 제어를 위한 데이터 입력방법을 설명한 표이다.

표 1.4 바이트 제어용 데이터 처리

		포트 c(port c)								데이터값 표기
		RC7	RC6	RC5	RC4	RC3	RC2	RC1	RC0	
데이터	2진수	0	0	1	1	0	1	0	1	2진수 : 00110101b
	16진수	3				5				10진수 : 53
LED 동작		ON	ON	OFF	OFF	ON	OFF	ON	OFF	16진수 : 0x35

(1) output_c( ) 명령어

output_c ( ) 명령어는 c포트의 8비트에 ( ) 안에 있는 데이터를 동시에 출력하는 명령어로서, 이 명령어를 이용한 바이트제어 실습을 위해 파일 'ex1-6.c'을 작성하여 실습한다. 비트 명령어를 사용하면 8개의 비트를 각각 제어하기 위해 8줄의 문장이 필요했지만, 바이트 제어 명령어는 1줄의 문장만 코딩하면 되기 때문에 프로그램을 간결하게 작성할 수 있다.

Ex 1-6 output_X 명령어 사용 프로그램 예제

```
// 출력포트(RC0-RC7) ON/OFF 제어 실습 1-6 (파일명 : ex1-6.c)

#include <16F73.h>

#use delay(clock=20000000)              // 클럭 주파수를 20MHz로 설정
#fuses HS, BROWNOUT

#byte portc=0x07                        // portc를 스페셜 레지스터로 지정

void main()
{

   set_tris_c(0x00);                    // c포트를 출력으로 할당

   while(1) {                           // { } 안의 내용을 무한 반복

      output_c(0xff);                   // 모든 LED OFF
      delay_ms(1000);                   // 1초간 유지

      output_c(0xfe);                   // RED만 ON, 나머지 LED OFF
      delay_ms(1000);                   // 1초간 유지

      output_c(0xfd);                   // ORG만 ON, 나머지 LED OFF
      delay_ms(1000);                   // 1초간 유지

      output_c(0xfb);                   // GRE만 ON, 나머지 LED OFF
      delay_ms(1000);                   // 1초간 유지

      output_c(0xf7);                   // ARR만 ON, 나머지 LED OFF
      delay_ms(1000);                   // 1초간 유지

      output_c(0xef);                   // RED1만 ON, 나머지 LED OFF
      delay_ms(1000);                   // 1초간 유지
```

```
    output_c(0xdf);                    // GRE1만 ON, 나머지 LED OFF
    delay_ms(1000);                    // 1초간 유지

    output_c(0xbf);                    // RED2만 ON, 나머지 LED OFF
    delay_ms(1000);                    // 1초간 유지

    output_c(0x7f);                    // GRE2만 ON, 나머지 LED OFF
    delay_ms(1000);                    // 1초간 유지

  }
}
```

(2) portc='data' 명령어

portc='data' 명령어는 바이트 제어 명령어로서, 출력동작에 맞는 16진수 데이터를 출력포트 레지스터에 직접 입력시킨다. 아래의 파일 'ex1-7.c'는 'ex1-6.c'와 같은 동작을 수행하는 프로그램으로서, 바이트 제어 명령어를 다른 명령어로 사용하였을 뿐이다.

Ex 1-7 portX='data' 명령어 사용 프로그램 예제

```
// 출력포트(RC0-RC7) ON/OFF 제어 실습 1-7 (파일명 : ex1-7.c)

#include <16F73.h>

#use delay(clock=20000000)             // 클럭 주파수를 20MHz로 설정
#fuses HS, BROWNOUT

#byte portc=0x07                       // portc를 스페셜 레지스터로 지정
void main()
{
  set_tris_c(0x00);                    // c포트를 출력으로 할당

  while(1) {                           // { } 안의 내용을 무한 반복

    portc=0xff;                        // 모든 LED OFF
    delay_ms(1000);                    // 1초간 유지

    portc=0xfe;                        // RED만 ON, 나머지 LED OFF
    delay_ms(1000);                    // 1초간 유지

    portc=0xfd;                        // ORG만 ON, 나머지 LED OFF
    delay_ms(1000);                    // 1초간 유지
```

```
        portc=0xfb;                    // GRE만 ON, 나머지 LED OFF
        delay_ms(1000);                // 1초간 유지

        portc=0xf7;                    // ARR만 ON, 나머지 LED OFF
        delay_ms(1000);                // 1초간 유지

        portc=0xef;                    // RED1만 ON, 나머지 LED OFF
        delay_ms(1000);                // 1초간 유지

        portc=0xdf;                    // GRE1만 ON, 나머지 LED OFF
        delay_ms(1000);                // 1초간 유지

        portc=0xbf;                    // RED2만 ON, 나머지 LED OFF
        delay_ms(1000);                // 1초간 유지

        portc=0x7f;                    // GRE2만 ON, 나머지 LED OFF
        delay_ms(1000);                // 1초간 유지
    }
}
```

4-2 헤더파일 활용

비트 제어 및 바이트 제어 명령어를 이용하여 출력포트를 제어하는 프로그램을 작성해 보았다. 프로그램을 작성할 때 프로그램의 상단부에 있는 똑같은 내용이 계속 반복되는 것을 확인할 수 있는데, 프로그램의 이 부분은 프로그램에서 사용되는 PIC16F73의 하드웨어 기능 정의 내용으로 이루어져 있다. PIC16F73의 해당 기능 선택 또는 조건 설정을 위해서는 반드시 선언되어야 하기 때문에 모든 프로그램에 포함되어 있다.

C언어에서는 이와 같이 다른 프로그램 내에서 사용되는 함수나 변수 등의 선언, 마이크로컨트롤러 하드웨어 기능 조건 설정 등의 내용을 하나의 파일 안에 일괄적으로 포함하는 헤더 파일을 작성하여 사용한다. 헤더 파일은 확장자가 '*.h'로 끝나는 파일로서 아래의 예제 파일 'ex1.h'와 같이 헤더 파일을 작성한다.

또한 작성된 헤더 파일을 프로그램 내부에서 호출해 사용하기 위해서는 소스 프로그램의 시작 부분에서 전치처리자 '#include' 명령어를 이용하여 호출한다. 한 가지 주의해야 할 것은 소스 프로그램에서 헤더 파일을 포함시킬 때 '*.h'가 위치된 정확한 폴더를 지정해 주어야 한다. 헤더 파일의 위치가 정확치 않으면 컴파일 시 에러가 발생하므로 주의해야 한다. 'ex1.h'에서는 추후 사용하게 될 포트 a와 포트 b에 대해서도 함께 선언하기로 한다.

```
// Ex1 헤더 파일 (파일명 : ex1.h)

#include <16F73.h>

#use delay(clock=20000000)          // 클럭 주파수를 20MHz로 설정
#fuses HS, BROWNOUT

#byte porta=0x05                    // porta를 스페셜 레지스터로 지정
#byte portb=0x06                    // portb를 스페셜 레지스터로 지정
#byte portc=0x07                    // portc를 스페셜 레지스터로 지정
```

아래의 'ex1-8.c' 파일은 헤더 파일을 이용했을 때의 소스 프로그램으로서, 'ex1-7.c'와 동작은 동일하지만 프로그램이 훨씬 간단해짐을 알 수 있다.

Ex 1-8 헤더파일을 이용한 프로그램 예제

```
// 출력포트(RC0-RC7) ON/OFF 제어 실습 1-8 (파일명 : ex1-8.c)

#include "C:\PIC16F73\EX1\ex1.h"

void main()
{
  set_tris_c(0x00);                 // c포트를 출력으로 할당

  while(1) {                        // { } 안의 내용을 무한 반복

    portc=0xff;                     // 모든 LED OFF
    delay_ms(1000);                 // 1초간 유지

    portc=0xfe;                     // RED만 ON, 나머지 LED OFF
    delay_ms(1000);                 // 1초간 유지

    portc=0xfd;                     // ORG만 ON, 나머지 LED OFF
    delay_ms(1000);                 // 1초간 유지

    portc=0xfb;                     // GRE만 ON, 나머지 LED OFF
    delay_ms(1000);                 // 1초간 유지

    portc=0xf7;                     // ARR만 ON, 나머지 LED OFF
    delay_ms(1000);                 // 1초간 유지

    portc=0xef;                     // RED1만 ON, 나머지 LED OFF
```

```
        delay_ms(1000);                      // 1초간 유지

        portc=0xdf;                          // GRE1만 ON, 나머지 LED OFF
        delay_ms(1000);                      // 1초간 유지

        portc=0xbf;                          // RED2만 ON, 나머지 LED OFF
        delay_ms(1000);                      // 1초간 유지

        portc=0x7f;                          // GRE2만 ON, 나머지 LED OFF
        delay_ms(1000);                      // 1초간 유지
    }
}
```

4-3 입력 포트 제어 실습

입력 포트 제어 명령어는 출력 포트 제어 명령어와 같이 비트 입력 명령어와 바이트 입력 명령어가 있다.

1) 비트 입력 명령어

(1) 'bit_test( )' 명령어

비트 입력 명령어는 입력핀에 연결된 입력신호를 비트별로 처리하는 명령어로서, 'bit_test( )' 명령어를 사용한다.

'ex1-9.c'는 그림 1.1의 회로도에서 PIC16F73 2번핀(RA0)에 연결된 딥스위치의 입력상태를 읽어 들인 후, 스위치의 ON/OFF 상태에 따라 다른 유형의 LED 동작이 이루어지도록 하는 소스 프로그램이다.

여기서 'if(bit_test(porta,0)) ~, else ~'의 의미는 포트 a의 0번 비트(RA0)에 연결된 딥스위치의 입력값을 읽어서 입력값이 '1'이면 'if' 문의 프로그램을 수행하고, 입력값이 '0'이면 'else' 문의 프로그램을 수행하라는 의미이다.

그림 1.1의 회로도에서 딥스위치가 ON이면 2번핀(RA0)으로 'low'가 입력되기 때문에 데이터값이 '0'으로 되어 'else'문을 수행하게 되며, 딥스위치가 OFF이면 2번핀(RA0)으로 'high'가 입력되기 때문에 데이터값이 '1'로 되어 'if'문을 수행하게 된다.

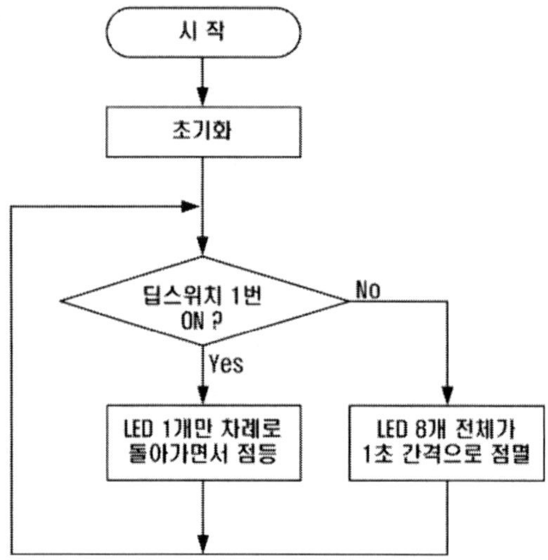

그림 1.3 비트 입력 명령어를 사용한 동작 흐름도

표 1.5는 입력상태에 따른 출력동작을 나타낸 표이며, 그림 1.3은 'ex1-9.c' 프로그램의 동작 흐름도를 나타내는 그림이다.

표 1.5 RA0 딥스위치 입력에 따른 출력동작

딥스위치 1번	RA0 핀 전압	RA0 데이터	동작 프로그램	LED 동작
ON	0[V]	0(low)	else 문	LED 1개만 차례로 돌아가면서 점등
OFF	5[V]	1(high)	if 문	LED 8개 전체가 1초 간격으로 점멸

Ex 1-9 bit_test ( ) 명령어 사용 프로그램 예제

```
// 입력스위치 상태에 따른 출력동작 제어 실습 1-9 (파일명 : ex1-9.c)
// 비트 입력 명령어 사용

#include "C:\PIC16F73\EX1\ex1.h"

void main()
{
   set_tris_a(0xff);                    // a포트를 입력으로 할당
   set_tris_c(0x00);                    // c포트를 출력으로 할당

   while(1) {
```

```
    if(bit_test(porta,0)) {          // 딥스위치 OFF시 실행

      portc=0xfe;                    // RED만 ON, 나머지 LED OFF
      delay_ms(1000);

      portc=0xfd;                    // ORG만 ON, 나머지 LED OFF
      delay_ms(1000);

      portc=0xfb;                    // GRE만 ON, 나머지 LED OFF
      delay_ms(1000);

      portc=0xf7;                    // ARR만 ON, 나머지 LED OFF
      delay_ms(1000);

   portc=0xef;                 // RED1만 ON, 나머지 LED OFF.
      delay_ms(1000);

      portc=0xdf;                    // GRE1만 ON, 나머지 LED OFF
      delay_ms(1000);

      portc=0xbf;                    // RED2만 ON, 나머지 LED OFF
      delay_ms(1000);

      portc=0x7f;                    // GRE2만 ON, 나머지 LED OFF
      delay_ms(1000);
    }

    else {                           // 딥스위치 ON시 실행

      portc=0xff;                    // 모든 LED OFF
      delay_ms(1000);
      portc=0x00;                    // 모든 LED ON
      delay_ms(1000);
    }
  }
}
```

(2) '[변수명]=input(pin_a0)' 명령어

'[변수명]=input(pin_a0)'는 또 다른 비트 입력 명령어로서, 기능은 'bit_test( )' 명령어와 동일하다.

소스 파일 'ex1-10.c'은 'ex1-9.c'와 동일한 동작을 수행하는 프로그램이다.

Ex 1-10 input( ) 명령어 사용 프로그램 예제

```
// 입력스위치 상태에 따른 출력동작 제어실습 1-10(파일명 : ex1-10.c)
// 비트 입력 명령어 사용

#include "C:\PIC16F73\EX1\ex1.h"

void main()
{

   set_tris_a(0xff);
   set_tris_c(0x00);

   while(1) {

      if(input(pin_a0)) {                    // 딥스위치 OFF시 실행

         portc=0xfe;                         // RED만 ON, 나머지 LED OFF
         delay_ms(1000);

         portc=0xfd;                         // ORG만 ON, 나머지 LED OFF
         delay_ms(1000);

         portc=0xfb;                         // GRE만 ON, 나머지 LED OFF
         delay_ms(1000);

         portc=0xf7;                         // ARR만 ON, 나머지 LED OFF
         delay_ms(1000);

         portc=0xef;                         // RED1만 ON, 나머지 LED OFF
         delay_ms(1000);

         portc=0xdf;                         // GRE1만 ON, 나머지 LED OFF
         delay_ms(1000);

         portc=0xbf;                         // RED2만 ON, 나머지 LED OFF
         delay_ms(1000);

         portc=0x7f;                         // GRE2만 ON, 나머지 LED OFF
         delay_ms(1000);
      }

      else {                                 // 딥스위치 ON시 실행

         portc=0xff;                         // 모든 LED OFF
         delay_ms(1000);
         portc=0x00;                         // 모든 LED ON
```

```
        delay_ms(1000);
      }
    }
  }
```

2) 바이트 입력 명령어

바이트 입력 명령어는 비트 입력 명령어와는 달리 여러 개의 입력핀을 동시에 입력받아 데이터를 처리하는 명령어로서, '[변수명]=input_a( )'와 같이 표현한다. 바이트 입력 명령어 사용기법을 연습하기 위해 a포트에 연결된 딥스위치 4개에 각각의 기능을 부여하여 해당 딥스위치의 ON/OFF 상태에 따라 각각 다른 동작이 이루어지도록 프로그램을 작성해 본다. 그림 1.4는 예제 프로그램에 대한 프로그램 흐름도를 나타낸다. 흐름도를 참조하여 원하는 동작이 이루어질 수 있도록 프로그램을 작성한다.

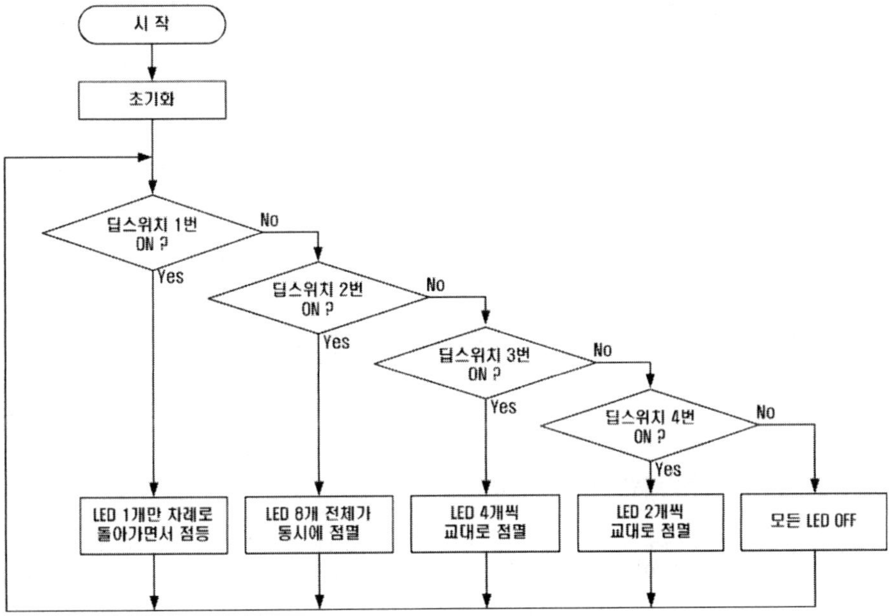

그림 1.4 바이트 입력 명령어를 사용한 동작 흐름도

'ex1-11.c'은 바이트 입력 명령어를 이용한 출력 포트 제어 프로그램이다.

Ex 1-11 input( ) 명령어 사용 프로그램 예제

```
// 입력스위치 상태에 따른 출력동작 제어실습 1-11(파일명 : ex1-11.c)
// 바이트 입력 명령어 사용

#include "C:\PIC16F73\EX1\ex1.h"

int   dip_switch;

void main()
{
  set_tris_a(0xff);                      // a포트를 입력으로 할당
  set_tris_c(0x00);                      // c포트를 출력으로 할당

  while(1) {

    dip_switch = input_a();              // 딥스위치 상태 읽음

    if((dip_switch&0x01)==0x00) {        // 딥스위치 1번 ON시 실행

      portc=0xff;                        // 모든 LED OFF
      delay_ms(1000);

      portc=0xfe;                        // RED만 ON, 나머지 LED OFF
      delay_ms(1000);

      portc=0xfd;                        // ORG만 ON, 나머지 LED OFF
      delay_ms(1000);

      portc=0xfb;                        // GRE만 ON, 나머지 LED OFF
      delay_ms(1000);

      portc=0xf7;                        // ARR만 ON, 나머지 LED OFF
      delay_ms(1000);

      portc=0xef;                        // RED1만 ON, 나머지 LED OFF
      delay_ms(1000);

      portc=0xdf;                        // GRE1만 ON, 나머지 LED OFF
      delay_ms(1000);

      portc=0xbf;                        // RED2만 ON, 나머지 LED OFF
      delay_ms(1000);
```

```
        portc=0x7f;                      // GRE2만 ON, 나머지 LED OFF
        delay_ms(1000);
      }

      else if ((dip_switch&0x02)==0x00) {     // 딥스위치 2번 ON시 실행

        portc=0xff;                           // 모든 LED OFF
        delay_ms(1000);
        portc=0x00;                           // 모든 LED ON
        delay_ms(1000);

      }

      else if ((dip_switch&0x04)==0x00) {     // 딥스위치 3번 ON시 실행

        portc=0xf0;                           // 하위 4개 ON
        delay_ms(1000);
        portc=0x0f;                           // 상위 4개 ON
        delay_ms(1000);

      }

      else if ((dip_switch&0x08)==0x00) {     // 딥스위치 4번 ON시 실행

        portc=0xcc;                           // 2개씩 ON
        delay_ms(1000);
        portc=0x33;
        delay_ms(1000);

      }

      else  portc=0xff;                 // 딥스위치 모두 OFF시 LED 모두 OFF
   }
}
```

4-4 교통신호등 제어 실습

출력 포트 제어 명령어를 이용하여 출력핀에 연결된 LED의 점등 및 소등을 제어하는 프로그램 실습을 통해 학습한 내용을 바탕으로 실제 교통신호등 시스템과 동일한 로직을 구현하는 교통신호등 제어용 프로그램을 실습해 본다.

그림 1.5와 같은 동작순서로 교통신호등 시스템이 작동된다고 가정하고, 표 1.1에 정의된 바와 같이 교통신호등 시스템의 각 램프를 LED로 대체하여 동작시킨다.

'ex1-12.c' 파일은 그림 1.5의 순서도에 따라 작성된 교통신호등 제어 시스템 프로그램

소스 파일이다.

<보행자 신호>

-. 차량용 : 적색
-. 보행자용 : 녹색

GRE2	RED2	GRE1	RED1	ARR	GRE	ORG	RED
ON	OFF	ON	OFF	OFF	OFF	OFF	ON
0	1	0	1	1	1	1	0

↓ 10초 유지

<보행자 예비 신호>

-. 차량용 : 적색
-. 보행자용 : 녹색 10회 점멸 (1초 간격)

GRE2	RED2	GRE1	RED1	ARR	GRE	ORG	RED
ON / OFF	OFF	ON / OFF	OFF	OFF	OFF	OFF	ON
0/1	1	0/1	1	1	1	1	0

<차량 직진주행 신호>

-. 차량용 : 녹색
-. 보행자용 : 적색

GRE2	RED2	GRE1	RED1	ARR	GRE	ORG	RED
OFF	ON	OFF	ON	OFF	ON	OFF	OFF
1	0	1	0	1	0	1	1

↓ 30초 유지

<차량 직진, 좌회전 신호>

-. 차량용 : 녹색, 화살표
-. 보행자용 : 적색

GRE2	RED2	GRE1	RED1	ARR	GRE	ORG	RED
OFF	ON	OFF	ON	ON	ON	OFF	OFF
1	0	1	0	0	0	1	1

↓ 10초 유지

<차량 예비 신호>

-. 차량용 : 황색
-. 보행자용 : 적색

GRE2	RED2	GRE1	RED1	ARR	GRE	ORG	RED
OFF	ON	OFF	ON	OFF	OFF	ON	OFF
1	0	1	0	1	1	0	1

↓ 5초 유지 (처음으로 반복)

그림 1.5 교통신호등 동작 순서

Ex 1-12 교통신호등 제어실습 프로그램 예제

```
//  교통신호등 제어 실습 1-12 (파일명 : ex1-12.c)

#include "C:\PIC16F73\EX1\ex1.h"

void main()
{
   int   i=0;                              //변수 정의

   set_tris_c(0x00);
   portc=0xff;                             //초기 모든 LED off

   while(1) {

      portc=0x5e;                          // 보행자 신호
      delay_ms(1000);
      delay_ms(1000);
      delay_ms(1000);
      delay_ms(1000);
      delay_ms(1000);
      delay_ms(1000);
      delay_ms(1000);
      delay_ms(1000);
      delay_ms(1000);
      delay_ms(1000);                      // 10초간 유지


      portc=0x5e;                          // 보행자 녹색신호 on
      delay_ms(1000);                      // 1초간 유지
      portc=0xfe;                          // 보행자 녹색신호 off
      delay_ms(1000);                      // 1초간 유지
                                           //(1회 점멸)
      portc=0x5e;
      delay_ms(1000);
      portc=0xfe;
      delay_ms(1000);                      //(2회 점멸)

      portc=0x5e;
      delay_ms(1000);
      portc=0xfe;
      delay_ms(1000);                      //(3회 점멸)

      portc=0x5e;
      delay_ms(1000);
      portc=0xfe;
      delay_ms(1000);                      //(4회 점멸)
```

```
    portc=0x5e;
    delay_ms(1000);
    portc=0xfe;
    delay_ms(1000);                    //(5회 점멸)

    portc=0x5e;
    delay_ms(1000);
    portc=0xfe;
    delay_ms(1000);                    //(6회 점멸)

    portc=0x5e;
    delay_ms(1000);
    portc=0xfe;
    delay_ms(1000);                    //(7회 점멸)

    portc=0x5e;
    delay_ms(1000);
    portc=0xfe;
    delay_ms(1000);                    //(8회 점멸)

    portc=0x5e;
    delay_ms(1000);
    portc=0xfe;
    delay_ms(1000);                    //(9회 점멸)

    portc=0x5e;
    delay_ms(1000);
    portc=0xfe;
    delay_ms(1000);                    //(10회 점멸)

    portc=0xab;                        // 차량직진주행신호
    delay_ms(1000);
    delay_ms(1000);
    delay_ms(1000);
    delay_ms(1000);

    delay_ms(1000);
    delay_ms(1000);
    delay_ms(1000);
    delay_ms(1000);
    delay_ms(1000);
    delay_ms(1000);                    //10초
    delay_ms(1000);
    delay_ms(1000);
    delay_ms(1000);
    delay_ms(1000);
    delay_ms(1000);
```

```
    delay_ms(1000);
    delay_ms(1000);
    delay_ms(1000);
    delay_ms(1000);
    delay_ms(1000);
    delay_ms(1000);                    //20초
    delay_ms(1000);
    delay_ms(1000);
    delay_ms(1000);
    delay_ms(1000);
    delay_ms(1000);
    delay_ms(1000);
    delay_ms(1000);
    delay_ms(1000);
    delay_ms(1000);
    delay_ms(1000);                    // 30초간 유지

    portc=0xa3;                        // 차량직진,좌회전신호
    delay_ms(1000);
    delay_ms(1000);
    delay_ms(1000);
    delay_ms(1000);
    delay_ms(1000);
    delay_ms(1000);
    delay_ms(1000);
    delay_ms(1000);
    delay_ms(1000);
    delay_ms(1000);                    //10초간 유지

    portc=0xad;                        // 차량예비신호
    delay_ms(1000);
    delay_ms(1000);
    delay_ms(1000);
    delay_ms(1000);
    delay_ms(1000);                    //5초간 유지
  }
}
```

'ex1-12.c' 파일과 같이 소스 프로그램을 코딩하여 실행시키면 실제 교통신호등 시스템과 같이 차량용 신호등과 보행자용 신호등을 제어하는 것과 같이 동작됨을 알 수 있다.

여기서 한 가지 생각해 보고자 하는 것이 있는데, 'ex1-12.c' 파일을 보면 같은 동작을 반복하는 것을 일일이 코딩하다 보니 프로그램이 길어지는 문제점이 있다는 점이다. 같은 동작의 명령어를 여러 번 실행하는 것을 간단하게 줄일 수 있는 방법은 없을까?

'ex1-13.c'와 같이 C언어 문법에서 학습한 반복문을 사용하면 반복되는 부분의 프로그

램 내용을 간단하게 축약하여 프로그램의 전체 길이를 줄일 수 있다. C언어에서 사용 가능한 반복문의 명령어는 몇 가지가 있지만 여기서는 'for( )'문을 이용하여 작성하였는데, 'ex1-12.c'와 'ex1-13.c'를 비교해 보면 똑같은 기능을 수행하는데 있어서 프로그램의 길이가 크게 줄어들었음을 알 수 있다.

Ex 1-13 for( ) 문을 이용한 교통신호등 제어 프로그램 예제

```
//  교통신호등 제어 실습 1-13 (파일명 : ex1-13.c)

#include "C:\PIC16F73\EX1\ex1.h"

void main()
{
  int   i=0;                                        //변수 정의

  set_tris_c(0x00);
  portc=0xff;                                       //초기 모든 LED off

  while(1) {

    portc=0x5e;                                     // 보행자 신호
    for(i=0;i<=9;i++) delay_ms(1000);               // 10초간 유지

    for(i=0;i<=9;i++) {
      portc=0x5e;                                   // 보행자 예비신호
      delay_ms(1000);                               // 1초간 유지
      portc=0xfe;                                   // 보행자 예비신호
      delay_ms(1000);                               // 1초간 유지
    }

    portc=0xab;                                     // 차량직진주행신호
    for(i=0;i<=29;i++) delay_ms(1000);              // 30초간 유지

    portc=0xa3;                                     // 차량직진,좌회전신호
    for(i=0;i<=9;i++) delay_ms(1000);               // 10초간 유지

    portc=0xad;                                     // 차량예비신호
    for(i=0;i<=4;i++) delay_ms(1000);               // 5초간 유지
  }
}
```

교통신호등 제어 실습의 최종 동작으로 그림 1.6의 흐름도와 같이 딥스위치의 선택에 따라 교통신호등 제어의 동작 패턴을 달리하여 동작하는 프로그램을 작성한다.

예를 들어 딥스위치 1번이 ON되었을 때에는 정상적인 교통신호등 제어 체계로 동작되다가 딥스위치 2번이 ON되었을 때에는 직진 신호 시간을 늘려서 동작되도록 하고, 딥스위치 3이 ON되었을 때에는 기존의 직진 후, 직좌회전 동작이 이루어지던 것을 바꾸어서 직좌회전 후 직진 신호가 주어지도록 변경한다.

또한 딥스위치 4가 ON되었을 때에는 보행자용 녹색신호의 시간을 2배로 연장하고, 모든 스위치가 OFF되었을 때에는 야간모드로 황색 램프만 점멸하는 동작을 구현하도록 프로그램을 작성한다.

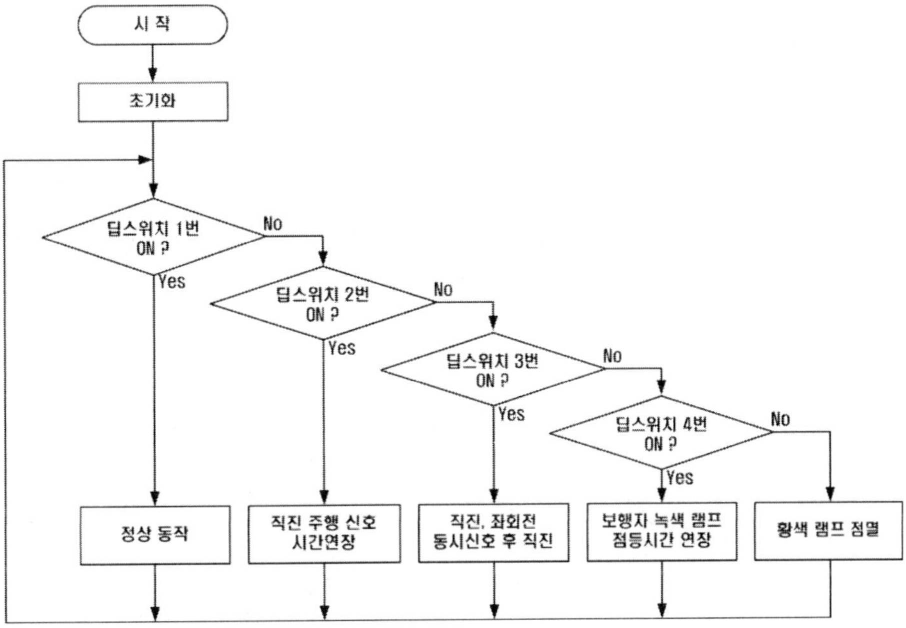

그림 1.6 교통신호등 제어 흐름도

'ex1-14.c'는 그림 1.6의 교통신호등 제어 흐름도에 따라 코딩된 소스 프로그램이다.

Ex 1-14 입력에 따라 동작모드가 변경되는 교통신호등 제어 프로그램 예제

```
// 교통신호등 제어 실습 1-14 (파일명 : ex1-14.c)

#include "C:\PIC16F73\EX1\ex1.h"

int   dip_switch;

void main()
{

  int   i;

  set_tris_a(0xff);
  set_tris_c(0x00);


  while(1) {

    dip_switch = input_a();                    // 딥스위치 상태 읽음

    if((dip_switch&0x01)==0x00) {              // 딥스위치 1번 ON시 실행

      portc=0x5e;                              // 보행자 신호
      for(i=0;i<=9;i++) delay_ms(1000);        // 10초간 유지

      for(i=0;i<=9;i++) {
        portc=0x5e;                            // 보행자 예비신호
        delay_ms(1000);                        // 1초간 유지
        portc=0xfe;                            // 보행자 예비신호
        delay_ms(1000);                        // 1초간 유지
      }

      portc=0xab;                              // 차량직진주행신호
      for(i=0;i<=29;i++) delay_ms(1000);       // 30초간 유지

      portc=0xa3;                              // 차량직진,좌회전신호
      for(i=0;i<=9;i++) delay_ms(1000);        // 10초간 유지

      portc=0xad;                              // 차량예비신호
      for(i=0;i<=4;i++) delay_ms(1000);        // 5초간 유지
    }

    else if ((dip_switch&0x02)==0x00) {        // 딥스위치 2번 ON시 실행

      portc=0x5e;                              // 보행자 신호
      for(i=0;i<=9;i++) delay_ms(1000);        // 10초간 유지
```

```
    for(i=0;i<=9;i++) {
      portc=0x5e;                          // 보행자 예비신호
      delay_ms(1000);                      // 1초간 유지
      portc=0xfe;                          // 보행자 예비신호
      delay_ms(1000);                      // 1초간 유지
    }

    portc=0xab;                            // 차량직진주행신호
    for(i=0;i<=59;i++) delay_ms(1000);     // 60초간 유지


    portc=0xa3;                            // 차량직진,좌회전신호
    for(i=0;i<=9;i++) delay_ms(1000);      // 10초간 유지

    portc=0xad;                            // 차량예비신호
    for(i=0;i<=4;i++) delay_ms(1000);      // 5초간 유지
  }

  else if ((dip_switch&0x04)==0x00) {      // 딥스위치 3번 ON시 실행

    portc=0x5e;                            // 보행자 신호
    for(i=0;i<=9;i++) delay_ms(1000);      // 10초간 유지

    for(i=0;i<=9;i++) {
      portc=0x5e;                          // 보행자 예비신호
      delay_ms(1000);                      // 1초간 유지
      portc=0xfe;                          // 보행자 예비신호
      delay_ms(1000);                      // 1초간 유지
    }

    portc=0xa3;                            // 차량직진,좌회전신호
    for(i=0;i<=9;i++) delay_ms(1000);      // 10초간 유지

    portc=0xab;                            // 차량직진주행신호
    for(i=0;i<=29;i++) delay_ms(1000);     // 30초간 유지

    portc=0xad;                            // 차량예비신호
    for(i=0;i<=4;i++) delay_ms(1000);      // 5초간 유지
  }

  else if ((dip_switch&0x08)==0x00) {      // 딥스위치 4번 ON시 실행

   portc=0x5e;                             // 보행자 신호
    for(i=0;i<=19;i++) delay_ms(1000);     // 20초간 유지

    for(i=0;i<=9;i++) {
      portc=0x5e;                          // 보행자 예비신호
      delay_ms(1000);                      // 1초간 유지
```

```
            portc=0xfe;                              // 보행자 예비신호
            delay_ms(1000);                          // 1초간 유지
         }

         portc=0xab;                                 // 차량직진주행신호
         for(i=0;i<=29;i++) delay_ms(1000);         // 30초간 유지

         portc=0xa3;                                 // 차량직진,좌회전신호
         for(i=0;i<=9;i++) delay_ms(1000);          // 10초간 유지

         portc=0xad;                                 // 차량예비신호
         for(i=0;i<=4;i++) delay_ms(1000);          // 5초간 유지
      }

      else  {
         portc=0xff;                 // 딥스위치 모두 OFF시 LED 모두 OFF
         delay_ms(1000);
         portc=0xad;
         delay_ms(1000);
      }
   }
}
```

'ex1-14.c'와 같이 프로그램을 작성하면 원하는 동작의 교통신호등 제어 시스템을 완성할 수 있다. 그러나 프로그램을 자세히 보면 똑같은 문장이 여러 번 반복되어 프로그램이 매우 길어지고 산만해져 프로그램을 이해하는데 다소 문제가 있음을 알 수 있다. C언어 프로그램을 작성할 때에는 가능하면 간결하게 작성하는 것이 필요하므로 'ex1-15.c'와 같이 프로그램을 수정해서 동작시켜 보기로 한다.

Ex 1-15 간결화된 교통신호등 제어 프로그램 예제

```
// 교통신호등 제어 실습 1-15 (파일명 : ex1-15.c)

#include "C:\PIC16F73\EX1\ex1.h"

int  dip_switch;

void main()
{

  int  i;
```

```
set_tris_a(0xff);
set_tris_c(0x00);

while(1) {

  dip_switch = input_a();          // 딥스위치 상태 읽음

  if((dip_switch&0x0f)==0x0f) {   // 딥스위치 모두 OFF(황색등 점멸)

    portc=0xff;
    delay_ms(1000);
    portc=0xad;
    delay_ms(1000);
  }

  else {

    portc=0x5e;                              // 보행자 신호
    if((dip_switch&0x08)==0x00) {
      for(i=0;i<=19;i++) delay_ms(1000); //4번 ON시 20초 유지
    }

    else {
      for(i=0;i<=9;i++) delay_ms(1000);  //4번 OFF시 10초 유지
    }

    for(i=0;i<=9;i++) {
      portc=0x5e;                            // 보행자 예비신호
      delay_ms(1000);
      portc=0xfe;
      delay_ms(1000);
    }

    // 딥스위치 1번이나 2번이나 4번 ON시에만 실행
    if(((dip_switch&0x01)==0x00) | ((dip_switch&0x02)==0x00) |
    ((dip_switch&0x08)==0x00)) {

      portc=0xab;                              // 차량직진주행신호
      if((dip_switch&0x01)==0x00) {            // 1번이 ON시
        for(i=0;i<=29;i++) delay_ms(1000);  // 30초간 유지
      }

      else {                                   // 2번이 ON시
        for(i=0;i<=59;i++) delay_ms(1000);  // 60초간 유지
      }

      portc=0xa3;                          // 차량직진,좌회전신호
      for(i=0;i<=9;i++) delay_ms(1000);   // 10초간 유지
```

```
            portc=0xad;                                 // 차량예비신호
            for(i=0;i<=4;i++) delay_ms(1000);           // 5초간 유지
         }

         // 딥스위치 3번 ON 시에만 실행
         else {

            portc=0xa3;                                 // 차량직진,좌회전신호
            for(i=0;i<=9;i++) delay_ms(1000);           // 10초간 유지

            portc=0xab;                                 // 차량직진주행신호
            for(i=0;i<=29;i++) delay_ms(1000);          // 30초간 유지

            portc=0xad;                                 // 차량예비신호
            for(i=0;i<=4;i++) delay_ms(1000);           // 5초간 유지
         }
      }
   }
}
```

응용실습 2

7 세그먼트 제어 실습

1. 개요

응용실습 2에서는 응용실습 1에서 학습했던 입출력 포트 제어 명령어를 이용하여 7 세그먼트를 제어하는 프로그램을 작성해 본다. a포트(RA3~RA0)에 딥스위치를 연결하여 입력 포트로 사용하고, b포트(RB7~RB0)에 7 세그먼트를 연결하여 직접 구동하는 하드웨어를 구성한다.

또한 C언어 프로그래밍에서 많이 사용되는 각종 프로그래밍 기법을 학습한다. 특히 타이머 인터럽트에 대한 개념을 이해하고, 이용하는 프로그래밍 기법에 대해 실습하며, 서브함수를 이용하는 기법도 학습한다.

2. 실습 목표

① 입, 출력포트 제어 실습
② 타이머 인터럽트의 이해 및 프로그래밍 실습
③ 서브 함수의 이해 및 프로그래밍 실습
④ 7 세그먼트 동작제어 실습

3. 하드웨어 제작

PIC16F73을 이용해 7 세그먼트의 동작을 제어하기 위해 그림 2.1의 회로도와 같이 하드웨어를 구성한다. 각 포트의 기능은 표 2.1과 같이 정의한다.

표 2.1 하드웨어 출력포트 기능 정의

	PIC16F73		7 세그먼트	
	포트번호	포트명	핀번호	신호명
1	21	RB0	7	a
2	22	RB1	6	b
3	23	RB2	4	c
4	24	RB3	2	d
5	25	RB4	1	e
6	26	RB5	9	f
7	27	RB6	10	g
8	28	RB7	5	dp

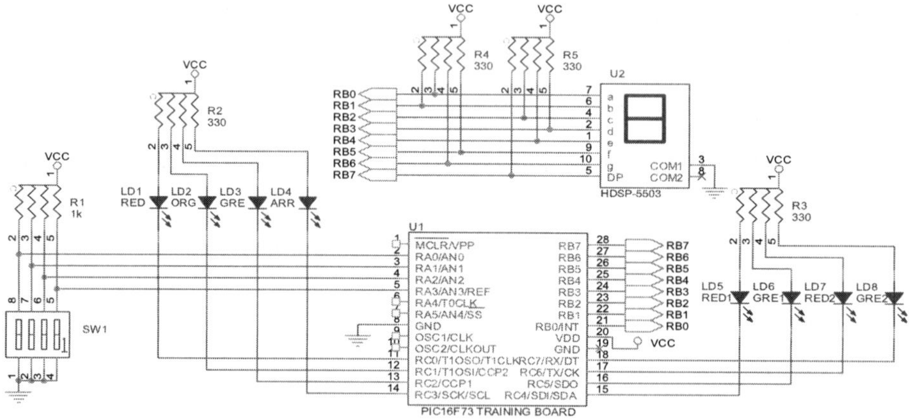

그림 2.1 7 세그먼트 제어 실습용 하드웨어 회로도

3-1 7 세그먼트

7 세그먼트는 LED 7개를 숫자모양을 구성할 수 있도록 배치하여 각각의 LED를 점등 또는 소등함으로써 전체적인 숫자를 표시하는 소자로서, 숫자용 LED 7개와 점을 표시하는 LED 1개로 구성되어 있다.

그림 2.2는 7 세그먼트 HDSP-5501과 HDSP-5503의 내부결선을 나타내는 것으로써, 8개의 LED에는 각각의 세그먼트명(a~g, dp)이 부여되어 있으며, 내부적으로 HDSP-5501은 그림 2.2(a)와 같이 (+) 공통으로 결선되어 있으므로, (+) 공통핀 (3번 또는 8번 핀)에 (+)를 연결한 후, 점등시키고자 하는 LED 핀에 (-)를 연결하면 해당 LED가 점등된다. 이에 비해 HDSP-5503 타입은 그림 2.2(b)와 같이 (-) 공통이기 때문에 (-) 공통핀(3번 또는

8번 핀)에 (-)를 연결한 후, 점등시키고자 하는 LED 핀에 (+)를 연결해야만 해당 LED를 점등시킬 수 있다. 7 세그먼트의 공통핀 3번과 8번은 내부에서 서로 연결되어 있기 때문에 외부에서 별도로 결선할 필요는 없으며, 3번과 8번 어느 한 핀에만 (+) 또는 (-)를 연결하면 된다.

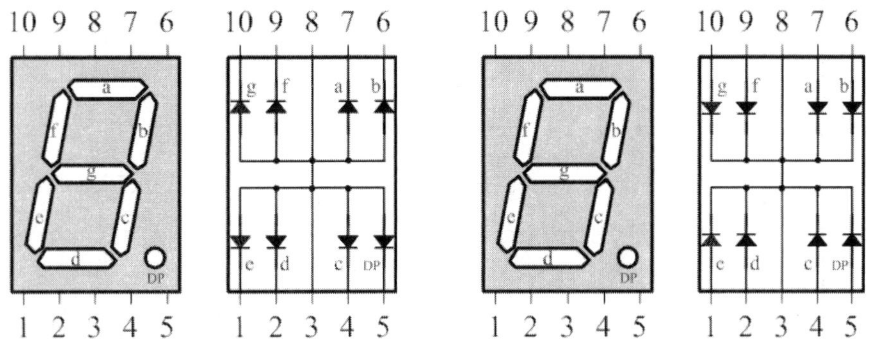

(a) HDSP-5501 내부 결선도 (b) HDSP-5503 내부 결선도

그림 2.2 7 세그먼트

7 세그먼트를 이용하여 10진수뿐만 아니라 16진수까지 표현하기도 하는데, 표 2.2는 10진수를 표현하고자 할 때 각 핀에 연결되어야 하는 신호와 표시 상태를 나타낸 표이다. 표에서 '1'은 디지털 신호의 'high' 상태를 의미하며, '0'은 디지털 신호의 'low' 상태를 의미한다.

표 2.2 7 세그먼트를 이용한 10진수 표시법

숫자표시	세그먼트명	dp	g	f	e	d	c	b	a	
	출력핀	RB7	RB6	RB5	RB4	RB3	RB2	RB1	RB0	HEX값
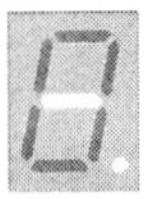	HDSP-5501	1	1	0	0	0	0	0	0	0xc0
	HDSP-5503	0	0	1	1	1	1	1	1	0x3f
	HDSP-5501	1	1	1	1	1	0	0	1	0xf9
	HDSP-5503	0	0	0	0	0	1	1	0	0x06
	HDSP-5501	1	0	1	0	0	1	0	0	0xa4
	HDSP-5503	0	1	0	1	1	0	1	1	0x5b
	HDSP-5501	1	0	1	1	0	0	0	0	0xb0
	HDSP-5503	0	1	0	0	1	1	1	1	0x4f
	HDSP-5501	1	0	0	1	1	0	0	1	0x99
	HDSP-5503	0	1	1	0	0	1	1	0	0x66
	HDSP-5501	1	0	0	1	0	0	1	0	0x92
	HDSP-5503	0	1	1	0	1	1	0	1	0x6d
	HDSP-5501	1	0	0	0	0	0	1	1	0x83
	HDSP-5503	0	1	1	1	1	1	0	0	0x7c
	HDSP-5501	1	1	1	1	1	0	0	0	0xf8
	HDSP-5503	0	0	0	0	0	1	1	1	0x07
	HDSP-5501	1	0	0	0	0	0	0	0	0x80
	HDSP-5503	0	1	1	1	1	1	1	1	0x7f
	HDSP-5501	1	0	0	1	1	0	0	0	0x98
	HDSP-5503	0	1	1	0	0	1	1	1	0x67

3-2 하드웨어 결선

그림 2.3은 그림 2.1의 7 세그먼트 제어 실습용 하드웨어 회로도를 구성한 모습이다. 응용실습 1의 교통신호등 제어 실습에서 사용하였던 LED 결선(RC7~RC0)은 그대로 변경하지 않고, 7 세그먼트 회로만을 추가하였다. c포트에 연결된 LED는 추후 프로그램 내에서 다른 기능으로 정의하여 사용하기로 하며, 여기에서는 출력포트를 모두 OFF시켜서 사용하지 않고, b포트(RB7~RB0)에 7 세그먼트를 연결하여 사용한다.

그림 2.3 7 세그먼트 제어 실습용 하드웨어 결선

4. 소프트웨어 개발

4-1 7 세그먼트 숫자 표시 실습

7 세그먼트를 이용한 숫자 표시 프로그램을 작성하기 위해 먼저 아래와 같은 헤더 파일을 작성한다.

```
// Ex2 헤더 파일 (파일명 : ex2.h)

#include <16F73.h>

#use delay(clock=20000000)          // 클럭 주파수를 20MHz로 설정
#fuses HS, BROWNOUT

#byte porta=0x05                    // porta를 스페셜 레지스터로 지정
#byte portb=0x06                    // portb를 스페셜 레지스터로 지정
#byte portc=0x07                    // portc를 스페셜 레지스터로 지정
```

헤더 파일을 완성하였으면, 소스 프로그램을 작성한다. 본 실습에서 사용된 7 세그먼트는 HDSP-5503이기 때문에 공통단자를 GND에 연결하고 ON 시키고자 하는 세그먼트 단자에 'high' 데이터를 입력해야 하는 'high active' 동작특성을 가지고 있다. 'ex2-1.c' 소스 프로그램은 표 2.2의 HDSP-5503 데이터값을 참조하여 작성한 7 세그먼트 숫자 표시 제어 프로그램으로서, 전원을 투입하면 7 세그먼트의 숫자가 '0'에서부터 '9'까지 1초 간격으로 차례대로 증가하는 동작을 수행한다.

Ex 2-1 7 세그먼트 숫자 표시 프로그램 예제

```
// 7 세그먼트 제어 실습 2-1 (파일명 : ex2-1.c)

#include "C:\PIC16F73\EX2\ex2.h"

void main()
{
  set_tris_a(0xff);                    // a포트를 입력으로 할당
  set_tris_b(0x00);                    // b포트를 출력으로 할당
  set_tris_c(0x00);                    // c포트를 출력으로 할당

  portb=0x00;                          // b포트 초기화(모두 off)
  portc=0xff;                          // c포트 초기화(모두 off)

  while(1) {

    portb=0x3f;                        // 0 표시
    delay_ms(1000);

    portb=0x06;                        // 1 표시
    delay_ms(1000);

    portb=0x5b;                        // 2 표시
    delay_ms(1000);

    portb=0x4f;                        // 3 표시
    delay_ms(1000);

    portb=0x66;                        // 4 표시
    delay_ms(1000);

    portb=0x6d;                        // 5 표시
    delay_ms(1000);
```

```
    portb=0x7c;                      // 6 표시
    delay_ms(1000);

    portb=0x07;                      // 7 표시
    delay_ms(1000);

    portb=0x7f;                      // 8 표시
    delay_ms(1000);

    portb=0x67;                      // 9 표시
    delay_ms(1000);
  }
}
```

프로그램 'ex2-2.c'에서는 딥스위치 입력을 이용하여 딥스위치 1번이 OFF시에는 숫자가 증가하지만, ON시에는 숫자가 감소하는 프로그램을 작성해 본다.

Ex 2-2 7 세그먼트 숫자 증가 또는 감소 프로그램 예제

```
// 7 세그먼트 제어 실습 2-2 (파일명 : ex2-2.c)

#include "C:\PIC16F73\EX2\ex2.h"

void main()
{

  set_tris_a(0xff);                  // a포트를 입력으로 할당
  set_tris_b(0x00);                  // b포트를 출력으로 할당
  set_tris_c(0x00);                  // c포트를 출력으로 할당

  portb=0x00;                        // b포트 초기화(모두 off)
  portc=0xff;                        // c포트 초기화(모두 off)

  while(1) {

    if(bit_test(porta,0)) {          // 딥스위치 OFF시 실행

      portb=0x67;                    // 9 표시
      delay_ms(1000);
```

```
    portb=0x7f;                     // 8 표시
    delay_ms(1000);

    portb=0x07;                     // 7 표시
    delay_ms(1000);

    portb=0x7c;                     // 6 표시
    delay_ms(1000);

    portb=0x6d;                     // 5 표시
    delay_ms(1000);

    portb=0x66;                     // 4 표시
    delay_ms(1000);

    portb=0x4f;                     // 3 표시
    delay_ms(1000);

    portb=0x5b;                     // 2 표시
    delay_ms(1000);

    portb=0x06;                     // 1 표시
    delay_ms(1000);

    portb=0x3f;                     // 0 표시
    delay_ms(1000);

  }

  else {                            // 딥스위치 ON시 실행

    portb=0x3f;                     // 0 표시
    delay_ms(1000);

    portb=0x06;                     // 1 표시
    delay_ms(1000);

    portb=0x5b;                     // 2 표시
    delay_ms(1000);

    portb=0x4f;                     // 3 표시
    delay_ms(1000);

    portb=0x66;                     // 4 표시
    delay_ms(1000);
```

```
        portb=0x6d;                          // 5 표시
        delay_ms(1000);

        portb=0x7c;                          // 6 표시
        delay_ms(1000);

        portb=0x07;                          // 7 표시
        delay_ms(1000);

        portb=0x7f;                          // 8 표시
        delay_ms(1000);

        portb=0x67;                          // 9 표시
        delay_ms(1000);
      }
   }
}
```

4-2 서브함수 프로그래밍 실습

C언어의 가장 큰 특징 중 하나는 프로그램이 함수 중심으로 구성된다는 점이다. 즉 어떤 특정한 기능을 수행하는 프로그램을 함수 단위별로 작성하여 원하는 순간에 호출하여 사용할 수 있기 때문에 프로그램을 블록화하여 간단, 명료하게 작성할 수 있는 특징이 있다. 이러한 함수는 C언어 자체에서 제공하는 함수도 있지만, 필요한 경우 프로그래머가 직접 작성하여 사용할 수도 있다. 이와 같은 함수를 서브함수라고 부르며, 보통 자주 사용하는 프로그램이나 반복되는 프로그램을 서브함수를 작성하여 호출하게 된다. 이러한 서브함수는 같은 프로그램 내에서 여러 번 호출하여 사용할 수도 있고, 다른 프로그램에서도 호출이 가능하여 매우 유용하게 사용되기 때문에 함수별로 블록화된 프로그램을 작성하는 기법을 익히는 것이 반드시 필요하다.

프로그램 'ex2-2.c'에서 각 숫자를 표시하기 위해 출력포트에 데이터를 써넣는 문장의 경우 같은 형식이 반복되고 있다. 이러한 경우 서브함수를 이용하여 프로그램을 블록화하면 간단, 명료하게 프로그램을 작성할 수 있기 때문에 프로그램의 이해가 쉽고, 추후 프로그램을 확장하는데 있어서 매우 유리해지는 장점이 있다. 프로그램 'ex2-3.c'은 서브함수를 이용하여 프로그램 'ex2-2.c'과 똑같은 기능을 수행하도록 변경한 프로그램이다.

예를 들어 숫자 '0'을 표시하기 위해서는 'portb=0x3f;'의 명령어를 사용해야 하는데

서브함수를 이용하여 'void zero( )'를 만들고 이 서브함수 내에 'portb=0x3f;' 명령어를 한번 써 주면, '0'을 표시하고자 할 때마다 'portb=0x3f;' 대신에 'zero( )' 만 호출하면 되기 때문에 프로그램이 간단해지고, 이해하기가 쉬우며, 프로그램 변경 및 기능확장이 매우 편리한 장점이 있다.

Ex 2-3 서브함수를 이용한 7 세그먼트 숫자 표시 프로그램 예제

```
// 7 세그먼트 제어 실습 2-3 (파일명 : ex2-3.c)

#include "C:\PIC16F73\EX2\ex2.h"

void  zero();
void  one();
void  two();
void  three();
void  four();
void  five();
void  six();
void  seven();
void  eight();
void  nine();

void main()
{
   set_tris_a(0xff);                    // a포트를 입력으로 할당
   set_tris_b(0x00);                    // b포트를 출력으로 할당
   set_tris_c(0x00);                    // c포트를 출력으로 할당

   portb=0x00;                          // b포트 초기화(모두 off)
   portc=0xff;                          // c포트 초기화(모두 off)

   while(1) {

      if(bit_test(porta,0)) {           // 딥스위치 OFF시 실행
         nine();
         eight();
         seven();
         six();
         five();
         four();
         three();
         two();
```

```
        one();
        zero();
    }

    else {                                // 딥스위치 ON시 실행
        zero();
        one();
        two();
        three();
        four();
        five();
        six();
        seven();
        eight();
        nine();
    }
  }
}

void zero()
{
  portb=0x3f;                             // 0 표시
  delay_ms(1000);
}

void one()
{
  portb=0x06;                             // 1 표시
  delay_ms(1000);
}

void two()
{
  portb=0x5b;                             // 2 표시
  delay_ms(1000);
}

void three()
{
  portb=0x4f;                             // 3 표시
  delay_ms(1000);
}

void four()
{
  portb=0x66;                             // 4 표시
  delay_ms(1000);
}
```

```
void five()
{
  portb=0x6d;                          // 5 표시
  delay_ms(1000);
}

void six()
{
  portb=0x7c;                          // 6 표시
  delay_ms(1000);
}

void seven()
{
  portb=0x07;                          // 7 표시
  delay_ms(1000);
}

void eight()
{
  portb=0x7f;                          // 8 표시
  delay_ms(1000);
}

void nine()
{
  portb=0x67;                          // 9 표시
  delay_ms(1000);
}
```

이번에는 서브함수를 이용하여 좀 더 블록화된 프로그램을 작성해 본다. 숫자 표시 서브함수는 앞으로도 계속 사용할 프로그램이기 때문에 따로 발췌해서 별도의 프로그램으로 작성해 놓고 필요할 때마다 이를 호출하여 사용하는 것으로 하면 프로그램의 길이를 크게 줄일 수 있는 효과가 있다.

이를 실습하기 위해 먼저 아래와 같은 'segment_digit.c' 파일을 작성한다.

```
// 7 세그먼트 숫자표시용 서브함수 (파일명 : segement_digit.c)

void  zero();
void  one();
void  two();
void  three();
void  four();
void  five();
void  six();
void  seven();
void  eight();
void  nine();

void zero()
{
   portb=0x3f;                              // 0 표시
   delay_ms(1000);
}

void one()
{
   portb=0x06;                              // 1 표시
   delay_ms(1000);
}

void two()
{
   portb=0x5b;                              // 2 표시
   delay_ms(1000);
}

void three()
{
   portb=0x4f;                              // 3 표시
   delay_ms(1000);
}

void four()
{
   portb=0x66;                              // 4 표시
   delay_ms(1000);
}
```

```
void five()
{
  portb=0x6d;                          // 5 표시
  delay_ms(1000);
}

void six()
{
  portb=0x7c;                          // 6 표시
  delay_ms(1000);
}

void seven()
{
  portb=0x07;                          // 7 표시
  delay_ms(1000);
}

void eight()
{
  portb=0x7f;                          // 8 표시
  delay_ms(1000);
}

void nine()
{
  portb=0x67;                          // 9 표시
  delay_ms(1000);
}
```

이와 같이 서브함수를 작성하면 이 후에는 필요할 때마다 '#include' 명령어를 이용하여 메인 프로그램에 포함시키면 된다. 파일 'ex2-4.c'는 'ex2-2.c'와 동일한 동작을 수행하지만 'ex2-2.c'나 'ex2-3.c'에 비해 프로그램이 간단, 명료하게 블록화되어 있음을 볼 수 있다. 아래의 프로그램에서 윗줄에 있는 '#include <C:\PIC16F73\EX2\segment_digit.c>'의 문장 한 줄이 50여줄로 된 'segment_digit.c' 프로그램의 내용을 포함한다는 것을 의미하기 때문에 프로그램이 매우 짧아지게 된다. 'segment_digit.c' 프로그램은 함수로 블록화되어 있기 때문에 다른 프로그램에서도 '#include' 명령어를 이용하면 언제든지 호출하여 사용할 수 있다.

Ex 2-4 서브함수를 이용한 7 세그먼트 제어 프로그램 예제

```
// 7 세그먼트 제어 실습 2-4 (파일명 : ex2-4.c)
// 서브함수 실습

#include "C:\PIC16F73\EX2\ex2.h"
#include <C:\PIC16F73\EX2\segment_digit.c>

void main()
{
   set_tris_a(0xff);                       // a포트를 입력으로 할당
   set_tris_b(0x00);                       // b포트를 출력으로 할당
   set_tris_c(0x00);                       // c포트를 출력으로 할당

   portb=0x00;                             // b포트 초기화(모두 off)
   portc=0xff;                             // c포트 초기화(모두 off)

   while(1) {

      if(bit_test(porta,0)) {              // 딥스위치 OFF시 실행
        nine();
        eight();
        seven();
        six();
        five();
        four();
        three();
        two();
        one();
        zero();
      }

      else {                               // 딥스위치 ON시 실행
        zero();
        one();
        two();
        three();
        four();
        five();
        six();
        seven();
        eight();
        nine();
      }
   }
}
```

이번에는 좀 더 C언어적인 프로그램을 작성해 본다. 서브함수의 서브함수를 호출하는 것으로 아래의 'ex2-5.c' 프로그램은 더 블록화되어 있기 때문에 이해하기 쉽고 확장성이 높은 장점을 가지고 있다.

Ex 2-5 서브함수를 이용한 7 세그먼트 제어 프로그램 예제

```
// 7 세그먼트 제어 실습 2-5 (파일명 : ex2-5.c)
// 서브함수 실습

#include "C:\PIC16F73\EX2\ex2.h"
#include <C:\PIC16F73\EX2\segment_digit.c>

void  decrease();
void  increase();

void main()
{
   set_tris_a(0xff);                      // a포트를 입력으로 할당
   set_tris_b(0x00);                      // b포트를 출력으로 할당
   set_tris_c(0x00);                      // c포트를 출력으로 할당

   portb=0x00;                            // b포트 초기화(모두 off)
   portc=0xff;                            // c포트 초기화(모두 off)

   while(1) {

      if(bit_test(porta,0)) decrease(); // 딥스위치 OFF시 실행
      else  increase();                   // 딥스위치 ON시 실행
   }
}

void decrease()
{
   nine();
   eight();
   seven();
   six();
   five();
   four();
   three();
   two();
   one();
   zero();
}
```

```
void increase()
{
   zero();
   one();
   two();
   three();
   four();
   five();
   six();
   seven();
   eight();
   nine();
}
```

4-3 7 세그먼트 제어 실습

앞 절의 실습과정을 통해 7 세그먼트의 입력상태에 따른 출력표시 상태를 제어하는 기법을 실습했다.

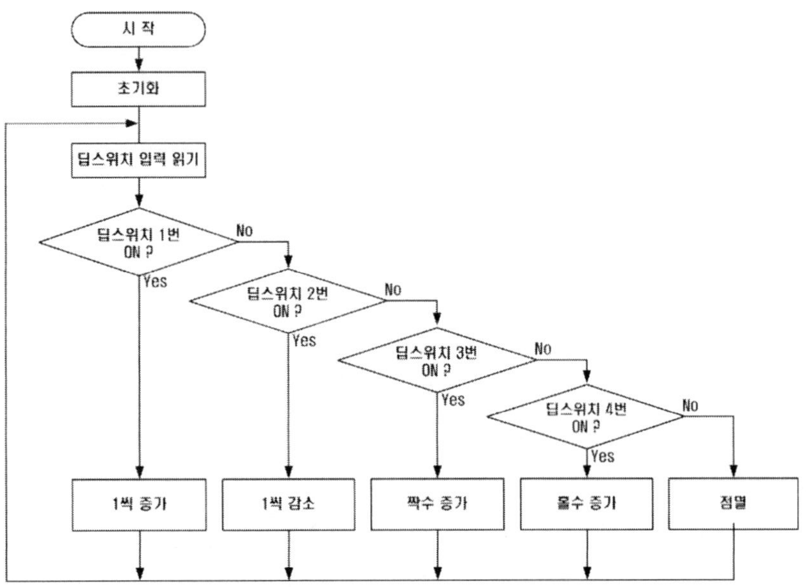

그림 2.4 7 세그먼트 제어 실습 프로그램 흐름도

이 절에서는 딥스위치 4개를 이용하여 스위치의 ON/OFF 조건에 따라 각각 다른 내용이 7 세그먼트에 표시되도록 하는 'ex2-6.c' 프로그램을 작성한다. 그림 2.4는 'ex2-6.c'

프로그램에 대한 흐름도로서, 딥스위치 1번을 ON하면 7 세그먼트의 숫자가 1씩 증가하고, 2번을 ON하면 1씩 감소하게 되며, 3번을 ON하면 짝수 숫자가 증가하면서 표시되고, 4번을 ON하면 홀수 숫자가 증가하면서 표시되도록 한다. 또한 모든 스위치가 OFF되었을 때에는 7 세그먼트의 모든 LED가 점멸하도록 하는 프로그램이다.

Ex 2-6 딥스위치 4개를 이용한 7 세그먼트 제어 실습 프로그램 예제

```
// 7 세그먼트 제어 실습 2-6 (파일명 : ex2-6.c)
// 서브함수 실습

#include "C:\PIC16F73\EX2\ex2.h"
#include <C:\PIC16F73\EX2\segment_digit.c>

void  decrease();
void  increase();
void  even();
void  odd();
void  on_off();

int   dip_switch;

void main()
{
   set_tris_a(0xff);
   set_tris_b(0x00);
   set_tris_c(0x00);

   portb=0x00;
   portc=0xff;

   while(1) {

      dip_switch = input_a();

      if((dip_switch&0x01)==0x00) increase();          // 1번 ON시 실행

      else if((dip_switch&0x02)==0x00) decrease();  // 2번 ON시 실행

      else if ((dip_switch&0x04)==0x00) even();      // 3번 ON시 실행


      else if ((dip_switch&0x08)==0x00) odd();       // 4번 ON시 실행

      else on_off();                                // 모두 OFF시 점멸
   }
```

```
}

void decrease()
{
   nine();
   eight();
   seven();
   six();
   five();
   four();
   three();
   two();
   one();
   zero();
}

void increase()
{
   zero();
   one();
   two();
   three();
   four();
   five();
   six();
   seven();
   eight();
   nine();
}

void even()
{
   zero();
   two();
   four();
   six();
   eight();
}

void odd()
{
   one();

   three();
   five();
   seven();
   nine();
}
```

```
void on_off()
{
   portb=0xff;
   delay_ms(1000);
   portb=0x00;
   delay_ms(1000);
}
```

'ex2-6.c' 프로그램에서는 입력핀에 연결된 딥스위치 하나하나만의 개별 ON/OFF 상태를 고려하여 동작모드를 결정하였기 때문에 모두 5가지의 동작모드만을 결정하였지만, 실제로는 입력핀(RA3~RA0)을 4개 사용하기 때문에 최대 16개까지의 동작모드를 확장해서 사용할 수 있다. 'ex2-7.c' 프로그램은 입력핀 4개의 ON/OFF 상태를 조합하여 모두 16개의 동작모드를 결정하는 프로그래밍 기법을 나타내는 것으로 16가지 모두 사용할 수 있지만 내용의 분량이 커지는 문제로 인해 여기서는 모두 8개의 모드만을 정의하여 사용하기로 한다.

Ex 2-7 딥스위치 4개를 이용한 7 세그먼트 제어 실습 프로그램 예제

```
// 7 세그먼트 제어 실습 2-7 (파일명 : ex2-7.c)
// 서브함수 실습

#include "C:\PIC16F73\EX2\ex2.h"
#include <C:\PIC16F73\EX2\segment_digit.c>

void  decrease();
void  increase();
void  even();
void  odd();
void  on_off();
void  birthday();
void  phone();
void  student_ID();


int   dip_switch;

void main()
{
   set_tris_a(0xff);
   set_tris_b(0x00);
   set_tris_c(0x00);
```

```
  portb=0x00;
  portc=0xff;

  while(1) {

    dip_switch = input_a() & 0x0f;

    if(dip_switch==0x0e) increase();        // 모드 1 : 1번 ON

    else if(dip_switch==0x0d) decrease();  // 모드 2 : 2번 ON

    else if(dip_switch==0x0c) even();       // 모드 3 : 1,2번 ON

    else if(dip_switch==0x0b) odd();        // 모드 4 : 3번 ON

    else if(dip_switch==0x0a) birthday();  // 모드 5 : 1,3번 ON

    else if(dip_switch==0x09) phone();      // 모드 6 : 2,3번 ON

    else if(dip_switch==0x08) student_ID();// 모드 7 : 1,2,3번 ON

    else on_off();                          // 모드 8 : 그 이외
  }
}

void decrease()
{
  nine();
  eight();
  seven();
  six();
  five();
  four();
  three();
  two();
  one();
  zero();
}

void increase()
{
  zero();
  one();
  two();
  three();
  four();
  five();
  six();
```

```
    seven();
    eight();
    nine();
}

void even()
{
    zero();
    two();
    four();
    six();
    eight();
}

void odd()
{
    one();
    three();
    five();
    seven();
    nine();
}

void on_off()
{
    portb=0xff;
    delay_ms(1000);
    portb=0x00;
    delay_ms(1000);
}

void birthday()
{
    one();
    nine();
    eight();
    seven();
    one();
    zero();
    two();
    five();
}

void phone()
{
    zero();
    six();
    three();
    two();
```

```
    two();
    zero();
    four();
    zero();
    eight();
    two();
}

void student_ID()
{
    two();
    zero();
    one();
    zero();
    three();
    four();
    zero();
}
```

이번에는 'ex2-7.c' 프로그램을 간략화하기 위해 서브함수를 이용하여 프로그램을 작성해 본다. 모드별 동작을 수행하는 부분을 따로 분리해 'mode_operation.c'라는 파일로 저장한 후, 메인 프로그램에서 'mode_operation.c'을 포함하는 기법을 이용한다.

```
// 7세그먼트 숫자표시 동작수행 서브함수(파일명 : mode_operation.c)

void  decrease();
void  increase();
void  even();
void  odd();
void  on_off();
void  birthday();
void  phone();
void  student_ID();

void decrease()
{
    nine();
    eight();
    seven();
    six();
    five();
    four();
    three();
    two();
```

```
    one();
    zero();
}

void increase()
{
    zero();
    one();
    two();
    three();
    four();
    five();
    six();
    seven();
    eight();
    nine();
}

void even()
{
    zero();
    two();
    four();
    six();
    eight();
}

void odd()
{
    one();
    three();
    five();
    seven();
    nine();
}

void on_off()
{
    portb=0xff;
    delay_ms(1000);
    portb=0x00;
    delay_ms(1000);
}

void birthday()
{
    one();
    nine();
    eight();
```

```
   seven();
   one();
   zero();
   two();
   five();
}

void phone()
{
   two();
   two();
   zero();
   four();

   zero();
   eight();
   two();
}

void student_ID()
{
   two();
   zero();
   one();
   zero();
   three();
   four();
   zero();
}
```

모드의 동작내용을 나타내는 부분을 'mode_operation.c' 파일로 분리해 내면 메인 프로그램이 아래 'ex2-8.c'와 같이 매우 간략화 됨을 알 수 있다.

Ex 2-8 서브함수를 이용하여 간략화한 7 세그먼트 제어 프로그램 예제

```
// 7 세그먼트 제어 실습 2-8 (파일명 : ex2-8.c)
// 서브함수 실습

#include "C:\PIC16F73\EX2\ex2.h"
#include <C:\PIC16F73\EX2\segment_digit.c>
#include <C:\PIC16F73\EX2\mode_operation.c>

int  dip_switch;

void main()
```

```
{
   set_tris_a(0xff);
   set_tris_b(0x00);
   set_tris_c(0x00);

   portb=0x00;
   portc=0xff;

   while(1) {

      dip_switch = input_a() & 0x0f;

      if(dip_switch==0x0e) increase();            // mode 1 : 1번 ON

      else if(dip_switch==0x0d) decrease();     // mode 2 : 2번 ON

      else if(dip_switch==0x0c) even();         // mode 3 : 1,2번 ON

      else if(dip_switch==0x0b) odd();          // mode 4 : 3번 ON

      else if(dip_switch==0x0a) birthday();     // mode 5 : 1,3번 ON

      else if(dip_switch==0x09) phone();        // mode 6 : 2,3번 ON

      else if(dip_switch==0x08) student_ID();  //mode 7 :1,2,3번 ON

      else on_off();                            // 그 이외
   }
}
```

C언어에서 조건을 선택하여 다른 동작을 실행하는 조건선택문은 'if~, else~' 문 외에 'switch( )'문이 있다. 'ex2-9.c'는 'switch( )'문을 이용하여 'ex2-8.c'과 동일한 동작을 수행하도록 하는 프로그램이다.

Ex 2-9 'switch( )' 문을 이용한 7 세그먼트 제어 프로그램 예제

```
// 7 세그먼트 제어 실습 2-9 (파일명 : ex2-9.c)
// 서브함수 실습

#include "C:\PIC16F73\EX2\ex2.h"
#include <C:\PIC16F73\EX2\segment_digit.c>
#include <C:\PIC16F73\EX2\mode_operation.c>
```

```
int   dip_switch;

void main()
{
   set_tris_a(0xff);

   set_tris_b(0x00);
   set_tris_c(0x00);

   portb=0x00;
   portc=0xff;

   while(1) {

      dip_switch = input_a() & 0x0f;

      switch(dip_switch) {
         case 0x0e: increase();  break;        // mode 1 : 1번 ON
         case 0x0d: decrease();  break;        // mode 2 : 2번 ON
         case 0x0c: even();  break;            // mode 3 : 1,2번 ON
         case 0x0b: odd();  break;             // mode 4 : 3번 ON
         case 0x0a: birthday();  break;        // mode 5 : 1,3번 ON
         case 0x09: phone();  break;           // mode 6 : 2,3번 ON
         case 0x08: student_ID();  break;      // mode 7 : 1,2,3번 ON
         default:   on_off();  break;          // mode 8 : 그 이외
      }
   }
}
```

그림 2.5는 프로그램 'ex2-9.c'에 대한 프로그램 흐름도를 나타낸다. 딥스위치 4개의 입력값을 16진수로 표현했을 때 각 모드에 해당하는 값과 일치하면 해당 모드의 프로그램 동작을 수행하게 된다.

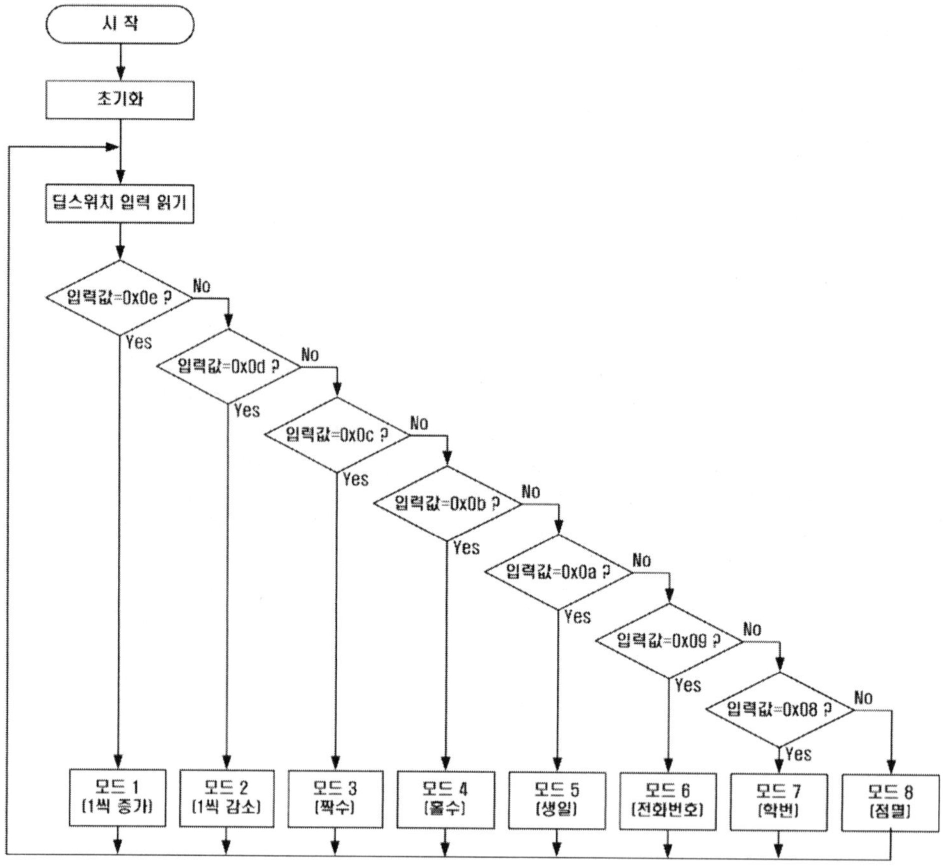

그림 2.5 7 세그먼트 모드 선택 제어 프로그램 흐름도

응용실습 3

타이머 인터럽트 제어 실습

1. 개요

응용실습 1, 2를 통해 입력포트에 연결된 딥스위치의 선택에 따라 출력포트에 연결된 LED, 7 세그먼트를 제어하는 기법을 실습하였다. 딥스위치의 ON/OFF 상태를 변경시키면 각각 다른 동작모드가 선택되어 다른 동작이 이루어짐을 확인하였는데, 한 가지 이상한 점은 어떤 한 동작모드를 수행 중에 딥스위치의 ON/OFF 상태를 변경시키면 변경된 동작모드가 즉시 실행되는 것이 아니라 진행 중이던 동작모드를 모두 수행한 후에 새로운 동작모드로 변경된다는 점이다.

즉, 프로그램이 수행될 때 외부 입력변화에 바로 대응하여 출력이 변경되지 않고 현재 수행 중이던 내용을 모두 수행한 이후에 새로운 입력에 적합한 동작을 수행하는 것을 볼 수 있다.

이와 같이 외부 입력에 즉시 반응하지 않는 이유는 그림 3.1을 보면 알 수 있는데, 그림에서 ①로 표시된 시점, 즉 '딥스위치 입력 읽기' 명령 이전에 딥스위치의 ON/OFF 상태가 변경되면 즉시 동작모드가 변경되지만, ②로 표시된 시점에 딥스위치의 ON/OFF 상태가 변경되면 새로운 동작모드로 변경되지 않고 기존에 결정된 동작모드를 계속 유지하여 나머지 프로그램을 수행한 후에, 프로그램이 다시 반복되어 '딥스위치 입력 읽기' 명령어를 수행하게 하는 시점에 새로운 동작모드로 변경된다.

이와 같이 입력에 대한 출력의 반응이 늦어지는 문제를 해결하기 위해 응용실습 3에서는 타이머 인터럽트 기능을 이용하여 외부입력 변화에 즉각적으로 반응하는 프로그램 작성을 실습한다. 응용실습 2와 동일한 하드웨어를 사용하여 타이머 인터럽트를 적용한 7 세그먼트 입출력 제어기법에 대해 실습한다.

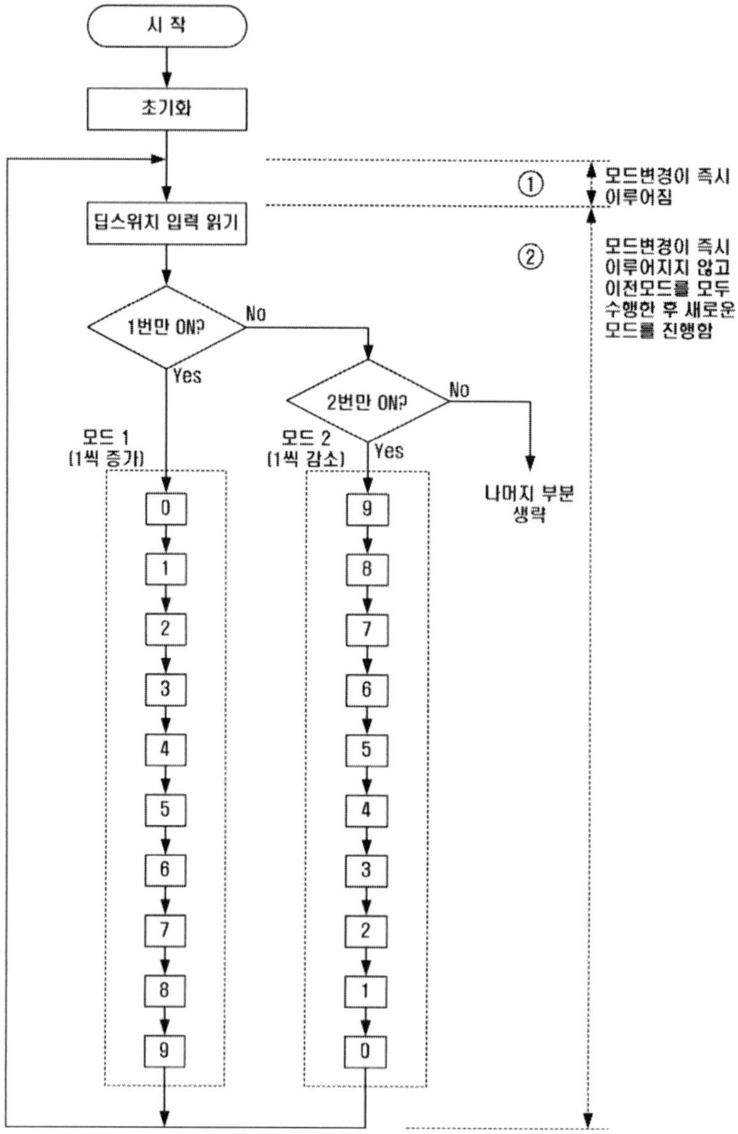

그림 3.1 타이머 인터럽트를 사용하지 않았을 때의 입력 신호 처리 과정

2. 실습 목표

① 타이머 인터럽트 개념 및 동작 실습

② 타이머 인터럽트 프로그래밍 실습

3. 하드웨어 제작

응용실습 2와 동일한 하드웨어 사용

4. 소프트웨어 개발

4-1 타이머 인터럽트의 이해

타이머 인터럽트란 메인 프로그램을 차례대로 수행하는 중에 일정한 시간이 되면 현재 처리하고 있는 내용을 그대로 정지한 상태에서 미리 정해진 서브함수로 이동하여 해당 서브함수에 있는 내용을 먼저 수행한 후, 다시 메인 프로그램으로 돌아와 처리하던 프로그램을 이어서 수행하도록 하는 프로그래밍 기법이다.

그림 3.2는 인터럽트를 사용하지 않을 때와 사용할 때의 동작 차이를 설명하는 그림이다. 인터럽트를 사용하지 않을 때에는 그림 3.2(a)에서와 같이 세그먼트의 숫자가 '0'→'1'→'2'→'3'→'4'로 증가하는 중에(그림에서는 '4'를 표시하고 있을 때) 딥스위치를 변경하면 즉시 감소 모드로 전환되어 '3'→'2'→'1'→'0'으로 동작되는 것이 아니라 증가하는 동작을 계속 유지하여 '5'→'6'→'7'→'8'→'9'를 표시한 후 '9'에 이르러서 비로소 감소 모드로 전환되어 '9'→'8'→'7'→'6'→'5'→'4'→'3'→'2'→'1'→'0'으로 표시된다. 이와 같이 입력상태의 변동에 따라 출력이 즉시 반응하지 않는 이유는 입력을 받아들이는 명령어가 1회만 수행하기 때문이다.

즉, 한번 입력을 받아들여서 세그먼트의 증가 또는 감소 동작모드가 결정되면 해당 모드를 끝까지 수행하여 마지막 숫자까지 표시한 후, 다음 입력을 받아들여 새로 받아들인 입력상태에 따라 동작 모드를 계속 유지하든지 또는 새롭게 변경시키든지 하도록 프로그램되어 있기 때문이다.

이에 비해 타이머 인터럽트 기법을 사용하면 타이머 인터럽트가 발생할 때마다 매번 새롭게 입력을 받아들이는 명령어를 수행하게 된다. 그림 3.2(b)와 같이 '4'를 표시하고 있을 때 딥스위치 입력을 변경시키면 출력은 즉시 반응하여 증가 모드에서 감소 모드로 변경되어 출력 숫자는 '3'→'2'→'1'→'0'→'9'→'8'이 표시된다. 이때 다시 딥스위치 입력을 변경시켜 증가 모드로 전환하면 숫자는 즉시 증가하여 '8'→'9'로 변경된다.

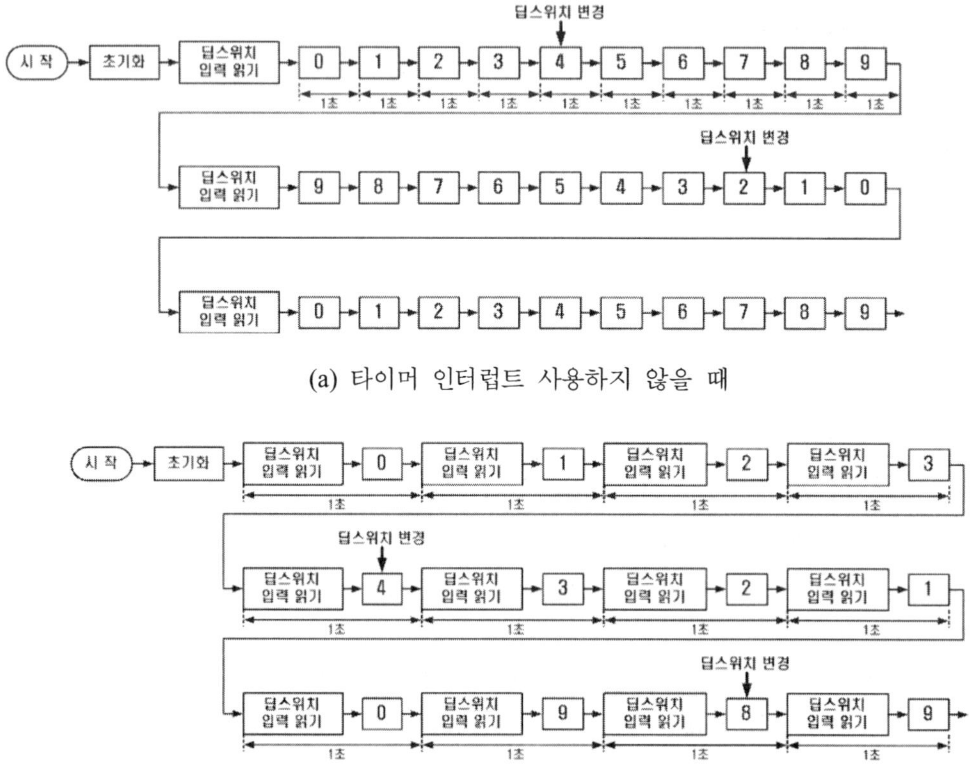

(a) 타이머 인터럽트 사용하지 않을 때

(b) 타이머 인터럽트 사용할 때

그림 3.2 타이머 인터럽트 동작

4-2 타이머 인터럽트 프로그래밍 실습

타이머 인터럽트의 동작을 실험해 보기 위해 전원을 투입하면 세그먼트의 모든 LED가 1초 간격으로 점멸하는 프로그램인 'ex3-1.c'를 작성해 본다.

Ex 3-1 타이머 인터럽트 실습 프로그램 예제

```
// 타이머 인터럽트 실습 3-1 (파일명 : ex3-1.c)

#include "C:\pic16f73\Ex3\ex3.h"

int   cnt=0,i=1;

#int_TIMER1
```

```
TIMER1_isr()                               // 105msec마다 1회씩 인터럽트 발생
{
   if(cnt++>=9) {

      if(i++%2==0) portb=0x00;
      else portb=0xff;

      cnt=0;
   }
}

void main()
{

   set_tris_b(0x00);

   portb=0x00;

   setup_timer_1(T1_INTERNAL|T1_DIV_BY_8);  // 타이머 1 동작설정

   enable_interrupts(INT_TIMER1);
   enable_interrupts(global);

   delay_ms(10);

   while(1) {
      delay_ms(100);
   }
}
```

1) 메인함수

(1) 초기화 명령어

아래 프로그램의 'setup_timer1(T1_INTERNAL|T1_DIV_BY_8)' 명령어는 타이머 1의 동작을 설정하는 명령어이다. 여기서 'T1_INTERNAL'은 내부 클럭을 사용한다는 의미로써, 하드웨어에서 20[MHz]의 외부 클럭을 사용하기 때문에 내부 클럭은 외부 클럭을 4분주한 FOSC/4 = 5[MHz]가 된다. 또한 'T1_DIV_BY_8'은 프리스케일러에 의해 내부 클럭 소스를 1:8로 분주한다는 의미가 되므로 실제 프로그램 동작 클럭의 주파수는 625[kHz], 주기 시간은 1.6[μs]이 되도록 설정하게 된다. 타이머 1 인터럽트는 2개의 8비트 TMR1 레지스터쌍(TMR1H, TMR1L)으로 이루어진 16비트 타이머이므로 TMR1 레지스터쌍의 데이터가 0000h~FFFFh(0~65,535)까지 카운트된 후 다시 0000h로 증가되는 순간 오버플로우가 발생하여 인터럽트가 발생하게 된다. 여기서 TMR1 레지스터쌍의 데이터

가 0000h~FFFFh까지 카운트된다는 의미는 프로그램 동작 클럭을 카운트한다는 의미로써, 주기 시간 1.6[μs]마다 입력되는 클럭을 카운트하여 그 값이 65,536[개]가 되면 오버플로우가 발생함을 의미한다. 따라서 하나의 클럭 펄스 주기 시간이 1.6[μs] 이고 이를 65,536[개] 카운트하면 인터럽트가 발생하므로 1.6[μs]×65,536[개]=105[ms]의 타이머 시간을 얻을 수 있다. 본 실습예제 프로그램의 타이머 1 인터럽트 발생 주기는 105[ms]로써, 105[ms]마다 메인 함수의 내용을 정지하고 인터럽트 서비스 루틴 함수 내의 프로그램을 우선 수행함을 의미한다.

'enable_interrupts(INT_TIMER1)' 명령어는 타이머 1 인터럽트를 활성화하는 명령어이며, 'enable_interrupts(global)' 명령어는 모든 인터럽트를 활성화시킬 수 있는 명령어이다. 이 두 문장을 수행한 직후부터 동작 클럭을 카운트하여 카운트된 값이 타이머 1 레지스터에 저장되기 시작한다.

```
void main()
{
   set_tris_b(0x00);

   portb=0x00;

   setup_timer_1(T1_INTERNAL|T1_DIV_BY_8);  // 타이머 1 동작설정

   enable_interrupts(INT_TIMER1);
   enable_interrupts(global);

   delay_ms(10);
```

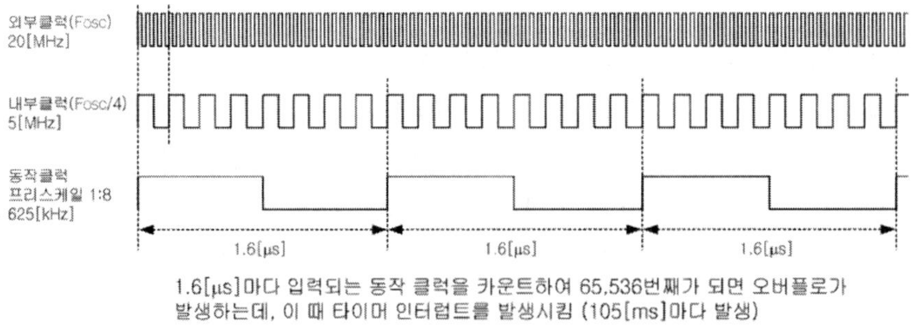

그림 3.3 타이머 1 인터럽트 발생 주기

인터럽트와 관련된 함수에 사용된 각종 변수들, 예를 들면 INT_TIMER1, T1_DIV_BY_8,

T1_INTERNAL은 무엇이며, 프로그램의 어느 부분에 정의되어 있을까?

이러한 변수들은 C언어 프로그래밍에서 글로벌 변수라고 부르며, 프로그램 내에서 반드시 정의해 주어야 하는데, CCS-C 컴파일러에서는 'PIC16F73.h'라는 헤더 파일에 모두 정의되어 있다. 이 헤더파일은 CCS-C 컴파일러 설치 시 자동으로 생성되는 파일이며, PIC16F73의 각종 기능을 사용할 때 이용할 수 있도록 미리 해당 데이터가 할당되어 있다. 아래의 내용은 'PIC16F73.h' 파일 중에서 타이머 1에 관련된 글로벌 변수가 정의된 부분으로 각각의 글로벌 변수에 해당 기능에 적합한 데이터가 할당되어 있다.

```
#define T1_DISABLED         0
#define T1_INTERNAL         0x85
#define T1_EXTERNAL         0x87
#define T1_EXTERNAL_SYNC    0x83

#define T1_CLK_OUT          8

#define T1_DIV_BY_1         0
#define T1_DIV_BY_2         0x10
#define T1_DIV_BY_4         0x20
#define T1_DIV_BY_8         0x30
```

(2) 'while' 무한 루프

이 프로그램의 메인함수를 보면 'while(1)' 루프 안에 'delay_ms(100)' 외에는 아무 명령어도 없음을 알 수 있다. 따라서 메인함수만을 보면 이 프로그램은 외형적으로 아무 동작도 이루어지지 않고 오로지 'delay' 함수만 계속해서 수행하는 프로그램처럼 보인다.

```
while(1) {
   delay_ms(100);
}
```

그렇다면 실제로 세그먼트의 점멸 동작은 어디에서 이루어질까? 세그먼트의 점멸동작은 모두 뒤에서 설명하게 될 타이머 인터럽트 서비스 루틴 함수에서 이루어진다. 메인함수의 'while' 무한 루프는 단지 'delay' 함수만 있기 때문에 아무 일도 하지 않고 대기하다가 타이머 인터럽트가 발생하면 타이머 인터럽트 서비스 루틴의 내용을 수행하고 다시 돌아와 대기하다가, 또 타이머 인터럽트가 발생하면 다시 타이머 인터럽트 서비스 루틴의 내용을 수행하고 돌아와 대기하는 과정을 반복한다.

2) 타이머 인터럽트 서비스 루틴

타이머 1 인터럽트 서비스 루틴은 아래와 같다. 타이머 인터럽트가 105[ms] 간격으로 발생할 때마다 이 루틴의 프로그램을 수행하게 된다.

```
int   cnt=0,i=1;

#int_TIMER1
TIMER1_isr()                              // 105msec마다 1회씩 인터럽트 발생
{
   if(cnt++>=9) {

      if(i++%2==0) portb=0x00;
      else portb=0xff;

      cnt=0;
   }
}
```

이 루틴의 프로그램 내용을 살펴보면, 'if(cnt++>=9)'의 판단문을 수행하게 되는데, 'cnt'라는 변수의 데이터값이 '9' 이상인지를 판단하여 '9' 이상일 때에만 'if'문 안의 명령어를 수행하고 '9' 미만일 때에는 타이머 1 인터럽트 서비스 루틴을 그냥 빠져 나가게 된다. 프로그램의 맨 앞에서 'cnt=0'으로 초기화하였기 때문에 맨 처음 인터럽트가 발생하면 'cnt'값이 '0'이다.

따라서 맨 처음 인터럽트가 발생되었을 때에는 인터럽트 서비스 루틴을 그냥 빠져 나가고, 'cnt'값만 하나 증가시키게 된다. 이후에도 마찬가지로 인터럽트가 발생할 때마다 비교해서 'cnt'값이 '9'일 때까지 똑같은 과정을 반복하게 된다. 10번째 인터럽트가 발생하여 인터럽트 서비스 루틴으로 들어오게 되면 그때야 비로서 'cnt'값이 '9'이기 때문에 'if'문 안의 명령어를 수행하게 된다.

'if(i++%2==0) portb=0x00; else portb= 0xff;'는 변수 'i'를 계속 증가시키면서 2로 나누었을 때의 나머지가 '0' 또는 '1'인지를 판단하여 '0'일 때에는 'portb=0x00' (모든 세그먼트 ON), '1'일 때에는 'portb=0xff' (모든 세그먼트 OFF)를 수행하여 세그먼트의 점등 또는 소등을 결정하게 된다.

이후 'cnt'값을 다시 '0'으로 리셋시킨 후 인터럽트 서비스 루틴을 빠져나오게 되므로

다음에 다시 인터럽트가 발생하게 되면 다시 'cnt'값이 '0'부터 시작되어 '9'가 될 때까지 기다렸다가 20번째 인터럽트가 발생되었을 때 다시 'if(i++%2==0) portb=0x00; else portb=0xff;'의 프로그램을 수행하게 된다.

그렇다면 'cnt'값이 '0'부터 시작되어 '9'가 될 때까지 기다리는 이유는 무엇일까?

본 실습 예제의 타이머 1 인터럽트는 105[ms]마다 인터럽트가 발생하는 인터럽트가 9번째 발생하기 전까지는 아무 동작도 하지 않다가 10번째 발생했을 때 세그먼트를 점등 또는 소등하므로 전체 시간을 보면 105[ms]×10회=1.05[sec]가 되어 외부에서 세그먼트의 동작을 바라볼 때 1초마다 한 번씩 점멸하는 것과 같이 동작하게 되는 것이다.

따라서 'if(cnt++>=9)'의 프로그램에서 '9' 대신 다른 숫자를 대입하게 되면 세그먼트의 점멸 속도가 변경할 수 있게 된다. 예를 들어 '19'로 한다면 세그먼트는 2초에 한 번씩 점멸하게 된다.

그림 3-4는 예제 프로그램 'ex3-1.c'의 전체 순서를 다시 한 번 설명하는 그림이다.

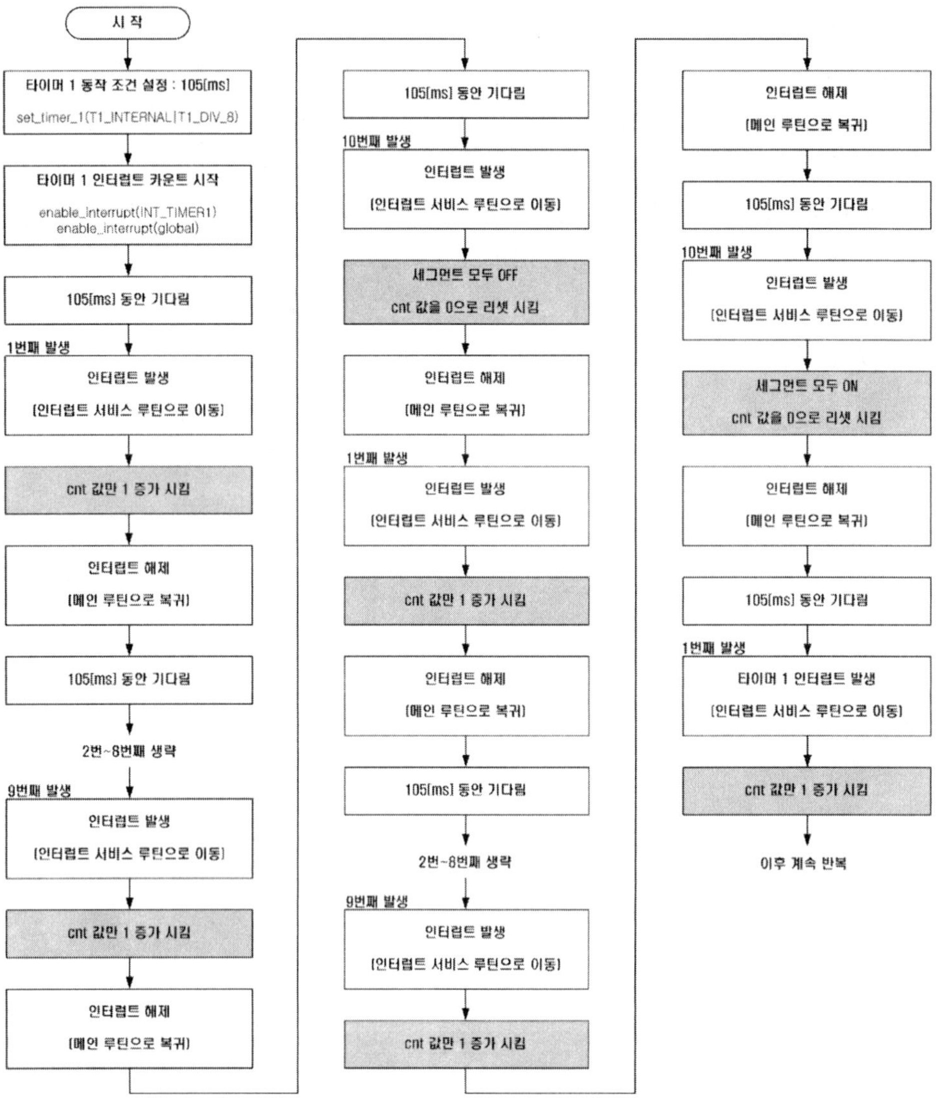

그림 3.4 'ex3-1.c' 프로그램 수행 순서

4-3 타이머 인터럽트를 이용한 7 세그먼트 제어 실습

타이머 인터럽트의 동작과정을 알게 되었으므로 이제 타이머 인터럽트를 이용한 7 세그먼트 숫자 증가 프로그램을 작성해 본다. 예제 3-2는 전원을 투입하면 타이머 인터럽트가 발생할 때마다 7 세그먼트의 숫자를 차례로 증가시키는 프로그램으로서, 외형상으로 나타나는 동작만을 보면 예제 2-1과 동일하다.

Ex 3-2 타이머 인터럽트를 이용한 7 세그먼트 숫자 증가 프로그램 예제

```
// 타이머 인터럽트 실습 3-2 (파일명 : ex3-2.c)

#include "C:\pic16f73\Ex3\ex3.h"
#include <C:\PIC16F73\EX2\segment_digit.c>

int   cnt=0,digit_value=0;
void  display_digit();

#int_TIMER1
TIMER1_isr()                          // 100msec마다 1회씩 인터럽트 발생
{
   if(cnt++>=9) {

      if(digit_value++==9) digit_value=0;
      display_digit();

      cnt=0;
   }
}

void main()
{
   set_tris_b(0x00);
   portb=0x00;

   setup_timer_1(T1_INTERNAL|T1_DIV_BY_8);  // 타이머 1 동작설정

   enable_interrupts(INT_TIMER1);
   enable_interrupts(global);

   while(1) {
      delay_ms(100);
   }
}
```

```
void  display_digit()
{
   switch(digit_value) {
      case 0 : zero();     break;
      case 1 : one();      break;
      case 2 : two();      break;
      case 3 : three();    break;
      case 4 : four();     break;
      case 5 : five();     break;
      case 6 : six();      break;
      case 7 : seven();    break;
      case 8 : eight();    break;
      case 9 : nine();     break;
   }
}
```

예제 3-2 프로그램을 보면 메인 함수에서는 예제 3-1과 마찬가지로 아무 동작도 실행시키지 않고 타이머 인터럽트 서비스 루틴에서 모든 동작이 이루어짐을 알 수 있다. 타이머 1 인터럽트가 발생할 때마다 'cnt'의 값을 증가시키고, 그 값이 '9' 이상이 될 때에만 'if(cnt++>=9)' 안의 프로그램 내용을 수행하게 된다. 'if(cnt++>=9)' 프로그램 내부에는 다시 조건판단문 'if(digit_value++==9) digit_value =0;'이 있는데, 이는 'digit_value'의 값을 하나씩 증가시키고 만일 'digit_value'의 값이 '9'를 넘게 되면 'digit_value=0' 명령어에 의해 '0'으로 'digit_value'의 값을 리셋시키도록 한다. 'display_digit( )' 서브함수는 'digit_value' 값에 해당하는 출력신호를 포트 b로 출력시켜 7 세그먼트의 숫자를 표시하도록 하는 프로그램이다.

```
#int_TIMER1
TIMER1_isr()                              // 100msec마다 1회씩 인터럽트 발생
{
   if(cnt++>=9) {
      if(digit_value++==9) digit_value=0;
      display_digit();
      cnt=0;
   }
}
```

이번에는 단순히 증가만 시키는 것이 아니라 예제 3-3과 같이 딥스위치 입력상태에 따라 증가 또는 감소시키는 프로그램을 작성해 본다. 프로그램을 실행시키면 1번 딥스위치만 ON되었을 때에는 7 세그먼트의 숫자가 증가하고, 2번 딥스위치만 ON되었을 때에는 숫자가 감소되며, 그 이외의 상태에서는 7 세그먼트 전체가 점멸하는 프로그램이다.

Ex 3-3 딥스위치에 의해 증가 및 감소를 선택하는 프로그램 예제

```
// 타이머 인터럽트 실습 3-3 (파일명 : ex3-3.c)

#include "C:\pic16f73\Ex3\ex3.h"
#include <C:\PIC16F73\EX2\segment_digit.c>

int   dip_switch,cnt=0,digit_value=0,i=1;
void  display_digit();

#int_TIMER1
TIMER1_isr()                          // 100msec마다 1회씩 인터럽트 발생
{
  if(cnt++>=9) {

     dip_switch = input_a() & 0x0f;

     if(dip_switch==0x0e) {
        if(digit_value++==9) digit_value=0;
        display_digit();
     }

     else if(dip_switch==0x0d) {
        if(digit_value--==0) digit_value=9;
        display_digit();
     }

     else {
        if(i++%2==0) portb=0x00;
        else portb=0xff;
     }

     cnt=0;
  }
}
```

```
void main()
{
  set_tris_a(0xff);
  set_tris_b(0x00);
  set_tris_c(0x00);

  portb=0x00;
  portc=0xff;

  setup_timer_1(T1_INTERNAL|T1_DIV_BY_8);  // 타이머 1 동작설정

  enable_interrupts(INT_TIMER1);
  enable_interrupts(global);

  delay_ms(100);

  while(1) {
    delay_ms(100);
  }
}

void  display_digit()
{
  switch(digit_value) {

    case 0 : zero();   break;
    case 1 : one();    break;
    case 2 : two();    break;
    case 3 : three();  break;
    case 4 : four();   break;
    case 5 : five();   break;
    case 6 : six();    break;
    case 7 : seven();  break;
    case 8 : eight();  break;
    case 9 : nine();   break;
  }
}
```

4-4 여러 개의 프로그램 타이머 만들기

지금까지의 프로그램에서는 100[ms]마다 타이머 인터럽트가 발생하도록 하고, 이를 10회 카운트하여 10회가 카운트되기 전까지는 아무 동작도 이루어지지 않고, 10회가 되어서야 비로소 7 세그먼트의 상태 변화가 일어나도록 하는 프로그램을 작성하였다. 결과적으로 볼 때 1초마다 어떤 동작이 발생하는 프로그램이 되었기 때문에 프로그램으로 1초 타이머를 제작하였다고 할 수 있다.

프로그램을 개발하다 보면 여러 개의 타이머를 사용해야 하는 경우가 발생한다. 예를 들어 어떤 동작이 1초마다 반복적으로 이루어짐과 동시에, 또 다른 동작은 5초마다 반복적으로 이루어져야 하는 경우를 생각해 보자. 이러한 경우는 별도의 스톱워치를 2개 이용하는 경우로 생각할 수 있다. 2개의 스톱워치를 이용해 하나는 1초를 카운트하고, 다른 스톱워치는 5초를 카운트하도록 하여 해당 시간에 필요한 동작이 이루어지도록 하는 것이다. 예제 3-4에는 여러 개의 프로그램 타이머를 제작하는 기법을 실습하는 프로그램으로써, 프로그램에서는 1초, 5초, 30초의 3개의 타이머를 프로그램적으로 만들어 사용하는 예이다. 프로그램의 동작수행 결과는 3가지 동작이 동시에 이루어진다. 첫 번째 동작은 1초마다 예제 3-3과 똑같은 프로그램 동작이 이루어지고, 두 번째 동작은 5초마다 포트 c의 상위 4비트(bit7~bit4)에 연결된 LED(LD_8~LD_5)가 점멸하고, 세 번째 동작은 30초마다 포트 c의 하위 4비트(bit3~bit0)에 연결된 LED(LD_4~LD_1)가 점멸하는 동작이 동시에 이루어지는 프로그램이다. 이와 같은 기법으로 시간을 달리하는 타이머를 3개뿐만 아니라 원하는 수만큼 만들어 사용할 수 있으며, 타이머의 설정 시간도 몇 [ms] 단위부터 몇 시간 또는 몇 일까지도 설정하여 사용할 수 있다.

Ex 3-4 3개의 프로그램 타이머 만들기 실습 프로그램 예제

```
// 3개의 프로그램 타이머 만들기 실습 3-4 (파일명 : ex3-4.c)

#include "C:\pic16f73\Ex3\ex3.h"
#include <C:\PIC16F73\EX2\segment_digit.c>

int   dip_switch,cnt=0,cnt1=0,cnt2=0,digit_value=0,i=1,j=1,k=1;
void  display_digit();
```

```
   portb=0x00;
   portc=0xff;

   setup_timer_1(T1_INTERNAL|T1_DIV_BY_8);  // 타이머 1 동작설정

   enable_interrupts(INT_TIMER1);
   enable_interrupts(global);

   delay_ms(100);

   while(1) {
      delay_ms(100);
   }
}

void  display_digit()
{
   switch(digit_value) {
      case 0 : zero();   break;
      case 1 : one();    break;
      case 2 : two();    break;
      case 3 : three();  break;
      case 4 : four();   break;
      case 5 : five();   break;
      case 6 : six();    break;
      case 7 : seven();  break;
      case 8 : eight();  break;
      case 9 : nine();   break;
   }
}
```

타이머를 제작하는 방법은 여러 가지 기법이 있을 수 있지만, 예제 3-4 프로그램을 통해 살펴보면, 타이머 관련 프로그램은 아래와 같은 구조로 분석해 볼 수 있다.

타이머 인터럽트는 100[ms]마다 발생하기 때문에 'if(cnt++>=9){ }' 문 안의 프로그램은 10회마다 수행되어 1초마다 프로그램이 수행되는 1초 타이머가 된다. 또한 'if(cnt++>=9){ }' 문 안에는 'if(cnt1++>=4){ }' 문이 있어 'cnt1'의 값이 '5'가 되었을 때, 즉 1초 타이머가 5회 수행되었을 때 'if(cnt1++>=4){ }' 문 안에 포함되어 있는 프로그램 내용이 수행된다. 따라서 5초마다 프로그램 내용이 수행되는 5초 타이머라고 할 수 있다. 마찬가지로 'if(cnt++>=9){ }' 문 안에는 'if(cnt2++>=29){ }' 문이 있어 'cnt2'의 값이 '30'이 되었을 때, 즉 1초 타이머가 30회 수행되었을 때 'if(cnt2++>=29){ }' 문 안에 포함되어 있는 프로그램 내용이 수행된다. 따라서 30초마다 프로그램 내용이 수행되는 30초 타이머라고 할

수 있다. 이와 같은 방식으로 타이머의 시간을 달리하는 프로그램 타이머를 여러 개 만들어 사용할 수 있다.

```
#int_TIMER1
TIMER1_isr()
{
   if(cnt++>=9) {                                // 1초 타이머
        ⋮

      if(cnt1++>=4) {                            // 5초 타이머
        ⋮
        cnt1=0;
      }

      if(cnt2++>=29) {                           // 30초 타이머
        ⋮
        cnt2=0;
      }
      cnt=0;
   }
}
```

4-5 입력상태에 따른 타이머 시간 변경

프로그램 동작 중에 딥스위치 입력상태를 변경시키면 타이머의 시간이 변경되는 프로그램을 작성해 본다. 예제 3-5는 타이머의 시간을 변경시키는 프로그램으로써, 평상 시에는 1초 타이머로 작동하다가 딥스위치 1번만 ON되면 2초 타이머로, 2번만 ON되면 3초 타이머로, 3번만 ON되면 4초 타이머로 타이머의 동작주기가 변경되는 프로그램이다.

Ex 3-5 타이머 시간 변경 프로그램 예제

```
// 타이머 시간변경  3-5 (파일명 : ex3-5.c)

#include "C:\pic16f73\Ex3\ex3.h"
#include <C:\PIC16F73\EX2\segment_digit.c>

#define  TIME_1SEC   9                          // 1초 타이머 값
#define  TIME_2SEC   19                         // 2초 타이머 값
```

```
#define  TIME_3SEC   29                         // 3초 타이머 값
#define  TIME_4SEC   39                         // 4초 타이머 값

int   dip_switch=0,dip_switch_old=0,cnt=0;
int   interval_time=0,digit_value=0;
void  display_digit();

#int_TIMER1
TIMER1_isr()                         // 100msec마다 1회씩 인터럽트 발생
{
   dip_switch = input_a() & 0x0f;               // 딥스위치값 읽어 들임

   if(dip_switch!=dip_switch_old) {
      switch(dip_switch) {
         case 0x0e : interval_time = TIME_2SEC; break;
         case 0x0d : interval_time = TIME_3SEC; break;
         case 0x0b : interval_time = TIME_4SEC; break;
         default : interval_time = TIME_1SEC; break;
      }
   }

   if(cnt++>=interval_time) {

      if(digit_value++==9) digit_value=0;
      display_digit();

      cnt=0;
   }

   dip_switch_old = dip_switch;
}

void main()
{
   set_tris_a(0xff);
   set_tris_b(0x00);
   set_tris_c(0x00);

   portb=0x00;
   portc=0xff;
```

```
    setup_timer_1(T1_INTERNAL|T1_DIV_BY_8);  // 타이머 1 동작설정

    enable_interrupts(INT_TIMER1);
    enable_interrupts(global);

    while(1) {
      delay_ms(100);
    }
}

void  display_digit()
{
    switch(digit_value) {
      case 0 : zero();     break;
      case 1 : one();      break;
      case 2 : two();      break;
      case 3 : three();    break;
      case 4 : four();     break;
      case 5 : five();     break;
      case 6 : six();      break;
      case 7 : seven();    break;
      case 8 : eight();    break;
      case 9 : nine();     break;
    }
}
```

예제 3-5 프로그램을 보면 인터럽트 서비스 루틴 내에 'switch( )' 선택문이 있는데, 이 부분에서는 'dip_switch' 변수값에 따라 'interval_time' 변수의 값이 각각 다르게 설정됨을 알 수 있다. 즉 딥스위치의 설정값에 따라 'interval_time' 변수의 값이 'TIME_1SEC', 'TIME_2SEC', 'TIME_3SEC', 'TIME_4SEC'로 다르게 설정된다. 'TIME_1SEC'의 값은 프로그램의 상단에 있는 전치명령어 '#define'문에 의해 결정되며, 타이머 인터럽트 주기를 계산하여 1초, 2초, 3초, 4초에 해당하는 각각의 값이 할당된다.

여기서 'if(dip_switch!=dip_switch_old)' 명령어의 의미는 100[ms] 인터럽트가 발생할 때마다 딥스위치의 값을 읽어 들이게 되는데, 현재 읽어 들인 상태가 전 상태에서 읽어 들인 값과 일치하는지 여부를 묻는 명령으로써, 두 값이 일치하지 않을 때, 다시 말하면 딥스위치의 입력값이 전 상태하고 달라졌을 때에만 딥스위치의 상태가 변했으므로

'interval_time'의 값을 변경된 딥스위치 상태에 해당하는 값으로 바꾸어 주고, 두 값이 일치할 때에는 입력상태가 변하지 않았으므로 'interval_time'의 값을 변경하지 않고 유지하게 된다.

```
#int_TIMER1
TIMER1_isr()                              // 100msec마다 1회씩 인터럽트 발생
{
  dip_switch = input_a() & 0x0f;   // 딥스위치값 읽어 들임

  if(dip_switch!=dip_switch_old) {
    switch(dip_switch) {
      case 0x0e : interval_time = TIME_2SEC; break;
      case 0x0d : interval_time = TIME_3SEC; break;
      case 0x0b : interval_time = TIME_4SEC; break;
      default : interval_time = TIME_1SEC; break;
    }
  }
```

이러한 동작내용을 프로그램 흐름도로 나타내면 그림 3.5와 같이 나타낼 수 있다.

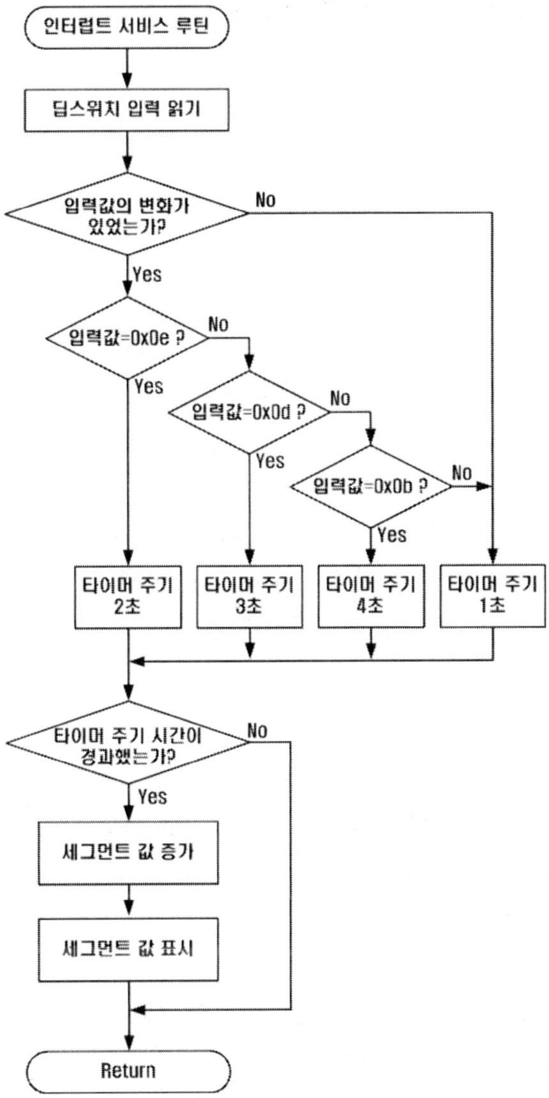

그림 3.5 타이머 시간변경 프로그램 흐름도

응용실습 4

LCD 제어 실습

1. 개요

응용실습 4는 LCD (Liquid Crystal Display : 액정 화면 표시장치)를 제어하는 기법을 실습하는 것을 목표로 한다. LCD는 비교적 간단한 시스템의 내부 데이터 표시를 위해 사용되는 장치로, 일반적인 LCD라 하면 화면표시 판넬에 전용 컨트롤러가 부착되어 있는 것을 의미한다. LCD의 종류는 매우 다양하지만 가장 많이 사용되고 있는 것은 16글자 1라인, 2라인 형태와 20글자 2라인, 4라인 형이 있다. 이 중에서 초보자들도 쉽게 제어할 수 있고, 현장에서도 간단한 시스템에 비교적 많이 사용되고 있는 16글자 2라인 LCD를 이용하여 LCD 제어 프로그램을 작성해 본다.

1-1 HD44780U 개요

HD44780U는 일본 Hitachi 사에서 출시한 제품으로 산업현장에서 가장 많이 적용되고 있는 모델 중의 하나이며, 정식 명칭은 Dot Matrix Liquid Crystal Display Controller / Driver 이며, HD44780U의 주요 특징은 다음과 같다.

○ 5×8 또는 5×10 도트 메트릭스

○ 동작전압 : 2.7~5.5[V]

○ MPU 버스 인터페이스 속도 : 2[MHz] (Vcc=5[V]에서)

○ MPU와 4비트 또는 8비트 인터페이스

○ 80×8비트의 DDRAM (Display Data RAM) 내장 (최대 80글자)

○ 9,920 비트 CGRAM (Character Generator ROM), 총 240 글자의 폰트 내장

-. 208 글자 폰트 (5×8 도트)

-. 32 글자 폰트 (5×10 도트)

○ 64×8비트의 CGRAM

-. 8 글자 폰트 (5×8 도트)

-. 4 글자 폰트 (5×10 도트)

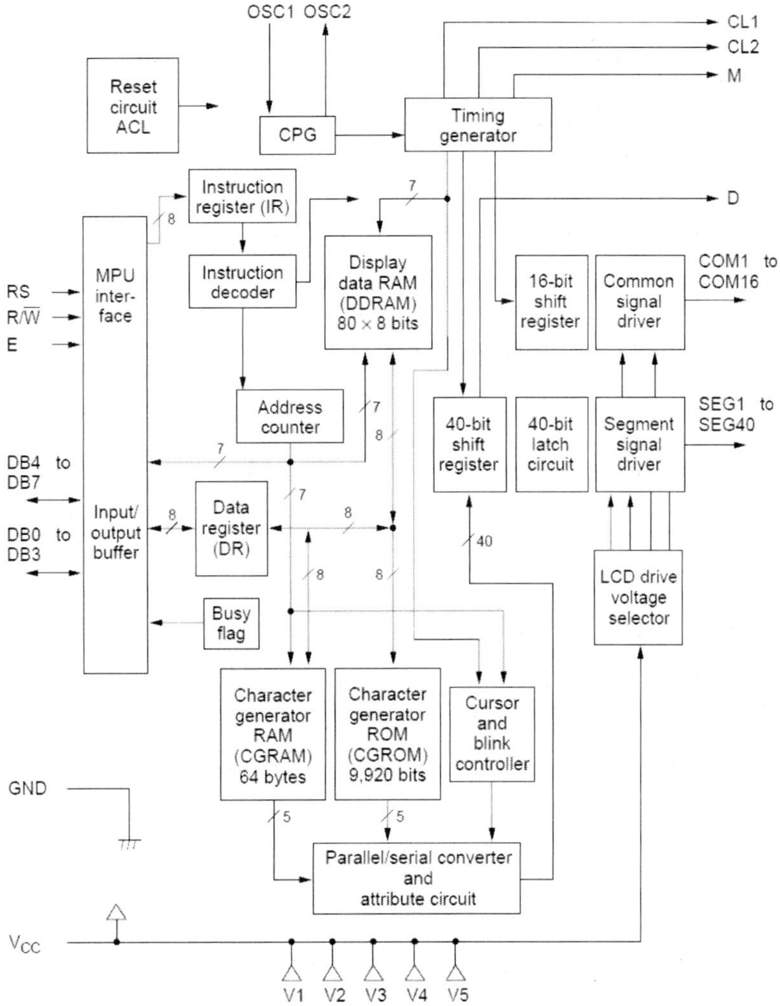

그림 4.1 HD44780U의 블록도

그림 4.1은 HD44780U의 내부 구성을 나타내는 블록도이며, HD44780U 모듈의 핀 번호 및 기능은 표 4.1과 같다.

표 4.1 HD44780U 모듈의 핀 배치 및 기능

핀번호	신호명	I/O	기 능
1	VSS	VSS	GND
2	VDD	VDD	+5[V]
3	VO	VO	명암대비 조절
4	RS	I	레지스터 선택 (읽기/쓰기 신호) 0 : 명령어 레지스터 (쓰기 시) busy 플래그 어드레스 카운터 (읽기 시) 1 : 데이터 레지스터 (읽기/쓰기 시)
5	R/$\overline{W}$	I	읽기/쓰기 선택 (0 : 쓰기, 1 : 읽기)
6	E	I	인에이블 신호 (데이터 읽기/쓰기 시작)
7	DB0	I/O	하위 양방향 3 스테이트 데이터 버스
8	DB1	I/O	하위 양방향 3 스테이트 데이터 버스
9	DB2	I/O	하위 양방향 3 스테이트 데이터 버스
10	DB3	I/O	하위 양방향 3 스테이트 데이터 버스
11	DB4	I/O	하위 양방향 3 스테이트 데이터 버스
12	DB5	I/O	하위 양방향 3 스테이트 데이터 버스
13	DB6	I/O	하위 양방향 3 스테이트 데이터 버스
14	DB7	I/O	하위 양방향 3 스테이트 데이터 버스

1-2 HD44780U 기능

1) 레지스터

HD44780U는 8비트인 인스트럭션 레지스터(IR)와 데이터 레지스터(DR)을 포함하고 있다.

○ 인스트럭션 레지스터(IR)
DDRAM과 CGRAM에 대한 어드레스 정보와 클리어, 커서 이동 등, 기본적으로 정의된 LCD의 명령 코드를 가지고 있다. IR은 써넣기만 가능하며, 읽기는 불가능하다.

○ 데이터 레지스터(DR)
DDRAM, CGRAM에 써넣기 한 데이터나 읽기 한 데이터를 일시적으로 저장하는 역할을 한다.

마이크로프로세서에서 DR에 써넣은 데이터는 LCD 내부 동작에 의해 DDRAM과 CGRAM에 자동적으로 저장된다. DDRAM, CGRAM에서 데이터를 읽어낼 경우 읽어낸 데이터를 저장하는 역할을 한다. 또 IR에 어드레스 정보를 써넣으면 LCD 내부 동작에 의해서 DDRAM, CGRAM으로부터 DR로 데이터가 전송된다. 마이크로프로세서의 데이터 전송은 마이크로프로세서가 DR에서 읽어내는 것으로 이루어진다. 마이크로프로세서에서 DR의 데이터를 읽어내면 DDRAM과 CGRAM의 다음 번지의 어드레스가 자동적으로 DR에 전송되어 마이크로프로세서가 그 다음 번지를 읽어낼 수 있도록 하여 준다.

LCD 모듈의 레지스터 선택 핀인 RS와 R/$\overline{W}$의 데이터에 따른 레지스터 선택의 결과는 다음과 같다.

RS	R/$\overline{W}$	기 능
0	0	내부 동작 IR 쓰기 (표시, 클리어 등)
0	1	busy 플래그(DB7)와 어드레스 카운터(DB0~DB6) 읽기
1	0	내부 동작 DR 쓰기 (DR to DDRAM or CGRAM)
1	1	내부 동작 DR 쓰기 (DDRAM or CGRAM to DR)

2) busy 플래그

BF=1일 때에는 HD44780U는 내부 동작 모드이므로 다음 명령을 수행할 수 없다. 반대로 BF=0일 때에는 다음 명령을 받아들일 수 있다. busy 플래그는 RS=0, R/$\overline{W}$=1일 때 DB7 비트로 출력한다.

3) 어드레스 카운터(Address Counter : AC)

○ 어드레스 카운터는 DDRAM, CGRAM의 어드레스를 지정할 때 사용한다.
○ IR에 어드레스 정보를 써넣으면 이것은 AC로 전송된다.
○ DDRAM 또는 CGRAM은 인스트럭션에 의해서 선택된다.
○ DDRAM 또는 CGRAM에 디스플레이 데이터를 써 넣은 후에 AC는 자동적으로 +1 또는 -1이 된다.
○ AC의 내용은 RS=0, R/$\overline{W}$=1일 때 DB0~DB6로 출력된다.

4) Display Data RAM (DDRAM)

○ DDRAM에는 8비트 글자 코드의 디스플레이 데이터를 가지고 있다.
○ 최대 용량은 80×8비트, 80 글자이다.
○ DDRAM 내에 글자 표시에 사용되지 않는 메모리 영역은 일반적인 데이터 RAM으로 사용할 수 있다.
○ DDRAM 어드레스(ADD)는 AC에서 세트하고 DDRAM 어드레스는 16진수로 표시된다.

AC (16진수)	상위 비트			하위 비트			
	AC6	AC5	AC4	AC3	AC2	AC1	AC0

예) DDRAM 어드레스 4E

1	0	0	1	1	1	0

○ DDRAM 어드레스와 LCD 상의 글자 위치간의 관계는 다음과 같다.

(1) 1라인 디스플레이(N=0)

1	2	3	4	5		79	80	표시 위치(10진수)
00	01	02	03	04	…	4E	4F	DDRAM 어드레스(16진수)

표시되는 글자가 80보다 작으면 디스플레이는 맨 앞부터 시작된다.

1	2	3	4	5	6	7	8
00	01	02	03	04	05	06	07

또한 디스플레이가 쉬프트 될 때의 DDRAM 어드레스는 다음과 같다.

01	02	03	04	05	06	07	08	왼쪽 쉬프트
4F	00	01	02	03	04	05	06	오른쪽 쉬프트

(2) 2라인 디스플레이(N=1)

1	2	3	4	5		39	40
00	01	02	03	04	…	26	27
40	41	42	43	44	…	66	67

디스플레이 되는 글자가 40×2 보다 작으면 2라인은 처음을 기준으로 하여 표현된다. 따라서 첫 번째 라인의 마지막 어드레스와 두 번째 라인의 시작 어드레스가 연속되지 않는 점에 주의해야 한다.

○ Case 1. 8글자×2라인의 디스플레이는 다음과 같다.

1	2	3	4	5	6	7	8
00	01	02	03	04	05	06	07
40	41	42	43	44	45	46	47

디스플레이가 쉬프트 될 때는 아래와 같이 어드레스가 변화한다.

01	02	03	04	05	06	07	08	왼쪽 쉬프트
41	42	43	44	45	46	47	48	

01	02	03	04	05	06	07	08	오른쪽 쉬프트
41	42	43	44	45	46	47	48	

○ Case 2. HD44780U는 확장 드라이버를 사용하면 16글자×2라인까지 확장할 수 있다.

1	2	3	4	5	6	7	8	9	10	11	12	13	14	15	16
00	01	02	03	04	05	06	07	08	09	0A	0B	0C	0D	0E	0F
40	41	42	43	44	45	46	47	48	49	4A	4B	4C	4D	4E	4F
HD44780U 표시								확장 드라이버 표시							

01	02	03	04	05	06	07	08	09	0A	0B	0C	0D	0E	0F	10	왼쪽
41	42	43	44	45	46	47	48	49	4A	4B	4C	4D	4E	4F	50	쉬프트

27	00	01	02	03	04	05	06	07	08	09	0A	0B	0C	0D	0E	오른쪽
67	40	41	42	43	44	45	46	47	48	49	4A	4B	4C	4D	4E	쉬프트

5) Character Generator ROM (CGROM)

CGROM은 8비트 코드로 5×8 도트, 5×10 도트의 글자를 발생시킨다. 아래 그림은 CGROM의 문자 코드를 나타낸다.

○ ROM 코드 A00

Upper 4 Bits / Lower 4 Bits	0000	0001	0010	0011	0100	0101	0110	0111	1000	1001	1010	1011	1100	1101	1110	1111
xxxx0000	CG RAM (1)			0	@	P	`	p				ー	タ	ミ	α	p
xxxx0001	(2)		!	1	A	Q	a	q			。	ア	チ	ム	ä	q
xxxx0010	(3)		"	2	B	R	b	r			「	イ	ツ	メ	β	θ
xxxx0011	(4)		#	3	C	S	c	s			」	ウ	テ	モ	ε	∞
xxxx0100	(5)		$	4	D	T	d	t			、	エ	ト	ヤ	μ	Ω
xxxx0101	(6)		%	5	E	U	e	u			・	オ	ナ	ユ	σ	ü
xxxx0110	(7)		&	6	F	V	f	v			ヲ	カ	ニ	ヨ	ρ	Σ
xxxx0111	(8)		'	7	G	W	g	w			ァ	キ	ヌ	ラ	g	π
xxxx1000	(1)		(	8	H	X	h	x			ィ	ク	ネ	リ	√	x̄
xxxx1001	(2)		)	9	I	Y	i	y			ゥ	ケ	ノ	ル	⁻¹	y
xxxx1010	(3)		*	:	J	Z	j	z			ェ	コ	ハ	レ	j	千
xxxx1011	(4)		+	;	K	[	k	{			ォ	サ	ヒ	ロ	ˣ	万
xxxx1100	(5)		,	<	L	¥	l	|			ャ	シ	フ	ワ	¢	円
xxxx1101	(6)		-	=	M	]	m	}			ュ	ス	ヘ	ン	£	÷
xxxx1110	(7)		.	>	N	^	n	→			ョ	セ	ホ	゛	ñ	
xxxx1111	(8)		/	?	O	_	o	←			ッ	ソ	マ	゜	ö	█

○ ROM 코드 A02

Lower 4 Bits \ Upper 4 Bits	0000	0001	0010	0011	0100	0101	0110	0111	1000	1001	1010	1011	1100	1101	1110	1111
xxxx0000	CG RAM (1)	▶		0	@	P	`	p	Б	α	▌▌	°	À	Đ	à	ð
xxxx0001	(2)	◀	!	1	A	Q	a	q	Д	♪	¡	±	Á	Ñ	á	ñ
xxxx0010	(3)	“	"	2	B	R	b	r	Ж	Γ	¢	²	Â	Ò	â	ò
xxxx0011	(4)	”	#	3	C	S	c	s	З	π	£	³	Ã	Ó	ã	ó
xxxx0100	(5)	⏫	$	4	D	T	d	t	И	Σ	¤	₧	Ä	Ô	ä	ô
xxxx0101	(6)	⏬	%	5	E	U	e	u	Й	σ	¥	µ	Å	Õ	å	õ
xxxx0110	(7)	●	&	6	F	V	f	v	Л	♬	¦	¶	Æ	Ö	æ	ö
xxxx0111	(8)	↵	'	7	G	W	g	w	П	τ	§	·	Ç	×	ç	÷
xxxx1000	(1)	↑	(	8	H	X	h	x	У	🔔	ƒ	ω	È	Φ	è	φ
xxxx1001	(2)	↓	)	9	I	Y	i	y	Ц	Θ	©	¹	É	Ù	é	ù
xxxx1010	(3)	→	*	:	J	Z	j	z	Ч	Ω	ª	º	Ê	Ú	ê	ú
xxxx1011	(4)	←	+	;	K	[	k	{	Ш	δ	«	»	Ë	Û	ë	û
xxxx1100	(5)	≤	,	<	L	\	l	|	Щ	∞	Ю	¼	Ì	Ü	ì	ü
xxxx1101	(6)	≥	-	=	M	]	m	}	Ъ	♥	Я	½	Í	Ý	í	ý
xxxx1110	(7)	▲	.	>	N	^	n	~	Ы	ε	®	¾	Î	Þ	î	þ
xxxx1111	(8)	▼	/	?	O	_	o	⌂	Э	∩	‘	¿	Ï	ß	ï	ÿ

6) Character Generator RAM(CGRAM)

CGRAM은 사용자가 프로그램으로 새로운 글자의 패턴을 만들 경우에 사용되는 RAM이다. 5×8 도트는 8개, 5×10 도트는 4개의 문자 패턴을 만들 수 있다.

아래 그림은 5×8 도트의 경우 EPROM 어드레스 데이터와 글자 패턴 사이의 상관관계를 나타내는 예로서, 오른쪽 칸의 글자코드는 CGRAM에 저장된 글자패턴을 나타내고 있다.

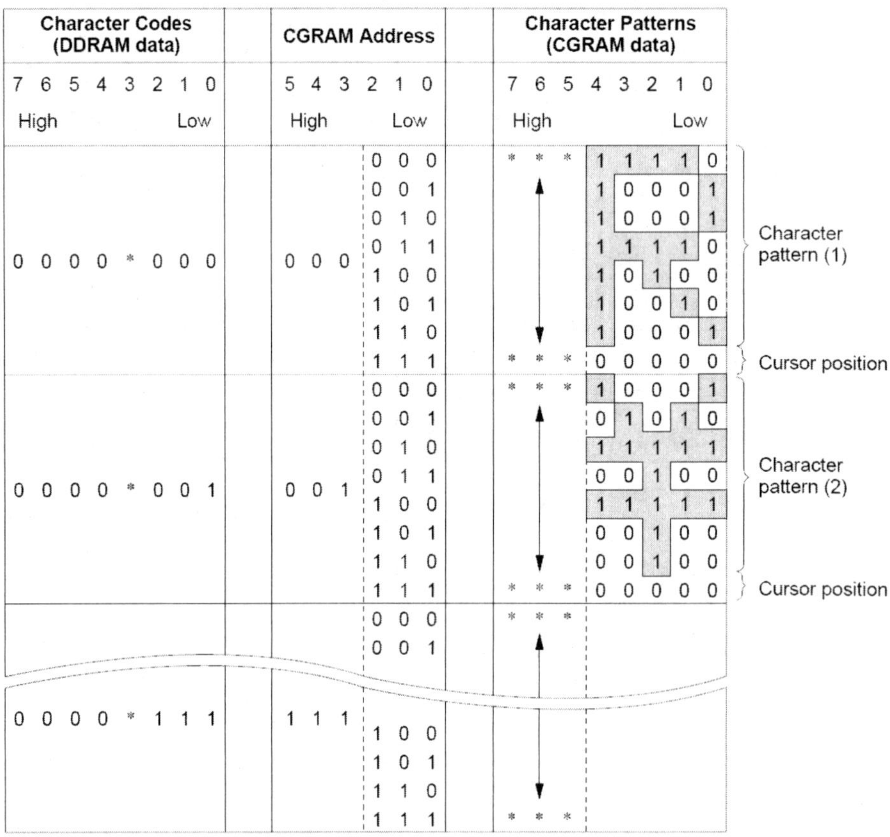

아래 그림은 5×10 도트의 경우 EPROM 어드레스 데이터와 글자 패턴 사이의 상관관계를 나타내는 예로서, 오른쪽 칸의 글자코드는 CGRAM에 저장된 글자패턴을 나타내고 있다.

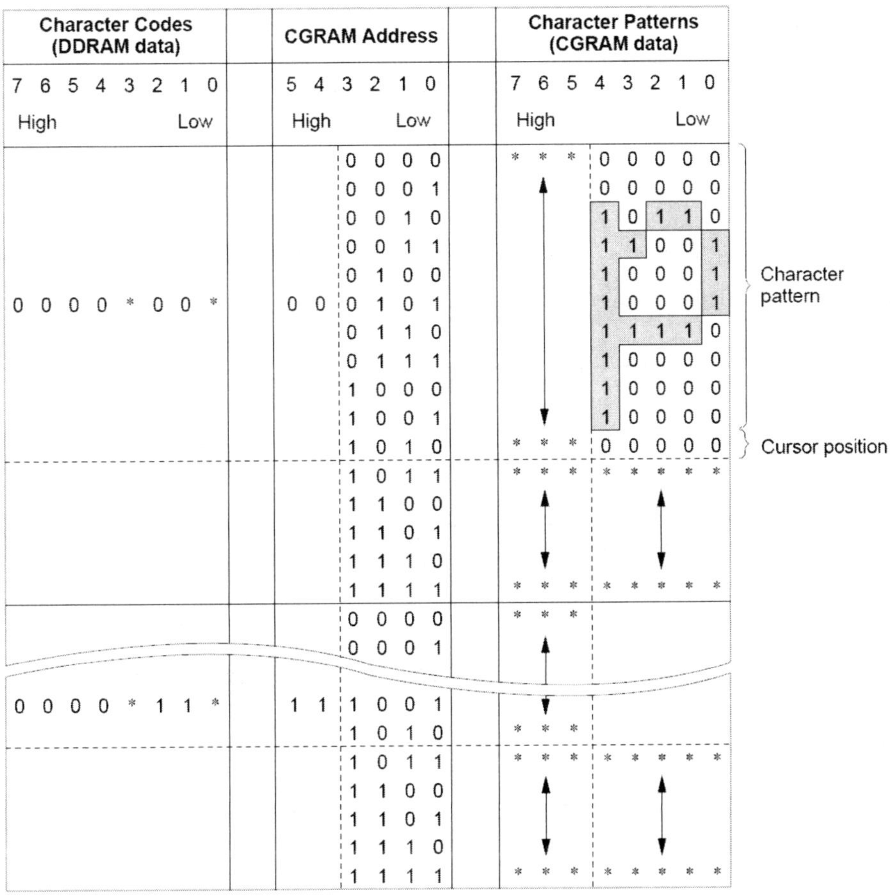

1-3 HD44780U 명령어

1) Clear Display

LCD 화면을 클리어하고 나서 커서 위치는 홈으로 위치시키며, DDRAM 어드레스 카운터는 0이 된다.

RS	R/$\overline{W}$	DB7	DB6	DB5	DB4	DB3	DB2	DB1	DB0
0	0	0	0	0	0	0	0	0	1

2) Return Home

DDRAM 어드레스 카운터를 0으로 만들어 주고 디스플레이 쉬프트 되었던 것들은 본래의 위치로 돌아간다. 커서의 위치는 홈에 위치하고 DDRAM 내용은 변화되지 않는다.

RS	R/$\overline{W}$	DB7	DB6	DB5	DB4	DB3	DB2	DB1	DB0
0	0	0	0	0	0	0	0	1	-

실행시간 : 1.52[ms](F_{OSC}=270[kHz])

3) Entry Mode Set

커서의 움직이는 방향과 전체 화면의 이동을 할 것인지를 결정한다. 이런 동작은 데이터 읽기, 쓰기 동안에 수행된다.

RS	R/$\overline{W}$	DB7	DB6	DB5	DB4	DB3	DB2	DB1	DB0
0	0	0	0	0	0	0	1	I/D	S

실행시간 : 37[μs](F_{OSC}=270[kHz])

I/D	S	기능
X	0	전체 화면의 이동 불가
0	1	DDRAM 문자 읽기 또는 쓰기 시 어드레스 감소(커서 왼쪽 이동)
1	1	DDRAM 문자 읽기 또는 쓰기 시 어드레스 증가(커서 오른쪽 이동)

4) Display ON/OFF Control

디스플레이 전체의 ON/OFF 제어, 커서의 ON/OFF 제어, 커서 위치가 있는 부분의 글자를 점멸하는 역할을 한다.

RS	R/$\overline{W}$	DB7	DB6	DB5	DB4	DB3	DB2	DB1	DB0
0	0	0	0	0	0	1	D	C	B

실행시간 : 37[μs](F_{OSC}=270[kHz])

비트명	데이터	기능
D	0	디스플레이 전체가 OFF
	1	디스플레이 전체가 ON
C	0	커서 숨김
	1	커서 표시
B	0	커서 점멸하지 않음
	1	커서 점멸

5) Cursor or Display Shift

DDRAM의 내용을 변경시키지 않은 상태에서 커서를 움직이고 표시화면을 이동 한다. 2라인 디스플레이의 경우 커서는 첫 번째 라인의 마지막 칸(40번째) 다음에 두 번째 라인으로 넘어간다. 첫째 라인과 두 번째 라인은 동시에 이동된다. 표시화면의 이동은 단지 수평으로만 가능하고 두 번째 라인은 첫 번째 라인으로 이동되지 않는다. 표시화면의 이동만 행해질 때에는 어드레스 카운터는 변하지 않는다.

RS	R/$\overline{W}$	DB7	DB6	DB5	DB4	DB3	DB2	DB1	DB0
0	0	0	0	0	1	S/C	R/L	-	-

실행시간 : 37[μs](F_{OSC}=270[kHz])

S/C	R/L	기능
0	0	커서 위치 왼쪽으로 이동 (어드레스 카운터 1 감소)
0	1	커서 위치 오른쪽으로 이동 (어드레스 카운터 1 증가)
1	0	전체 표시화면을 왼쪽으로 이동 (커서는 표시화면 이동을 따라감)
1	1	전체 표시화면을 오른쪽으로 이동 (커서는 표시화면 이동을 따라감)

6) Function Set (기능설정)

인터페이스 되는 데이터 라인, 디스플레이 라인, 글자 폰트를 설정한다. LCD 기능설정은 'busy flag/address read' 명령을 제외한 모든 명령보다 앞에서 실행되어야 한다. 다른 명령어가 먼저 실행되고 나면 인터페이스 데이터를 바꾸어 주는 것 이외에는 LCD 기능 설정 명령은 실행되지 않는다.

RS	R/$\overline{W}$	DB7	DB6	DB5	DB4	DB3	DB2	DB1	DB0
0	0	0	0	1	DL	N	F	-	-

실행시간 : 37[μs](F_{OSC}=270[kHz])

비트명	데이터	기능
DL	0	4비트 (DB0~DB3) 인터페이스
	1	8비트 (DB0~DB7) 인터페이스

N	F	라인수	폰트	듀티비	비고
0	0	1	5×8	1/8	
0	1	1	5×10	1/11	
1	X	2	5×8	1/16	5×10 도트는 2라인 디스플레이 불가

7) CGRAM 어드레스 설정

CGRAM의 어드레스를 설정하는 기능으로, 어드레스 설정 후 CGRAM의 데이터를 읽고 쓸 수 있다.

RS	R/$\overline{W}$	DB7	DB6	DB5	DB4	DB3	DB2	DB1	DB0
0	0	0	1	ACG (CGRAM 어드레스 : 6비트)					

실행시간 : 37[μs](F_{OSC}=270[kHz])

8) DDRAM 어드레스 설정

DDRAM의 어드레스를 설정하는 기능으로, 어드레스 설정 후 DDRAM의 데이터를 읽고 쓸 수 있다.

RS	R/$\overline{W}$	DB7	DB6	DB5	DB4	DB3	DB2	DB1	DB0
0	0	1	ADD (DDRAM 어드레스 : 7비트)						

실행시간 : 37[μs](F_{OSC}=270[kHz])

디스플레이 라인을 설정하는 N값에 따라서 N=0 (1라인 디스플레이)이면 ADD는 0x00~0x4F이다. N=1 (2라인 디스플레이)이면 ADD는 첫 번째 라인이 0x00~0x27이고 두 번째 라인은 0x40~0x67이다.

9) Busy 플래그와 어드레스 읽기(Read Busy Flag & Address)

HD44780U 내부의 동작상태를 알아볼 수 있는 busy 플래그와 어드레스 카운터의 내용을 읽어볼 수 있다.

RS	R/$\overline{W}$	DB7	DB6	DB5	DB4	DB3	DB2	DB1	DB0
0	1	BF	AC (어드레스 카운터)						

실행시간 : 0[μs](F_{OSC}=270[kHz])

비트명	데이터	기능
BF	0	다음 명령을 수행할 준비가 되었음
	1	내부 동작 진행 중이기 때문에 다음 명령을 받을 수 없음

10) CGRAM과 DDRAM 데이터 쓰기

CGRAM 또는 DDRAM에 8비트 데이터를 써 넣을 수 있다. CGRAM 또는 DDRAM 선택은 이전의 어드레스 설정에 따라서 결정된다. 데이터를 써 넣은 후에 어드레스는 엔트리 모드에 따라 +1 또는 -1이 된다.

RS	R/$\overline{W}$	DB7	DB6	DB5	DB4	DB3	DB2	DB1	DB0
1	0	write data							

실행시간 : 37[μs](F_{OSC}=270[kHz])

11) CGRAM과 DDRAM 데이터 읽기

CGRAM 또는 DDRAM으로부터 8비트 데이터를 읽는다. 읽기 동작에 들어가기 이전에 반드시 CGRAM 또는 DDRAM 어드레스 설정 명령을 실행하여야 한다. 만일 어드레스 설정 명령이 읽기 동작 전에 실행되지 않으면 처음에 읽히는 데이터는 이상한 값으로 읽히게 되므로 처음 읽은 데이터는 버려야 하며, 두 번째 읽히는 데이터부터 진짜 데이터로 활용할 수 있다.

커서 쉬프트 명령에 의해서 커서를 쉬프트 시킨 후에는 어드레스 설정 명령이 '읽기' 명령 바로 전에 실행될 필요는 없다. 왜냐하면 커서 쉬프트 명령은 DDRAM 어드레스 설정 명령과 같기 때문이다. 읽기 명령이 실행된 후에 엔트리 모드에 따라서 어드레스가 +1 또는 -1이 된다.

RS	R/$\overline{W}$	DB7	DB6	DB5	DB4	DB3	DB2	DB1	DB0
1	1	read data							

실행시간 : 37[μs](F_{OSC}=270[kHz])

CGRAM과 DDRAM으로 데이터를 써 넣은 후에 어드레스 카운터는 엔트리 모드에 따라 자동적으로 +1이 되지만, 그 바로 다음에 읽기 명령을 실행해도 그때 어드레스 카운터가 가리키는 RAM의 내용은 읽혀지지 않는다. 따라서 읽기를 할 때에는 반드시 다음과 같이 행하여야 한다.

○ 읽기 전에 어드레스 설정 명령을 실행한다.

○ DDRAM의 경우는 읽기 전에 커서 쉬프트 명령을 실행한다.

1-4 HD44780U 초기화

LCD 제어 경험이 없는 초보자들이 LCD 제어에 성공하기 위해서는 앞에서 설명한 LCD 명령어에 대해서 잘 알아야 할 뿐만 아니라 LCD 초기화 과정도 잘 알고 있어야 한다. LCD 초기화 과정은 프로그램에 의해 수행되는데, LCD 제조사에서 제공하는 데이터북에 기술되어 있는 것과 같은 순서 및 내용에 따라 그대로 코딩해 주면 된다. 특히 강조할 것은 데이터북에 기술되어 있는 내용의 순서를 바꾼다든지, 내용을 바꾸면 LCD 초기화에 성공할 수 없다는 점에 유의해야 한다.

그림 4.2와 4.3은 HD44780U를 8비트 및 4비트 인터페이스로 사용할 때의 초기화 과정을 각각 나타내는 그림이다.

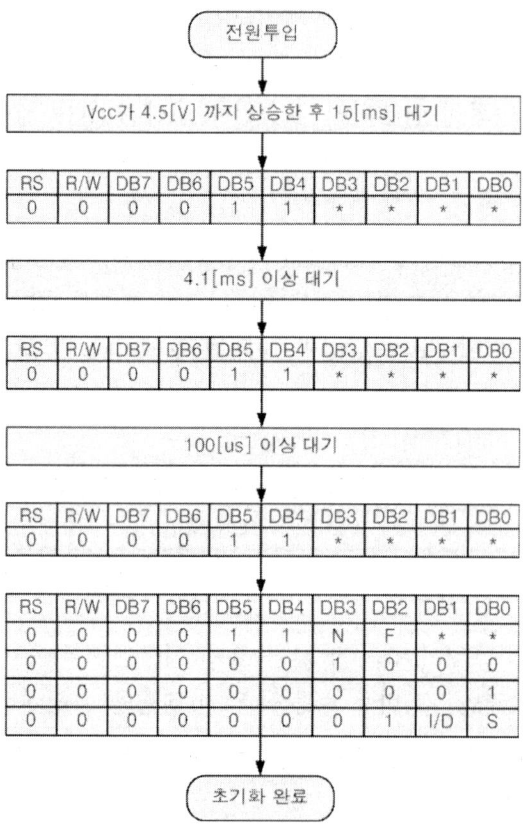

그림 4.2 HD44780U를 8비트 인터페이스로 사용할 때의 초기화 과정

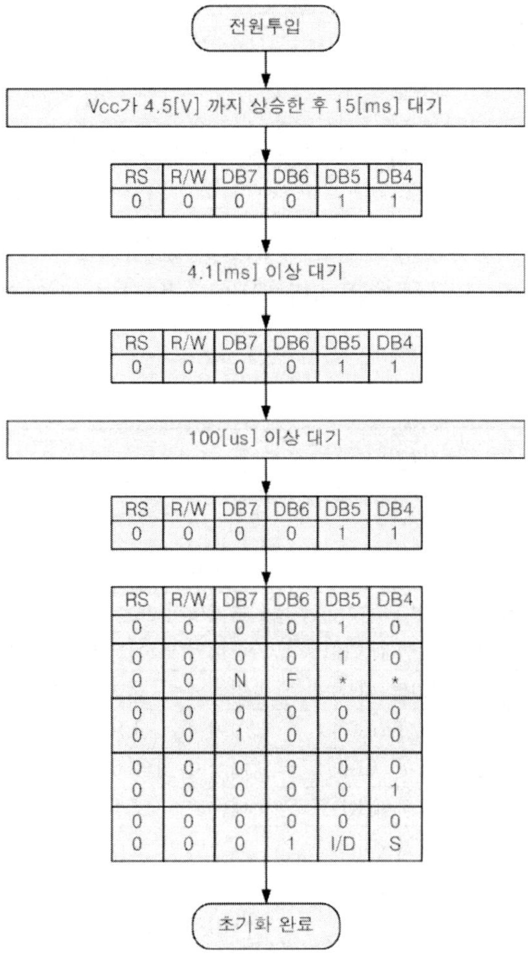

그림 4.3 HD44780U를 4비트 인터페이스로 사용할 때의 초기화 과정

2. 실습 목표

① LCD 원리 및 특성 학습

② LCD 제어 프로그래밍 실습

3. 하드웨어 제작

PIC16F73를 이용하여 LCD를 제어 실습 프로그램을 작성하기 위해 표 4.2 및 그림 4.4의 회로도를 참조하여 결선한다. PIC16F73의 포트 b(RB7~RB0)는 LCD의 8비트 데이터(DB7~DB0)로 연결하고, LCD 제어신호 라인 RS, R/$\overline{W}$, E는 각각 포트 c의 RC0, RC1, RC2에 연결한다. 또한 LCD 구동전압, 명암대비 조절 전압, 백라이트 전원을 결선한다.

표 4.2 LCD 결선

LCD		결선위치	LCD 기능
핀번호	신호명		
1	VSS	GND	GND
2	VDD	+5[V]	+5[V]
3	VO	가변저항 2번	명암대비 조절 전압
4	RS	PIC16F73 11번 (RC0)	명령어/코드 데이터 선택
5	R/$\overline{W}$	PIC16F73 12번 (RC1)	읽기/쓰기 선택
6	E	PIC16F73 13번 (RC2)	인에이블 신호
7	DB0	PIC16F73 21번 (RB0)	데이터 비트 0
8	DB1	PIC16F73 22번 (RB1)	데이터 비트 1
9	DB2	PIC16F73 23번 (RB2)	데이터 비트 2
10	DB3	PIC16F73 24번 (RB3)	데이터 비트 3
11	DB4	PIC16F73 25번 (RB4)	데이터 비트 4
12	DB5	PIC16F73 26번 (RB5)	데이터 비트 5
13	DB6	PIC16F73 27번 (RB6)	데이터 비트 6
14	DB7	PIC16F73 28번 (RB7)	데이터 비트 7
15	BL(+)	다이오드 캐소드	백라이트 (+)
16	BL(-)	GND	백라이트 (-)

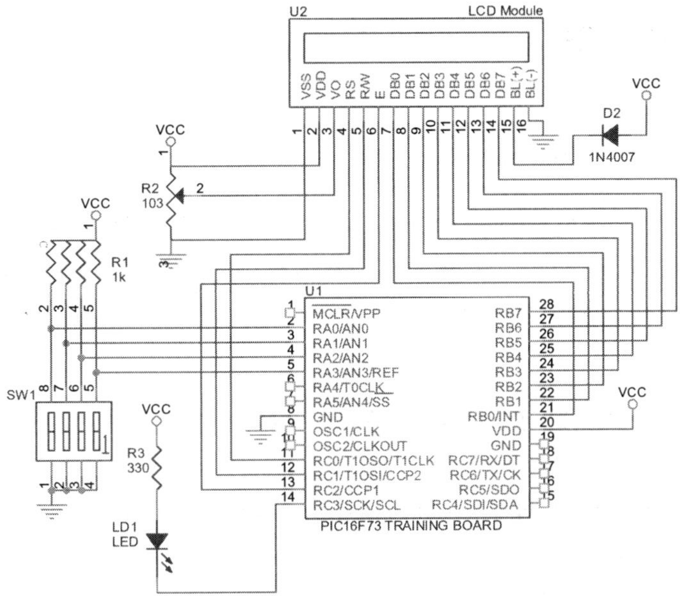

그림 4.4 LCD 제어 실습을 위한 하드웨어 회로도

그림 4.5는 그림 4.4 회로도에 따라 브레드 보드에 구현한 LCD 제어 실습 프로그램 하드웨어의 모습이다.

그림 4.5 LCD 제어 프로그램용 하드웨어

4. 소프트웨어 개발

4-1 LED 초기화 프로그램 실습

HD44780U의 제어 프로그래밍 실습을 위해 데이터를 입력하여 화면에 표시하는 과정을 설명한다. 먼저 LCD는 8비트로 인터페이스하고, 2라인 디스플레이로 설정하여 예제 4-1과 같은 프로그램을 작성한다.

Ex 4-1 LCD 초기화 프로그램 예제

```
// LCD 초기화 제어 실습  4-1 (파일명 : ex4-1.c)

#include "C:\PIC16F73\EX4\ex4.h"

#define  LCD_RS   PIN_C0      //LCD 제어핀 할당(명령어/문자코드)
#define  LCD_RW   PIN_C1      //LCD 제어핀 할당(LCD read/write)
#define  LCD_E    PIN_C2      //LCD 제어핀 할당(LCD enable)

void lcd_initial();

void main()
{
   delay_ms(10);

   set_tris_a(0xff);
   set_tris_b(0x00);
   set_tris_c(0x00);

   portb=0x00;
   portc=0xff;
   delay_ms(10);

   lcd_initial();                      // LCD 초기화 서브함수
```

```
    while(1) {                              // main 함수의 무한 루프
        delay_ms(100);
    }
}

void lcd_initial()
{
    output_low(LCD_E);                      // LCD 제어핀 초기화
    output_low(LCD_RS);
    output_low(LCD_RW);

    portb=0b00111000;                       // 첫 번째 초기화 명령어 전송
    delay_cycles(1);
    output_high(LCD_E);
    delay_cycles(1);
    output_low(LCD_E);
    delay_ms(15);                           // 4.1ms 이상 대기

    portb=0b00111000;                       // 두 번째 초기화 명령어 전송
    delay_cycles(1);
    output_high(LCD_E);
    delay_cycles(1);
    output_low(LCD_E);
    delay_ms(1);                            // 100us 이상 대기

    portb = 0b00111000;                     // 세 번째 초기화 명령어 전송
    delay_cycles(1);
    output_high(LCD_E);
    delay_cycles(1);
    output_low(LCD_E);
    delay_ms(10);

    portb = 0b00111000;                     // FUNCTION SET
    delay_cycles(1);                        // 8비트, 2라인, 5x8로 설정
    output_high(LCD_E);
    delay_cycles(1);
    output_low(LCD_E);
    delay_ms(10);
```

```
    portb = 0b00001111;          // LCD ON/OFF
    delay_cycles(1);             // 디스플레이 ON, 커서 ON, 커서 점멸
    output_high(LCD_E);
    delay_cycles(1);
    output_low(LCD_E);
    delay_ms(10);

    portb = 0b00000110;                  // ENTRY MODE
    delay_cycles(1);                     // 전체화면 고정, 어드레스 증가
    output_high(LCD_E);
    delay_cycles(1);
    output_low(LCD_E);
    delay_ms(10);

    portb = 0b00000001;                  // LCD 전체 화면 CLEAR
    delay_cycles(1);
    output_high(LCD_E);
    delay_cycles(1);
    output_low(LCD_E);
    delay_ms(10);

    portb = 0b00000010;                  // 커서를 1라인 1행으로 이동
    delay_cycles(1);
    output_high(LCD_E);
    delay_cycles(1);
    output_low(LCD_E);
    delay_ms(10);

    delay_ms(1000);
    delay_ms(1000);

    portb = 0xc0;                        // 커서를 2라인 1행으로 이동
    delay_cycles(1);
    output_high(LCD_E);
    delay_cycles(1);
    output_low(LCD_E);
    delay_ms(10);
}
```

예제 4-1의 프로그램을 수행하면 LCD 모듈의 제어가 가능하도록 초기화 되며, 처음에는 커서가 1라인 1행의 위치에서 점멸하다가 2초 후에 2라인 1행으로 이동하여 계속 점멸하는 동작을 하게 된다.

이와 같은 동작이 이루어지면 정상적으로 LCD가 초기화 되었다고 판단할 수 있다. LCD 초기화 과정은 'lcd_initial( )' 서브함수에서 수행되며, 동작 과정은 그림 4.6과 같다.

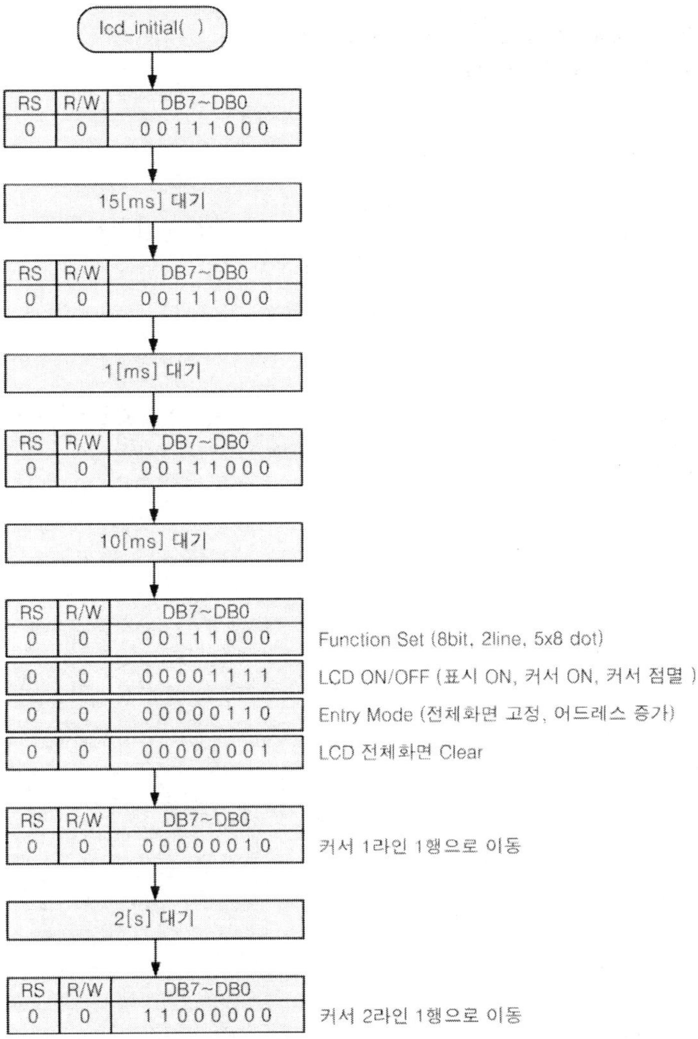

그림 4.6 lcd_initial( ) 함수의 LCD 초기화 내용

예제 4-1은 LCD를 처음 다루어보는 사람이 이해할 수 있도록 초기화 프로그램을 하드웨어의 입장에서 순서적으로 프로그래밍한 것으로 반복되는 부분을 서브함수를 이용하여 변경하면 추후 프로그램 내용을 추가할 때 매우 편리하게 된다. 여러 번 반복되는 LCD 명령어 전송하는 부분을 서브함수 'SendCmd( )'를 이용하여 예제 4-2와 같이 프로그램을 작성해 본다.

Ex 4-2 LCD 초기화 프로그램 예제 (서브함수 이용)

```
// LCD 제어 실습 4-2 (파일명 : ex4-2.c)
// 서브함수를 이용한 초기화 완성

#include "C:\PIC16F73\EX4\ex4.h"

#define  LCD_RS   PIN_C0       //LCD 제어핀 할당(명령어/문자코드)
#define  LCD_RW   PIN_C1       //LCD 제어핀 할당(LCD read/write)
#define  LCD_E    PIN_C2       //LCD 제어핀 할당(LCD enable)


void lcd_initial();
void BusyCheck();
void SendCmd(char);

void main()
{
   delay_ms(10);

   set_tris_a(0xff);
   set_tris_b(0x00);
   set_tris_c(0x00);

   portb=0x00;
   portc=0xff;
   delay_ms(10);

   lcd_initial();
```

```
    while(1) {
        delay_ms(100);
    }
}

void lcd_initial()
{
    output_low(LCD_E);
    output_low(LCD_RS);
    output_low(LCD_RW);

    portb=0b00111000;
    delay_cycles(1);
    output_high(LCD_E);
    delay_cycles(1);
    output_low(LCD_E);
    delay_ms(15);

    portb=0b00111000;
    delay_cycles(1);
    output_high(LCD_E);
    delay_cycles(1);
    output_low(LCD_E);
    delay_ms(1);

    portb = 0b00111000;
    delay_cycles(1);
    output_high(LCD_E);
    delay_cycles(1);
    output_low(LCD_E);
    delay_ms(10);

    portb = 0b00111000;                              //FUNCTION SET
    delay_cycles(1);
    output_high(LCD_E);
    delay_cycles(1);
    output_low(LCD_E);
    delay_ms(10);
```

```
   SendCmd(0x0f);                         //LCD ON/OFF
   SendCmd(0x06);                         //ENTRY MODE
   SendCmd(0x01);                         //LCD CLEAR
   SendCmd(0x02);                         //커서 1라인 1행으로 이동
   delay_ms(1000);
   delay_ms(1000);
   SendCmd(0xc0);                         //커서 2라인 1행으로 이동
}

void  BusyCheck() {                       // LCD busy 체크
      do {
            portb = 0x00;
            set_tris_b(0xff);
            output_low(LCD_RS);
            delay_cycles(1);
            output_high(LCD_RW);
            delay_cycles(1);
            output_high(LCD_E);
            delay_cycles(2);
            output_low(LCD_E);
      } while(bit_test(portb,7));         // LCD의 BF가 0이 될 때까지 대기
            output_low(LCD_E);
            portb = 0x00;
            return;
}

void  SendCmd (char cmd) {                // LCD 명령어 전송 서브함수
      BusyCheck();
      set_tris_b(0x00);
      portb = cmd;                        // 문자형 데이터를 LCD로 전송
      output_low(LCD_RW);
      output_low(LCD_RS);                 // LCD_RS=0 일 때 명령어 전송모드
      delay_cycles(1);
      output_high(LCD_E);
      delay_cycles(1);
      output_low(LCD_E);
      return;
}
```

예제 4-2에서 서브함수 'SendCmd( )'는 괄호 안에 주어지는 문자형 데이터값을 LCD에 전송하는 기능을 수행하는 함수로써, 명령어 데이터를 전송하는 과정은 그림 4.7과 같다.

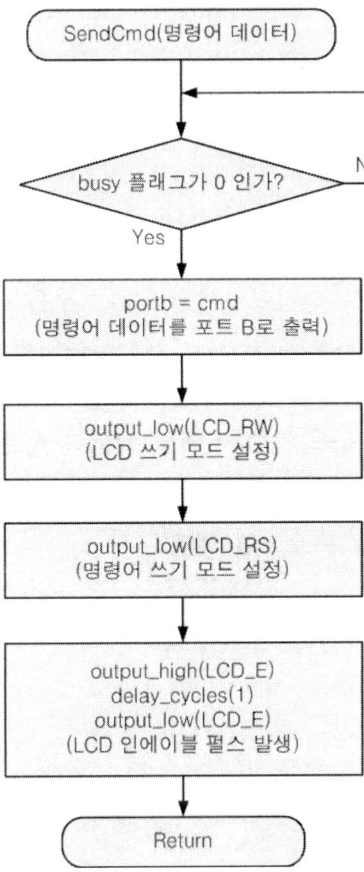

그림 4.7 SendCmd( ) 서브함수의 명령어 데이터 전송 과정

여기서 'BusyCheck( )' 함수는 LCD(DB7)로부터 전송되는 busy 플래그 BF를 체크하는 것으로 'BF=1'인 경우에는 LCD가 현재 다른 동작을 수행 중임을 나타내는 것으로 이때에는 새로운 명령을 전송하면 안 된다는 의미이다. 반대로, 'BF=0'이면 다른 동작을 수행하지 않고 대기상태에 있음을 나타내는 것으로 이때에는 새로운 명령어를 전송해도 좋다는 것을 의미한다.

'BusyCheck( )' 함수의 'do~while(bit_test(portb,7))' 문에서 busy 플래그(BF, 포트 b의 비트 7, LCD의 DB7이 모두 같은 말임)이 '1'인 동안에는 'BusyCheck( )' 함수를 빠져나

오지 않고 대기하다가 busy 플래그가 '0'이 될 때 비로소 빠져나와 다음 과정을 수행하게 된다.

```
    do {

            중간 생략

    } while(bit_test(portb,7));      // LCD의 BF가 0이 될 때까지 대기
```

예제 4-3은 LCD 초기화 과정을 전치명령어 '#define' 문을 이용하여 작성한 프로그램으로써, 실제적으로 많이 사용하는 기법이다. 많이 사용되는 LCD 제어 관련 데이터를 '#define' 문으로 미리 정해 놓고 프로그램 중간에서 필요 시 제어신호명을 사용함으로써, 프로그램 작성도 용이하고, 프로그램 이해도 쉽도록 하는 장점이 있다.

Ex 4-3 LCD 초기화 완성 프로그램 예제

```
// LCD 제어 실습 4-3 (파일명 : ex4-3.c)
// 초기화 완성

#include "C:\PIC16F73\EX4\ex4.h"

#define  LCD_RS          PIN_C0       // LCD register select
#define  LCD_RW          PIN_C1       // LCD read/write
#define  LCD_E           PIN_C2       // LCD enable

#define  LCD_ON_OFF      0x0f         // 표시 ON, 커서 ON, 점멸 ON
#define  LCD_MODE        0x06         // 어드레스 증가, 화면이동 OFF
#define  LCD_SHIFT       0x14         // 커서이동 ON, 우측이동 ON
#define  LCD_CLEAR       0x01         // LCD 화면 지우기
#define  LCD_HOME        0x02         // 커서를 1라인 1행으로 이동
#define  LCD_2ND_LINE    0xc0         // 커서를 2라인 1행으로 이동

void lcd_initial();
void BusyCheck();
void SendCmd(char);
```

```
void main()
{
   delay_ms(10);

   set_tris_a(0xff);
   set_tris_b(0x00);
   set_tris_c(0x00);

   portb=0x00;
   portc=0xff;

   delay_ms(10);

   lcd_initial();

   while(1) {
      delay_ms(100);
   }
}

void lcd_initial()
{
   output_low(LCD_E);
   output_low(LCD_RS);
   output_low(LCD_RW);

   portb=0b00111000;
   delay_cycles(1);
   output_high(LCD_E);
   delay_cycles(1);
   output_low(LCD_E);
   delay_ms(15);

   portb=0b00111000;
   delay_cycles(1);
   output_high(LCD_E);
   delay_cycles(1);
   output_low(LCD_E);
   delay_ms(1);

   portb = 0b00111000;
   delay_cycles(1);
   output_high(LCD_E);
   delay_cycles(1);
   output_low(LCD_E);
   delay_ms(10);
```

```
   portb = 0b00111000;                     //FUNCTION SET
   delay_cycles(1);
   output_high(LCD_E);
   delay_cycles(1);
   output_low(LCD_E);
   delay_ms(10);

   SendCmd(LCD_ON_OFF);                    //표시 ON, 커서 ON, 점멸 ON
   SendCmd(LCD_MODE);                      //어드레스 증가, 화면이동 OFF
   SendCmd(LCD_CLEAR);                     //LCD 전체화면 지우기
   SendCmd(LCD_HOME);                      //커서 1라인 1행으로 이동
   delay_ms(1000);
   delay_ms(1000);
   SendCmd(LCD_2ND_LINE);                  //커서 2라인 1행으로 이동
}

void  BusyCheck() {

     do {
          portb = 0x00;
          set_tris_b(0xff);
          output_low(LCD_RS);
          delay_cycles(1);
          output_high(LCD_RW);
          delay_cycles(1);
          output_high(LCD_E);
          delay_cycles(2);
          output_low(LCD_E);
     } while(bit_test(portb,7));
          output_low(LCD_E);
          portb = 0x00;
          return;
}

void  SendCmd (char cmd) {

     BusyCheck();
     set_tris_b(0x00);
     portb = cmd;
     output_low(LCD_RW);
     output_low(LCD_RS);
     delay_cycles(1);
     output_high(LCD_E);
     delay_cycles(1);
     output_low(LCD_E);
     return;
}
```

예제 4-3까지는 LCD 초기화 과정에 대한 실습이었으며, 예제 4-4에서는 본격적으로 LCD 상에 원하는 화면을 구성하는 프로그램을 작성해 본다.

먼저 LCD 화면에 전원이 투입되면 항상 같은 내용이 표시되도록 하는 로고 화면을 구성해 본다. 로고 화면의 내용은 1라인에 'FOR', 2라인에 'YOUR VISION!'이라고 표시되는 화면을 구성해 보자.

Ex 4-4 LCD 로고 표시 프로그램 예제

```
// LCD 제어 실습 4-4 (파일명 : ex4-4.c)
// 로고 디스플레이

#include "C:\PIC16F73\EX4\ex4.h"

#define  LCD_RS          PIN_C0       // LCD register select
#define  LCD_RW          PIN_C1       // LCD read/write
#define  LCD_E           PIN_C2       // LCD enable

#define  LCD_ON_OFF      0x0f         // 표시 ON, 커서 ON, 점멸 ON
#define  LCD_MODE        0x06         // 어드레스 증가, 화면이동 OFF
#define  LCD_SHIFT       0x14         // 커서이동 ON, 우측이동 ON
#define  LCD_CLEAR       0x01         // LCD 화면 지우기
#define  LCD_HOME        0x02         // 커서를 1라인 1행으로 이동
#define  LCD_2ND_LINE    0xc0         // 커서를 2라인 1행으로 이동

void lcd_initial();
void logo_display();
void BusyCheck();
void SendCmd(char);
void SendChar(char);
void gotoxy(int, int);

void main()
{
  delay_ms(10);

  set_tris_a(0xff);
  set_tris_b(0x00);
  set_tris_c(0x00);

  portb=0x00;
  portc=0xff;

  delay_ms(10);
```

```
   lcd_initial();
   delay_ms(10);

   logo_display();
   delay_ms(1000);
   delay_ms(1000);

   while(1) {
      delay_ms(1000);
      output_low(PIN_C3);
      delay_ms(1000);
      output_high(PIN_C3);
   }
}

void  logo_display()
{
   SendCmd(LCD_CLEAR);
   SendCmd(LCD_HOME);
   SendChar("FOR");
   delay_us(10);

   SendCmd(LCD_2ND_LINE);
   SendChar("  YOUR VISION!");
   delay_us(10);
}

void lcd_initial()
{
   output_low(LCD_E);
   output_low(LCD_RS);
   output_low(LCD_RW);

   portb=0b00111000;
   delay_cycles(1);
   output_high(LCD_E);
   delay_cycles(1);
   output_low(LCD_E);
   delay_ms(15);

   portb=0b00111000;
   delay_cycles(1);
   output_high(LCD_E);
   delay_cycles(1);
   output_low(LCD_E);
   delay_ms(1);
```

```
   portb = 0b00111000;
   delay_cycles(1);
   output_high(LCD_E);
   delay_cycles(1);
   output_low(LCD_E);
   delay_ms(10);

   portb = 0b00111000;                // FUNCTION SET
   delay_cycles(1);
   output_high(LCD_E);
   delay_cycles(1);
   output_low(LCD_E);
   delay_ms(10);

   SendCmd(LCD_MODE);                 // 어드레스 증가, 화면이동 OFF
   SendCmd(LCD_SHIFT);                // LCD CURSOR SHIFT
   SendCmd(LCD_ON_OFF);               // 표시 ON, 커서 ON, 점멸 ON
   SendCmd(LCD_CLEAR);                // LCD 전체화면 지우기
   SendCmd(LCD_HOME);                 // 커서 1라인 1행으로 이동

}

void  BusyCheck() {
     do {
          portb = 0x00;
          set_tris_b(0xff);
          output_low(LCD_RS);
          delay_cycles(1);
          output_high(LCD_RW);
          delay_cycles(1);
          output_high(LCD_E);
          delay_cycles(2);
          output_low(LCD_E);
     } while(bit_test(portb,7));
          output_low(LCD_E);
          portb = 0x00;
          return;
}

void  SendCmd(char cmd) {

     BusyCheck();
     set_tris_b(0x00);
     portb = cmd;
```

```
      output_low(LCD_RW);
      output_low(LCD_RS);
      delay_cycles(1);
      output_high(LCD_E);
      delay_cycles(1);
      output_low(LCD_E);
      return;
  }

void  SendChar(char codedata) {

      BusyCheck();
      set_tris_b(0x00);
      portb = codedata;
      output_high(LCD_RS);
      output_low(LCD_RW);
      delay_cycles(1);
      output_high(LCD_E);
      delay_cycles(1);
      output_low(LCD_E);
      return;
  }
```

LCD 초기화 과정은 앞의 예와 동일하며, 로고를 화면에 표시하기 위한 'logo_display( )' 서브함수가 추가되었다. 새로 추가된 'logo_display( )' 서브함수에는 'SendChar( )' 함수가 포함되어 있는데, 이 함수는 'output_high(LCD_RS)'의 한 줄만 제외하면 'SendCmd( )'와 모든 내용이 동일한데('SendCmd( )'에서는 'output_low(LCD_RS)'임), 'LCD_RS=0'일 때에는 포트 b의 8비트 데이터가 명령어 전송으로 사용되고, 'LCD_RS=1'일 때에는 포트 b의 8비트 데이터가 CGROM의 문자를 호출하는 8비트 코드로 사용된다.

프로그램에서 'SendChar("FOR")'이라고 코딩하면 "F"(0x46), "O"(0x4f), "R"(0x52)에 해당하는 각각의 8비트 데이터값이 포트 b로 출력되어 LCD DB7~DB0 라인으로 전송되고, LCD에서는 데이터값에 해당하는 문자를 CGROM 테이블에서 찾아 해당 문자를 LCD 화면에 표시하게 된다.

그림 4.8은 'SendChar( )'의 문자코드 데이터 전송과정을 나타내는 그림이며, 그림 4.9는 예제 4-4를 실행했을 때의 LCD 화면 표시를 나타내는 그림이다.

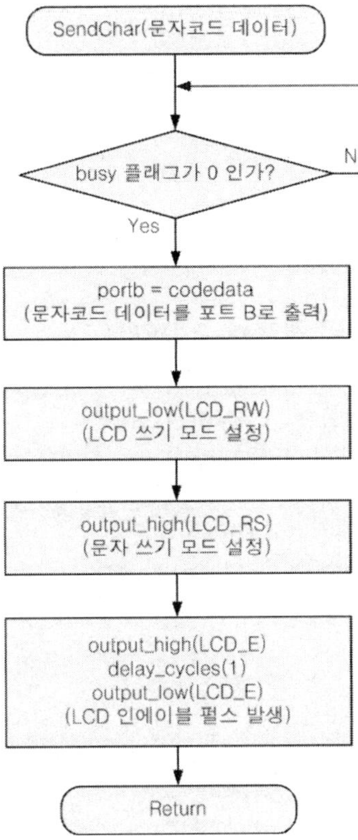

그림 4.8 SendChar( ) 서브함수의 문자코드 데이터 전송 과정

그림 4.9 예제 4-4 실행 화면

예제 4-5는 예제 4-4와 기능은 동일하지만, LCD 초기화와 관련된 프로그램 부분을 'LCD_initial.c'라는 별도의 서브 소스파일로 만들어 저장하고 메인 프로그램에서 전치명령어 '#include <c:\PIC16F73\EX4\LCD_initial.c>'를 이용하여 메인 프로그램에 포함시킴으로써, 메인 프로그램을 간단히 하여 프로그램 수정 및 분석 등의 관리가 용이하도록 프로그래밍하는 기법을 실습한다.

Ex 4-5 함수화된 로고 디스플레이 프로그램

```
// LCD 제어 실습 4-5(파일명 : ex4-5.c)
// 함수화된 로고 디스플레이 프로그램

#include <C:\PIC16F73\EX4\ex4.h>
#include <C:\PIC16F73\EX4\LCD_initial.h>
#include <C:\PIC16F73\EX4\LCD_initial.c>

void main()
{
  delay_ms(10);

  set_tris_a(0xff);
  set_tris_b(0x00);
  set_tris_c(0x00);

  portb=0x00;
  portc=0xff;

  delay_ms(10);

  lcd_initial();
  delay_ms(10);

  logo_display();
  delay_ms(1000);
  delay_ms(1000);

  while(1) {
    delay_ms(1000);
    output_low(PIN_C3);
    delay_ms(1000);
    output_high(PIN_C3);
  }
}
```

```
// LCD 제어 실습 시 필수 포함 부분(파일명 : LCD_initial.c)

void lcd_initial();
void logo_display();
void BusyCheck();
void SendCmd(char);
void SendChar(char);
void gotoxy(int, int);

void  logo_display()
{
   SendCmd(LCD_CLEAR);
   SendCmd(LCD_HOME);
   SendChar("FOR");
   delay_us(10);

   SendCmd(LCD_2ND_LINE);
   SendChar("  YOUR VISION!");
   delay_us(10);
}

void lcd_initial()
{
   output_low(LCD_E);
   output_low(LCD_RS);
   output_low(LCD_RW);

   portb=0b00111000;
   delay_cycles(1);
   output_high(LCD_E);
   delay_cycles(1);
   output_low(LCD_E);
   delay_ms(15);

   portb=0b00111000;
   delay_cycles(1);
   output_high(LCD_E);
   delay_cycles(1);
   output_low(LCD_E);
   delay_ms(1);

   portb = 0b00111000;
   delay_cycles(1);
   output_high(LCD_E);
   delay_cycles(1);
   output_low(LCD_E);
   delay_ms(10);
```

```
    portb = 0b00111000;     //FUNCTION SET
    delay_cycles(1);
    output_high(LCD_E);
    delay_cycles(1);
    output_low(LCD_E);
    delay_ms(10);

    SendCmd(LCD_MODE);       //ENTRY MODE
    SendCmd(LCD_SHIFT);      //LCD CURSOR SHIFT
    SendCmd(LCD_ON_OFF);     //LCD ON/OFF
    SendCmd(LCD_CLEAR);      //LCD CLEAR
    SendCmd(LCD_HOME);       //LCD HOME

}

void  BusyCheck() {
    do {
        portb = 0x00;
        set_tris_b(0xff);
        output_low(LCD_RS);
        delay_cycles(1);
        output_high(LCD_RW);
        delay_cycles(1);
        output_high(LCD_E);
        delay_cycles(2);
        output_low(LCD_E);
    } while(bit_test(portb,7));
        output_low(LCD_E);
        portb = 0x00;
        return;
}

void  SendCmd(char cmd) {

    BusyCheck();
    set_tris_b(0x00);
    portb = cmd;
    output_low(LCD_RW);
    output_low(LCD_RS);
    delay_cycles(1);
    output_high(LCD_E);
    delay_cycles(1);
    output_low(LCD_E);
    return;
}
```

```
void  SendChar(char codedata) {

      BusyCheck();
      set_tris_b(0x00);
      portb = codedata;
      output_high(LCD_RS);
      output_low(LCD_RW);
      delay_cycles(1);
      output_high(LCD_E);
      delay_cycles(1);
      output_low(LCD_E);
      return;
}
```

아래의 파일은 주요 변수를 헤더 파일로 모아서 별도로 저장한 'LCD_initial.h' 파일이다. 이와 같이 계속 사용되는 주요 변수를 별도로 저장하면 메인 프로그램을 간단히 할 수 있는 장점이 있다.

```
// LCD 제어 관련 header(파일명 : LCD_initial.h)

#define  LCD_RS          PIN_C0   // LCD register select
#define  LCD_RW          PIN_C1   // LCD read/write
#define  LCD_E           PIN_C2   // LCD enable

#define  LCD_ON_OFF      0x0c     // 표시 ON, 커서 OFF, 점멸 OFF
#define  LCD_MODE        0x06     // 어드레스 증가, 화면이동 OFF
#define  LCD_SHIFT       0x14     // 커서이동 ON, 우측이동 ON
#define  LCD_CLEAR       0x01
#define  LCD_HOME        0x02
#define  LCD_2ND_LINE    0xc0

void lcd_initial();
void logo_display();
void BusyCheck();
void SendCmd(char);
void SendChar(char);
void gotoxy(int, int);
```

예제 4-6은 LCD 제어 실습을 위한 프로그램으로 로고 화면을 디스플레이한 후에 필요한 정보를 표시하기 위한 화면을 3초마다 번갈아 가며 표시하는 기능을 수행한다.

Ex 4-6 LCD 제어 프로그램 실습

```
// LCD 제어 실습 4-6(파일명 : ex4-6.c)

#include <C:\PIC16F73\EX4\ex4.h>
#include <C:\PIC16F73\EX4\LCD_initial.h>
#include <C:\PIC16F73\EX4\LCD_initial.c>

void gotoxy(int, int);

void main()
{
  delay_ms(10);
  set_tris_a(0xff);
  set_tris_b(0x00);
  set_tris_c(0x00);
  portb=0x00;
  portc=0xff;

  delay_ms(10);

  lcd_initial();
  delay_ms(10);

  logo_display();
  delay_ms(1000);
  delay_ms(1000);

  while(1) {
    SendCmd(LCD_CLEAR);
    SendChar("Solar Volt.:");
    gotoxy(8,1);
    SendChar("12.3 [V]");

    delay_ms(1000);
    output_low(PIN_C3);
    delay_ms(1000);
    output_high(PIN_C3);
    delay_ms(1000);
```

```
        SendCmd(LCD_CLEAR);
        SendChar("PWM freq.:");
        gotoxy(6,1);
        SendChar("33.5 [kHz]");

        delay_ms(1000);
        delay_ms(1000);
        delay_ms(1000);
    }
}

void  gotoxy(int x, int y) {
        int address;
        if(x>=16) x=0;
        if(y!=1)
           address = 0x80;
        else
           address = 0xc0;
        SendCmd(address + x);
}
```

예제 4-6에서 'gotoxy(x, y)' 함수는 LCD 표시 화면의 원하는 위치로 커서를 이동시키기 위한 서브함수로서, 'x'는 LCD의 행 번호를 의미하고, 'y'는 라인 번호를 의미한다. 예를 들어 'gotoxy(8, 1)'은 2라인의 8번째 행으로 커서를 이동시키고자 하는 뜻이다.

그림 4.10은 예제 4-6 프로그램을 실행시켰을 때의 동작모습을 나타낸다.

그림 4.10 동작 모습

예제 4-6까지는 LCD를 8비트 인터페이스 방식으로 사용하였기 때문에 PIC16F73 포트 b의 8핀을 모두 LCD에 연결하여 사용하였다. 그러나 프로그램을 확장하여 다른 여러 가지 기능을 구현하기 위해서는 입출력 핀을 가급적 절약하여 사용하여야 하는데, LCD의 경우에는 프로그램을 조금 수정하면 4비트 인터페이스 방식으로 이용할 수 있기 때문에 4비트 인터페이스 방식으로 LCD를 제어하게 되면 마이컴의 입출력 핀 4개를 사용하지 않고 절약할 수 있게 된다.

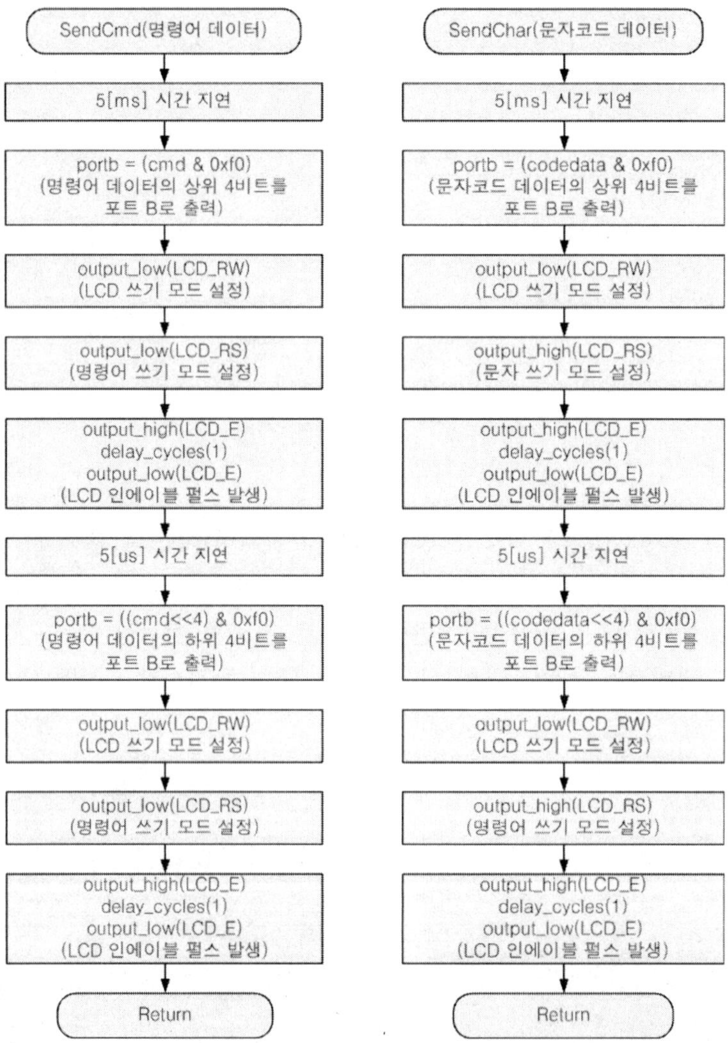

그림 4.11 4비트 인터페이스 시 SendCmd( ), SendChar( ) 처리 과정

예제 4-7에서는 LCD의 4비트 인터페이스 제어 프로그램을 작성한다. LCD의 4비트 인터페이스는 LCD 초기화 부분에서 4비트 사용을 선택하고, 'SendCmd( )' 명령어 전송 프로그램과 'SendChar( )' 문자코드 전송 프로그램의 내용을 조금 수정하면 되는데, 초기화 부분의 4비트 선택은 'lcd_initial_4bit.c' 파일의 프로그램 내용 중에서 Function Set 설정 시의 데이터를 'portb=0b00111000; //FUNCTION SET(8비트 선택)' 대신 'portb=0b00101000; //FUNCTION SET(4비트 선택)'으로 수정하면 된다. 또한 'SendCmd( )' 및 'SendChar( )' 함수에서는 8비트 데이터를 4비트씩 나누어 먼저 상위 4비트를 전송한 후, 하위 4비트를 나중에 전송하는 방식으로 프로그램을 수정한다. 그림 4-11은 'SendCmd( )' 명령어 전송 처리 과정과 'SendChar( )' 문자코드 데이터 처리 과정을 나타낸다.

Ex 4-7 LCD 4비트 인터페이스 제어 프로그램 실습

```
// LCD 제어 실습 4-7(파일명 : ex4-7.c)
// LCD 4비트 제어 프로그램

#include <C:\PIC16F73\EX4\ex4.h>
#include <C:\PIC16F73\EX4\LCD_initial.h>
#include <C:\PIC16F73\EX4\LCD_initial_4bit.c>

void main()
{
   delay_ms(10);

   set_tris_a(0xff);
   set_tris_b(0x00);
   set_tris_c(0x00);

   portb=0x00;
   portc=0xff;

   delay_ms(10);

   lcd_initial();
   delay_ms(10);

   logo_display();
   delay_ms(1000);
   delay_ms(1000);


   while(1) {

      SendCmd(LCD_CLEAR);
      SendChar("Solar Volt.:");
      gotoxy(8,1);
      SendChar("12.0 [V]");
```

```
        delay_ms(1000);
        output_low(PIN_C3);
        delay_ms(1000);
        output_high(PIN_C3);
        delay_ms(1000);

        SendCmd(LCD_CLEAR);
        SendChar("PWM freq.:");
        gotoxy(6,1);
        SendChar("17.5 [kHz]");

        delay_ms(1000);
        delay_ms(1000);
        delay_ms(1000);
    }
}
```

```
// LCD 제어 실습 시 필수 포함 부분(파일명 : LCD_initial_4bit.c)
// LCD 4비트 인터페이스

void lcd_initial();
void logo_display();
void BusyCheck();
void SendCmd(char);
void SendChar(char);
void gotoxy(int, int);

void  logo_display()
{
   SendCmd(LCD_CLEAR);
   SendCmd(LCD_HOME);
   SendChar("FOR");
   delay_us(10);

 SendCmd(LCD_2ND_LINE);
   SendChar("  YOUR VISION!");
   delay_us(10);
}

void lcd_initial()
{
   output_low(LCD_E);
   output_low(LCD_RS);
   output_low(LCD_RW);

   portb=0b00111000;                    //8비트 인터페이스와 동일
```

```
   delay_cycles(1);
   output_high(LCD_E);
   delay_cycles(1);
   output_low(LCD_E);
   delay_ms(15);

   portb=0b00111000;                  //8비트 인터페이스와 동일
   delay_cycles(1);
   output_high(LCD_E);
   delay_cycles(1);
   output_low(LCD_E);
   delay_ms(1);

   portb = 0b00111000;                //8비트 인터페이스와 동일
   delay_cycles(1);
   output_high(LCD_E);
   delay_cycles(1);
   output_low(LCD_E);
   delay_ms(10);

   portb = 0b00101000;                //FUNCTION SET(4비트 선택)
   delay_cycles(1);
   output_high(LCD_E);
   delay_cycles(1);
   output_low(LCD_E);
   delay_ms(10);
   SendCmd(LCD_MODE);                 //ENTRY MODE
   SendCmd(LCD_SHIFT);                //LCD CURSOR SHIFT
   SendCmd(LCD_ON_OFF);               //LCD ON/OFF
   SendCmd(LCD_CLEAR);                //LCD CLEAR
   SendCmd(LCD_HOME);                 //LCD HOME
}

void  BusyCheck() {
   delay_ms(5);
}

void  SendCmd(char cmd) {

     BusyCheck();
     set_tris_b(0x00);

     portb =(cmd & 0xf0);             //상위 바이트 전송
     output_low(LCD_RW);
     output_low(LCD_RS);
     delay_cycles(1);
     output_high(LCD_E);
     delay_cycles(1);
     output_low(LCD_E);
```

```
     delay_us(5);

     portb =((cmd<<4) & 0xf0);          //하위 바이트 전송
     output_low(LCD_RW);
     output_low(LCD_RS);
     delay_cycles(1);
     output_high(LCD_E);
     delay_cycles(1);
     output_low(LCD_E);

     return;
}

void  SendChar(char codedata) {

     BusyCheck();
     set_tris_b(0x00);

     portb =(codedata & 0xf0);          //상위 바이트 전송
     output_high(LCD_RS);
     output_low(LCD_RW);
     delay_cycles(1);
     output_high(LCD_E);
     delay_cycles(1);
     output_low(LCD_E);

     delay_us(5);

     portb =((codedata<<4) & 0xf0);     //하위 바이트 전송
     output_high(LCD_RS);
     output_low(LCD_RW);
     delay_cycles(1);
     output_high(LCD_E);
     delay_cycles(1);
     output_low(LCD_E);

     return;
}

void  gotoxy(int x, int y) {

     int address;
     if(x>=16) x=0;
     if(y!=1)
       address = 0x80;
     else
       address = 0xc0;
     SendCmd(address + x);
}
```

예제 4-8에서는 포트 a에 연결된 딥스위치 값을 LCD 화면에 표시하는 프로그램을 작성해 본다. 4비트의 딥스위치 입력을 사용하므로 각각에 해당하는 값은 1부터 생각하면 16까지의 경우를 생각해 볼 수 있다. 딥스위치의 설정상태에 따라 LCD 화면 표시 숫자를 표 4.3과 같이 정의한다.

예제 4-8은 딥스위치의 입력값을 읽어 들이기 위해 타이머 인터럽트를 사용하여 일정한 간격으로 딥스위치 값을 읽도록 하며, 읽혀진 값에 따라 'switch( )' 명령문을 이용하여 표 4.3의 내용에 맞도록 해당 숫자를 표시하는 프로그램이다.

표 4.3 딥스위치와 LCD 화면 표시 숫자

딥스위치				PIC16F73				16진수	LCD
4번	3번	2번	1번	RA3	RA2	RA1	RA0	데이터값	표시 숫자
OFF	OFF	OFF	OFF	1	1	1	1	0x0f	1
OFF	OFF	OFF	ON	1	1	1	0	0x0e	2
OFF	OFF	ON	OFF	1	1	0	1	0x0d	3
OFF	OFF	ON	ON	1	1	0	0	0x0c	4
OFF	ON	OFF	OFF	1	0	1	1	0x0b	5
OFF	ON	OFF	ON	1	0	1	0	0x0a	6
OFF	ON	ON	OFF	1	0	0	1	0x09	7
OFF	ON	ON	ON	1	0	0	0	0x08	8
ON	OFF	OFF	OFF	0	1	1	1	0x07	9
ON	OFF	OFF	ON	0	1	1	0	0x06	10
ON	OFF	ON	OFF	0	1	0	1	0x05	11
ON	OFF	ON	ON	0	1	0	0	0x04	12
ON	ON	OFF	OFF	0	0	1	1	0x03	13
ON	ON	OFF	ON	0	0	1	0	0x02	14
ON	ON	ON	OFF	0	0	0	1	0x01	15
ON	ON	ON	ON	0	0	0	0	0x00	16

Ex 4-8 딥스위치 입력값 LCD 표시 프로그램 실습 1

```
// LCD 제어 실습 4-8(파일명 : ex4-8.c)
// 딥스위치 입력값 LCD 표시 프로그램

#include <C:\PIC16F73\EX4\ex4.h>
#include <C:\PIC16F73\EX4\LCD_initial.h>
#include <C:\PIC16F73\EX4\LCD_initial_4bit.c>

int   dip_switch, dip_switch_data, dip_switch_old;

void LCD_display();


#int_TIMER1
TIMER1_isr()                              // 100msec마다 1회씩 인터럽트 발생
{
   dip_switch = input_a() & 0x0f;

   if(dip_switch!=dip_switch_old) {
      dip_switch_data=dip_switch;
      LCD_display();
   }

   dip_switch_old = dip_switch;
}

void main()
{
   delay_ms(10);

   set_tris_a(0xff);
   set_tris_b(0x00);
   set_tris_c(0x00);

   portb=0x00;
   portc=0xff;

   delay_ms(10);
   lcd_initial();
   delay_ms(10);

   logo_display();
   delay_ms(1000);
   delay_ms(1000);

   setup_timer_1(T1_INTERNAL|T1_DIV_BY_8);   // 타이머 1 동작설정
```

```
   enable_interrupts(INT_TIMER1);
   enable_interrupts(global);

   while(1) {
      delay_ms(10);
   }
}

void LCD_display()
{
      SendCmd(LCD_CLEAR);
      SendChar("DIP SW Data :");
      gotoxy(8,1);

      switch(dip_switch_data) {

         case 15 : SendChar("1"); break;
         case 14 : SendChar("2"); break;
         case 13 : SendChar("3"); break;
         case 12 : SendChar("4"); break;
         case 11 : SendChar("5"); break;
         case 10 : SendChar("6"); break;
         case 9  : SendChar("7"); break;
         case 8  : SendChar("8"); break;
         case 7  : SendChar("9"); break;
         case 6  : SendChar("10"); break;
         case 5  : SendChar("11"); break;
         case 4  : SendChar("12"); break;
         case 3  : SendChar("13"); break;
         case 2  : SendChar("14"); break;
         case 1  : SendChar("15"); break;
         case 0  : SendChar("16"); break;
      }
}
```

예제 4-9는 예제 4-8과 동작은 동일하지만, 좀 더 확장성 있고 실제적인 프로그램으로써, 딥스위치로부터 읽혀진 숫자 데이터를 LCD 화면 표시 숫자로 변환시키는 프로그램이다.

Ex 4-9 딥스위치 입력값 LCD 표시 프로그램 실습 2

```
// LCD 제어 실습 4-9(파일명 : ex4-9.c)
// 딥스위치 입력값 LCD 표시 프로그램

#include <C:\PIC16F73\EX4\ex4.h>
#include <C:\PIC16F73\EX4\LCD_initial.h>
#include <C:\PIC16F73\EX4\LCD_initial_4bit.c>

int   dip_switch, dip_switch_data, dip_switch_old;
int   dip_switch_data_buf;
int   digit1, digit10, digit1_buf;

void LCD_display();
void display_data_make();
void digit_display(int);

#int_TIMER1
TIMER1_isr()                          // 100msec마다 1회씩 인터럽트 발생
{
   dip_switch = input_a() & 0x0f;

   if(dip_switch!=dip_switch_old) {
      dip_switch_data=dip_switch;
      LCD_display();
   }
   dip_switch_old = dip_switch;
}

void main()
{
   delay_ms(10);

   set_tris_a(0xff);
   set_tris_b(0x00);
   set_tris_c(0x00);
```

```
   portb=0x00;
   portc=0xff;

   delay_ms(10);

   lcd_initial();
   delay_ms(10);

   logo_display();
   delay_ms(1000);
   delay_ms(1000);

   setup_timer_1(T1_INTERNAL|T1_DIV_BY_8);   // 타이머 1 동작설정

   enable_interrupts(INT_TIMER1);
   enable_interrupts(global);

   while(1) {
      delay_ms(10);
   }
}

void display_data_make()
{
   dip_switch_data_buf = 16-dip_switch_data;

   if(dip_switch_data_buf>=10) {
      digit10=1;
      digit1=(dip_switch_data_buf-10)%10;
   }

   else {
      digit10=0;
      digit1=dip_switch_data_buf%10;
   }
}

void LCD_display()
{
      SendCmd(LCD_CLEAR);
      SendChar("DIP SW Data :");
      gotoxy(8,1);

      display_data_make();
      digit_display(digit10);
      digit_display(digit1);
}
```

```
void  digit_display(i) {

    switch(i) {
        case 0 : SendChar("0"); break;
        case 1 : SendChar("1"); break;
        case 2 : SendChar("2"); break;
        case 3 : SendChar("3"); break;
        case 4 : SendChar("4"); break;
        case 5 : SendChar("5"); break;
        case 6 : SendChar("6"); break;
        case 7 : SendChar("7"); break;
        case 8 : SendChar("8"); break;
        case 9 : SendChar("9"); break;
    }

    delay_us(2);
}
```

예제 4-9의 전체적인 내용을 살펴보면, 먼저 타이머 1 인터럽트 서비스 루틴에서 딥스위치의 값을 읽어 들인 후, 'LCD_display( )' 함수를 수행하게 되는데, 'LCD_display( )' 안에는 'display_data_make( )'와 'digit_display(digit10)', 'digit_display(digit1)' 함수가 포함되어 있다. 'display_data_make( )' 함수는 딥스위치에서 읽혀진 16진수 데이터값을 LCD 화면에 10진수로 표시하기 위한 데이터를 생성하는 함수로서, 'if(dip_switch_data_buf>=10)' 조건문에 의해 10 이상인 경우에는 10의 자리수를 의미하는 'digit10'을 '1'로 만들고, 10 미만인 경우에는 'digit10'을 '0'으로 만든다. 또한 1의 자리수 'digit1'은 10으로 나누었을 때의 나머지로 저장하는데, 한가지 주의할 점은 10 이상인 경우에는 딥스위치 값에서 10을 뺀 후 나머지를 구해야 한다는 점이다.

프로그램의 제일 첫 문장에 있는 'dip_switch_data_buf = 16-dip_switch_data;' 문은 표 4.3에서 딥스위치가 모두 OFF 된 경우 입력되는 데이터 값은 '0x0f'로 제일 큰 반면에 LCD에 표기되어야 하는 숫자는 오히려 제일 작은 '1'되어야 하기 때문에 이를 보상해 주기 위해 추가된 문장이다. 이와 같이 10의 자리 'digit10'과 1의 자리 'digit1'이 결정되면 'digit_display( )'에서 데이터에 해당하는 숫자를 LCD에 표시하게 된다.

응용실습 5

A / D 입력 실습

1. 개요

PIC16F73의 A/D 변환 기능을 실습한다. A/D 변환이란 Analog-to-Digital을 의미하는 것으로써, 외부에서 입력되는 아날로그 전압을 변환하여 디지털 데이터값으로 저장하는 기능이다. 이러한 기능은 각종 물리량을 측정하는 센서의 입력을 마이컴으로 측정하는 경우에 주로 사용하게 된다. 센서 측정 회로의 구성은 힘, 조도, 전류, 자속의 크기 등과 같은 물리량을 입력받아 이를 외부 물리량에 비례하는 전압으로 변환시켜 출력하는 센서와, 센서로부터 출력되는 물리량을 A/D 변환시키는 A/D 변환기, 변환된 데이터값을 입력받는 마이컴부 등으로 구성되는데, A/D 변환기는 마이컴과 별개로 외부에 추가하는 경우도 있지만 PIC16F73은 내부에 A/D 변환기능을 탑재하고 있기 때문에 시스템을 더 간단히 구성할 수 있다. 그림 5.1은 A/D 변환 과정의 흐름을 나타내는 구성도이다.

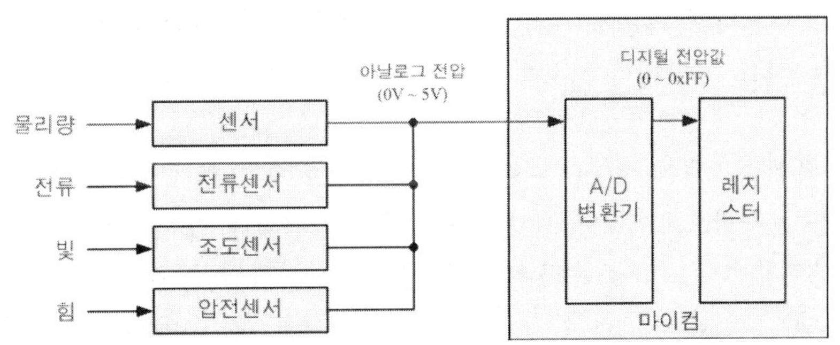

그림 5.1 A/D 변환 과정

응용실습 5에서는 센서를 직접 사용하지 않고, 센서로부터 전송되는 아날로그 전압을 대신하기 위해 가변저항을 이용하여 0[V]~5[V]까지 전압을 변화시키는 회로를 구성하여 PIC16F73 아날로그 입력 핀에 입력시키고, 입력된 전압값을 LCD 화면에 표시하는 프로그램을 개발함으로써, A/D 변환 기능 제어 프로그래밍을 학습한다.

2. 실습 목표

① A/D 변환 특성 및 원리 실습
② A/D 변환 동작 설정 기법 실습
③ A/D 변환 기법 프로그래밍 실습

3. 하드웨어 제작

A/D 변환값을 LCD 화면에 출력하기 위해, 응용실습 4에서 작성한 PIC16F73를 이용한 LCD 제어 프로그램 및 하드웨어를 수정하여 사용한다.

먼저 응용실습 4에서 LCD 인터페이스를 4비트로 제어하는 프로그램을 작성하여 보았는데, 응용실습 4에서는 LCD 데이터 버스로 RB7~RB4의 4비트를 사용하고, LCD 제어신호 LCD_RS(RC0), LCD_R/W(RC1), LCD_E(RC2)를 위해 3비트를 사용하였다.

응용실습 4에서 사용하였던 결선대로 사용해도 문제없겠지만, LCD 데이터 버스는 b 포트에, LCD 제어신호는 c 포트에 할당함으로써, 다소 분산된 느낌이 들고, 차후 프로그램을 확장하여 I/O 포트가 더 필요하게 될 때 c 포트를 사용하지 못하므로, b 포트의 하위 4비트를 사용하게 되는데, 이렇게 되면 b 포트의 상위 4비트는 LCD에서 사용하고 하위 4비트는 다른 기능에서 사용하게 되므로 프로그램을 작성하는데 혼란을 초래할 수 있다.

따라서 응용실습 5에서는 LCD 관련 신호를 b 포트에 모두 할당하도록 하드웨어 및 소프트웨어를 수정함으로써 프로그램을 용이하고 간결하게 할 수 있으며, 추후 프로그램 확장에 대비하여 c 포트를 완전히 비워둘 수 있는 장점이 있다.

표 5.1은 LCD 제어신호용 핀의 변경에 따른 응용실습 4와 응용실습 5의 하드웨어 결선의 차이점을 나타내며, 그림 5.2와 5.3은 결선을 변경한 A/D 변환 기능 제어 실습용 하드웨어의 회로도 및 실제 결선 모습을 나타낸다. 아날로그 전압값 발생을 위해 외부에 가변 저항 2개를 추가하여 아날로그 입력 RA0와 RA1에 각각 결선한다.

표 5.1 LCD 제어 신호 하드웨어 변경 내용

LCD		응용실습4(PIC16F73)		응용실습5(PIC16F73)	
제어신호명	핀번호	신호명	핀번호	신호명	핀번호
LCD_RS	4	RC0	11	RB0	21
LCD_R/$\overline{W}$	5	RC1	12	RB1	22
LCD_E	6	RC2	13	RB2	23

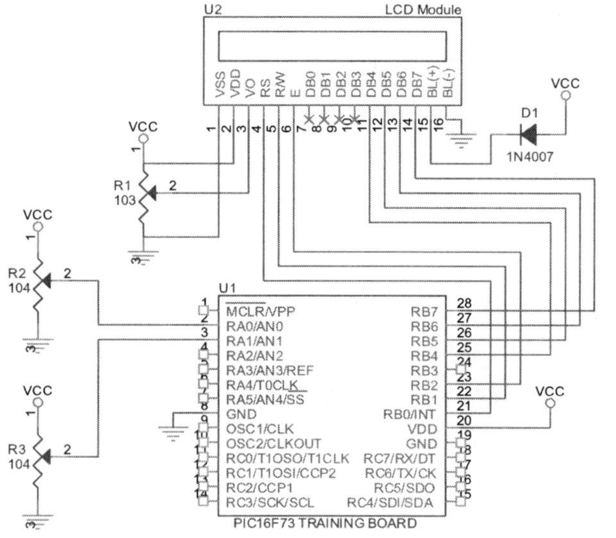

그림 5.2 A/D 변환 제어 실습용 하드웨어 회로도

그림 5.3 A/D 변환 제어 실습용 하드웨어 결선

4. 소프트웨어 개발

가변저항 R_2와 R_3를 통해 아날로그 입력 단자인 RA0 및 RA1에 각각 0~5[V]의 전압을 입력시키고 이를 A/D 변환시켜 마이컴 내부에서 값을 인식하도록 예제 5-1과 같은 프로그램을 작성한다. LCD 제어신호를 표 5.1과 같이 결선변경하게 되므로 예제 5-1에서는 LCD 제어신호의 핀이 정의되어 있는 헤더파일을 'LCD_initial.h' 대신 'LCD_initial1.h' 파일을 '#include' 한다. 또한 정상적으로 A/D 변환 과정이 진행되고 있는지 판단하기 위해 각 A/D 채널의 값이 절반 이상일 때에는 '1'을 LCD 화면에 표시하고, 절반 이하일 때에는 '0'을 표시하도록 프로그램한다. 예제 5-1에서 'hardware_initial.c' 파일은 PIC16F73의 하드웨어 초기화 과정을 정의한 파일로 메인 프로그램을 간단하게 하기 위해 따로 파일을 만들어 '#include'한다.

Ex 5-1 A/D 변환 제어 실습 예제

```
// A/D 변환 제어 실습 5-1(파일명 : ex5-1.c)
// A/D 채널 0, 1 동작실험

#include <C:\PIC16F73\EX5\ex5.h>
#include <C:\PIC16F73\EX5\hardware_initial.c>
#include <C:\PIC16F73\EX5\LCD_initial1.h>
#include <C:\PIC16F73\EX4\LCD_initial_4bit.c>

#define  TIME_1SEC   9                          // 1초 타이머 값

int   digit1, digit10, digit1_buf;
int   ADC0_value, ADC1_value;
int   cnt;

void LCD_display();
void display_data_make();
void digit_display(int);


#int_TIMER1
TIMER1_isr()                          // 100msec마다 1회씩 인터럽트 발생
{
   set_adc_channel(0);
   delay_us(10);                        // 시간지연이 반드시 필요함
   ADC0_value = read_adc();             // A/D 변환이 이루어짐
```

```
    delay_us(10);
    set_adc_channel(1);
    delay_us(10);                          // 시간지연이 반드시 필요함
    ADC1_value = read_adc();               // A/D 변환이 이루어짐

    if(cnt++>=TIME_1SEC) {
      delay_us(10);
      LCD_display();

      cnt=0;
    }
}

void main()
{
    delay_ms(10);
    hardware_initial();

    lcd_initial();
    delay_ms(10);

    logo_display();
    delay_ms(1000);
    delay_ms(1000);

    enable_interrupts(INT_TIMER1);
    enable_interrupts(global);

    while(1) {
      delay_ms(10);
    }
}

void display_data_make()
{
    if(ADC0_value>=0x80) digit1=1;
    else digit1=0;

    if(ADC1_value>=0x80) digit10=1;
    else digit10=0;
}

void LCD_display()
{
      SendCmd(LCD_CLEAR);
      SendChar("A/D Conversion");
      gotoxy(8,1);

      display_data_make();
```

```
    digit_display(digit10);
    digit_display(digit1);
}

void  digit_display(i) {

    switch(i) {
        case 0 : SendChar("0"); break;
        case 1 : SendChar("1"); break;
        case 2 : SendChar("2"); break;
        case 3 : SendChar("3"); break;
        case 4 : SendChar("4"); break;
        case 5 : SendChar("5"); break;
        case 6 : SendChar("6"); break;
        case 7 : SendChar("7"); break;
        case 8 : SendChar("8"); break;
        case 9 : SendChar("9"); break;
    }
    delay_us(2);
}
```

```
// PIC16F73 하드웨어 초기화(파일명 : hardware_initial.c)

void hardware_initial(void);

void hardware_initial()
{
   delay_ms(10);

   set_tris_a(0xff);
   set_tris_b(0x00);
   set_tris_c(0x00);

   setup_adc_ports(RA0_RA1_RA3_ANALOG);// RA0,RA1,RA3 A/D 포트 할당
   setup_adc(ADC_CLOCK_INTERNAL);             // 내부 클럭 사용

   setup_timer_1(T1_INTERNAL|T1_DIV_BY_8);  // 타이머 1 동작설정

   portb=0x00;
   portc=0xff;

   delay_ms(10);
}
```

```
// LCD 제어 관련 header(파일명 : LCD_initial1.h)

#define  LCD_RS          PIN_B0      // LCD register select
#define  LCD_RW          PIN_B1      // LCD read/write
#define  LCD_E           PIN_B2      // LCD enable

#define  LCD_ON_OFF      0x0c        // 표시 ON, 커서 OFF, 점멸 OFF
#define  LCD_MODE        0x06        // 어드레스 증가, 화면이동 OFF
#define  LCD_SHIFT       0x14        // 커서이동 ON, 우측이동 ON
#define  LCD_CLEAR       0x01
#define  LCD_HOME        0x02
#define  LCD_2ND_LINE    0xc0

void lcd_initial();
void logo_display();
void BusyCheck();
void SendCmd(char);
void SendChar(char);
void gotoxy(int, int);
```

앞에서 설명한 바와 같이 LCD_initial1.h 파일의 내용을 살펴보면, LCD 제어신호 LCD_RS, LCD_RW, LCD_E의 결선이 각각 RB0, RB1, RB2로 바뀌어져 있음을 알 수 있다.

예제 5-1을 실행시키면 LCD 화면의 1라인에는 'A/D Conversion'이라는 문구가 표시되고, LCD 화면의 2라인에는 중간 위치에 '0 0'이 표시된다. 2라인의 '0 0' 표시는 A/D 변환과정이 정상적으로 이루어지고 있는지 여부를 판정하기 위한 프로그램으로써, 앞자리의 '0'은 A/D 변환 채널 0의 변환 결과값(ADC0_value의 값)이 0×80 미만일 때를 의미하는 것이며, ADC0_value의 값이 0×80 이상일 때에는 '1'로 변화된다. 따라서 가변저항 R_2를 변화시켰을 때 LCD의 값이 '0' 또는 '1'로 변화된다면 A/D 변환 채널 0이 정상적으로 동작하고 있음을 의미하게 된다.

2라인의 '0 0' 표시 중 뒷자리의 '0'은 A/D 변환 채널 1의 변환 결과값(ADC1_value의 값)이 0×80 미만일 때를 의미하는 것이며, 앞자리와 마찬가지로 ADC1_value의 값이 0x80 이상일 때에는 '1'로 변화된다. 따라서 가변저항 R_3를 변화시켰을 때 LCD의 값이 '0' 또는 '1'로 변화된다면 A/D 변환 채널 1이 정상적으로 동작하고 있음을 의미하게 된다.

PIC16F73의 A/D 변환결과는 ADCx_value(ADC0_value 및 ADC1_value를 통칭함) 값에 저장되는데, 이 레지스터는 8비트 레지스터이기 때문에 내부의 값은 '0~255'의 숫자 데이터가 된다. 예제 5-2는 ADCx_value의 값을 50단위로 구분하여 각각의 경우에 해당하는 숫자를 LCD에 표시하도록 하는 프로그램으로서, 가변저항을 변화시키면 ADCx_value

의 값에 따라 '0~5'의 숫자가 표시된다.

Ex 5-2 A/D 채널 전압 표시 실습 예제

```
// A/D 변환 제어 실습 5-2(파일명 : ex5-2.c)
// A/D 채널 전압 표시 실습

#include <C:\PIC16F73\EX5\ex5.h>
#include <C:\PIC16F73\EX5\hardware_initial.c>
#include <C:\PIC16F73\EX5\LCD_initial1.h>
#include <C:\PIC16F73\EX4\LCD_initial_4bit.c>
#define  TIME_1SEC   9                          // 1초 타이머 값

int   digit1, digit_1, digit_01, buf10;
long int   ADC0_value, ADC1_value, ADCx_value;
long int   ADC0_voltage, ADC1_voltage, ADCx_voltage;
int   cnt;

void  LCD_display();
void  display_data_make();
void  digit_display(int);
long int   ADC_voltage(int);

#int_TIMER1
TIMER1_isr()                             // 100msec마다 1회씩 인터럽트 발생
{
   set_adc_channel(0);
   delay_us(10);                         // 시간지연이 반드시 필요함
   ADC0_value = read_adc();

   delay_us(10);
   set_adc_channel(1);
   delay_us(10);                         // 시간지연이 반드시 필요함
   ADC1_value = read_adc();

   if(cnt++>=TIME_1SEC) {
      delay_us(10);
      LCD_display();

      cnt=0;
   }
}

void main()
{
   delay_ms(10);
   hardware_initial();
```

```
    lcd_initial();
    delay_ms(10);

    logo_display();
    delay_ms(1000);
    delay_ms(1000);

    enable_interrupts(INT_TIMER1);
    enable_interrupts(global);

    while(1) {
       delay_ms(10);
    }
}


void display_data_make()
{

    if(ADC0_value>=250) digit1=5;
    else if(ADC0_value>=200) digit1=4;
    else if(ADC0_value>=150) digit1=3;
    else if(ADC0_value>=100) digit1=2;
    else if(ADC0_value>=50) digit1=1;
    else digit1=0;

    if(ADC1_value>=250) digit_1=5;
    else if(ADC1_value>=200) digit_1=4;
    else if(ADC1_value>=150) digit_1=3;
    else if(ADC1_value>=100) digit_1=2;
    else if(ADC1_value>=50) digit_1=1;
    else digit_1=0;
}

void LCD_display()
{
      SendCmd(LCD_CLEAR);
      SendChar("A/D Conversion");
      gotoxy(8,1);

      display_data_make();
      digit_display(digit1);
      SendChar(", ");
      digit_display(digit_1);
}

void  digit_display(i) {
```

```
    switch(i) {
        case 0 : SendChar("0"); break;
        case 1 : SendChar("1"); break;
        case 2 : SendChar("2"); break;
        case 3 : SendChar("3"); break;
        case 4 : SendChar("4"); break;
        case 5 : SendChar("5"); break;
        case 6 : SendChar("6"); break;
        case 7 : SendChar("7"); break;
        case 8 : SendChar("8"); break;
        case 9 : SendChar("9"); break;
    }
    delay_us(2);
}
```

예제 5-2까지는 A/D 변환모듈에 의해 입력되는 값을 정확하게 표시한 것이 아니라 구간을 설정하여 ADCx_value의 값이 속하는 구간의 번호만을 LCD 화면에 표기하는 방식이었다. 예제 5-3에서는 실제로 입력되는 값 자체를 소수 2자리까지 LCD 화면에 표시하는 기법을 실습해 본다.

Ex 5-3 A/D 변환 전압값 LCD 표시 실습 예제

```
// A/D 변환 제어 실습 5-3(파일명 : ex5-3.c)
// A/D 채널 1 전압값 LCD 표시 실습

#include <C:\PIC16F73\EX5\ex5.h>
#include <C:\PIC16F73\EX5\hardware_initial.c>
#include <C:\PIC16F73\EX5\LCD_initial1.h>
#include <C:\PIC16F73\EX4\LCD_initial_4bit.c>

#define  TIME_1SEC   9                  // 1초 타이머 값

int      digit1, digit_1, digit_01, digit;
float    ADC0_value, ADC1_value, ADCx_value;
float    ADC0_voltage, ADC1_voltage, ADCx_voltage;
int      cnt;
long int buffer1;

void     LCD_display();
void     display_data_make();
void     digit_display(int);

#int_TIMER1
```

```
TIMER1_isr()                              // 100msec마다 1회씩 인터럽트 발생
{
   set_adc_channel(0);
   delay_us(10);                          // 시간지연이 반드시 필요함
   ADC0_value = read_adc();

   delay_us(10);
   set_adc_channel(1);
   delay_us(10);                          // 시간지연이 반드시 필요함
   ADC1_value = read_adc();


   if(cnt++>=TIME_1SEC) {
      delay_us(10);
      LCD_display();

      cnt=0;
   }
}

void main()
{
   delay_ms(10);
   hardware_initial();

   lcd_initial();
   delay_ms(10);

   logo_display();
   delay_ms(1000);
   delay_ms(1000);

   enable_interrupts(INT_TIMER1);
   enable_interrupts(global);

   while(1) {
      delay_ms(10);
   }
}

void display_data_make()
{
   ADC0_voltage=(ADC0_value/255)*5*100;
   buffer1=(long int)(ADC0_voltage);
                                    // 위에서 100을 곱하면 int 범위 초과

   digit1 = buffer1/100;                         // 전압값 1자리
```

```
   switch(digit1) {
      case 0 : buffer1-=0;    break;
      case 1 : buffer1-=100;  break;
      case 2 : buffer1-=200;  break;
      case 3 : buffer1-=300;  break;
      case 4 : buffer1-=400;  break;
      case 5 : buffer1-=500;  break;
   }

   digit_1 = buffer1/10;                        // 전압값 소수 첫째 자리

   switch(digit_1) {
      case 0 : buffer1-=0;   break;
      case 1 : buffer1-=10;  break;
      case 2 : buffer1-=20;  break;
      case 3 : buffer1-=30;  break;
      case 4 : buffer1-=40;  break;
      case 5 : buffer1-=50;  break;
      case 6 : buffer1-=60;  break;
      case 7 : buffer1-=70;  break;
      case 8 : buffer1-=80;  break;
      case 9 : buffer1-=90;  break;
   }

   digit_01 = buffer1;                      // 전압값 소수 둘째 자리
}

void LCD_display()
{
      SendCmd(LCD_CLEAR);
      SendChar("ADC0 Voltage");
      gotoxy(8,1);

      display_data_make();
      digit_display(digit1);
      SendChar(".");
      digit_display(digit_1);
      digit_display(digit_01);
      SendChar("[V]");
}

void  digit_display(i) {

    switch(i) {
         case 0 : SendChar("0"); break;
         case 1 : SendChar("1"); break;
         case 2 : SendChar("2"); break;
         case 3 : SendChar("3"); break;
         case 4 : SendChar("4"); break;
```

```
        case 5 : SendChar("5"); break;
        case 6 : SendChar("6"); break;
        case 7 : SendChar("7"); break;
        case 8 : SendChar("8"); break;
        case 9 : SendChar("9"); break;
    }

    delay_us(2);
}
```

A/D 변환 모듈을 통해 읽혀지는 ADCx_value의 값은 8비트이기 때문에 '0~255'까지의 숫자에 해당한다. 그림 5.2의 회로도에서 가변저항을 통해 아날로그 입력핀으로 입력되는 전압은 0~5[V]에 해당하기 때문에 최대 5[V]일 때의 ADCx_value의 값은 '255', 최소 0[V]일 때의 ADCx_value의 값은 '0'이 된다. 따라서 어떤 전압에 대해 A/D 변환되는 ADCx_value의 값을 얻고자 할 때에는 아래와 같은 비례식에 의해 구할 수 있다.

$$5[V] : 255 = V_{R_X} : ADC_X\_value$$

$$V_{R_X} = \frac{ADC_X\_value}{255} \times 5[V] \qquad (5.1)$$

A/D 변환 모듈의 ADCx_value의 값을 식(5.1)에 대입하면 외부에서 입력되는 아날로그 전압값을 구할 수 있게 됨을 알았다.

그러면 이렇게 얻어진 외부 아날로그 전압값 V_{R_X}을 LCD에 어떻게 표시할 수 있을까?

LCD 상에 표시되는 숫자는 그 자체가 숫자의 의미를 갖는 것이 아니며, 단순히 문자코드에 의해 ROM 테이블로부터 선택되어 화면에 표시되는 그림일 뿐이다. 예를 들어 LCD 화면상에 '3.52'라고 표시된다고 했을 때 이 표시는 숫자 3.52를 의미하는 것이 아니라 마치 숫자를 모르는 아이가 '3.52'라고 그림을 그려 놓은 것이라고 생각해야 한다. '3'의 의미도 모르고, 소수점의 의미도 모르고 단순히 LCD 화면상에 그림을 그려놓은 것이다.

반대로 우리가 프로그램을 작성하여 LCD 화면상에 '3.52'를 표시한다고 했을 때, '3.52'는 크기의 의미를 전혀 갖지 않고 단순히 그린 모양이 '3.52'와 동일하면 된다.

예제 5-3을 차례로 살펴보면서 이에 대해 이해하도록 한다.

1) main( ) 함수

전원이 투입되면 메인함수에서는 hardware_initial( ) 함수를 호출하는데, 이 함수는 hardware_initial.c에 포함되어 있으며, PIC16F73의 입출력 포트 설정, A/D 변환 모듈 설정, 타이머 1 동작 모드 설정 등에 대한 내용을 포함한다. 예제 5-3에서는 A/D 변환 모듈의 채널 0, 채널 1, 채널 3이 A/D 변환 모듈로 할당되도록 설정하고, 타이머 1은 100[ms]마다 타이머 인터럽트가 발생되도록 설정한다.

hardware_initial( ) 함수를 수행한 이후에는 lcd_initial( ) 함수 및 logo_display( ) 함수를 호출하여 LCD의 동작 초기화 과정을 수행하고, 로고를 LCD 화면에 표시한다. 이후에는 타이머 인터럽트를 동작시키고 메인함수에서는 더 이상 아무 동작도 수행하지 않고 대기 동작만 반복한다.

2) 타이머 인터럽트 1 서비스 루틴

타이머 인터럽트는 100[ms]마다 발생하게 되며, 채널 0의 A/D 변환 동작이 수행되어 외부 가변저항 R_2에 의해 RA0에 입력되는 아날로그 전압값이 디지털 데이터값으로 변환되어 ADC0_value에 저장된다. 또한 타이머 인터럽트 1 서비스 루틴에는 1초마다 LCD_display( ) 함수를 호출하는 기능이 포함되어 있다.

3) LCD_display( ) 함수

LCD_display( ) 함수는 LCD 화면의 1라인에 'ADC0 Voltage'라고 표시한 후, display_data_make( ) 함수를 호출해 ADC0_value 레지스터의 값에 해당하는 LCD 문자코드를 선택하여 1의 자리 숫자에 해당하는 문자코드값은 digit1 레지스터에, 소수 첫째자리에 해당하는 문자코드값은 digit_1에, 소수 둘째자리에 해당하는 문자코드값은 digit_01에 각각 저장한다.

또한 LCD_display( ) 함수의 끝부분에서는 저장된 문자코드값을 이용하여 digit_display( ) 함수를 호출하여 LCD 화면상에 실제로 문자를 표시한다.

4) display_data_make( ) 함수

display_data_make( ) 함수는 ADC0_value의 값을 LCD 화면에 표시하기 위한 문자코드로 변환시켜 주는 역할을 수행하는 함수로서, 먼저 읽혀진 ADC0_value의 값을 식 (5.1)을 통해 실제 전압값으로 변환하여 ADC0_voltage에 저장한다. 아래의 프로그램을 보면 ADC0_voltage값을 구할 때 식(5.1)에 100을 곱하는 것을 볼 수 있는데, 이는 LCD 상에서 소수 이하 자리에 대한 개념이 없기 때문에 100을 곱해 소수자리 수를 없애기 위한 과정이다. 예를 들어 외부 아날로그 전압의 값이 3.52[V]라고 가정하면 A/D 변환 모듈을 통한 ADC0_value의 값은 '179(0xb3)'이 된다. 즉, A/D 변환 모듈을 통해 입력되는 값이 '179'가 됨을 의미한다. 여기에 100을 곱하게 되므로 ADC0_value의 값은 '17900'이 되고, 이 값을 아래의 프로그램을 거쳐 전압값으로 환산하면 ADC0_voltage의 값이 '352'가 되며, 이를 buffer1에 long int의 데이터 형태로 변환하여 저장한다.

```
ADC0_voltage=(ADC0_value/255)*5*100;
buffer1=(long int)(ADC0_voltage);
                        // 위에서 100을 곱하면 int 범위 초과
```

LCD 상에 표시할 첫 자리 숫자는 '3'이다. 현재 buffer1의 값은 '352'이므로 이를 100으로 나누면 digit1은 정수형 데이터이기 때문에 몫 '3'만이 digit1에 저장된다.

buffer1의 데이터값은 '352'이며 앞의 과정에서 100의 자리 '3'을 digit1에 저장하였다. 이제는 10의 자리를 추출하기 위해 'switch(digit1)' 문을 이용하여 100의 자리에 해당하는 '300'을 빼주면 buffer1의 데이터는 '52'가 된다. 내부의 데이터값이 '52'로 변한 buffer1을 10으로 나누어 저장하면 10의 자리 digit_1의 값은 '5'가 된다. 이후에는 마찬가지로 buffer1에서 50을 빼 주면 1의 자리값만이 남기 때문에 이 1의 자리값을 digit_01에 저장하면 '352'의 값을 각각 digit1=3, digit_1=5, digit_01=2로 분리해 낼 수 있다.

```
digit1 = buffer1/100;                          // 전압값 1자리

switch(digit1) {
   case 0 : buffer1-=0;    break;
   case 1 : buffer1-=100;  break;
   case 2 : buffer1-=200;  break;
   case 3 : buffer1-=300;  break;
   case 4 : buffer1-=400;  break;
   case 5 : buffer1-=500;  break;
}

digit_1 = buffer1/10;                          // 전압값 소수 첫째 자리

switch(digit_1) {
   case 0 : buffer1-=0;   break;
   case 1 : buffer1-=10;  break;
```

```
        case 2 : buffer1-=20;  break;
        case 3 : buffer1-=30;  break;
        case 4 : buffer1-=40;  break;
        case 5 : buffer1-=50;  break;
        case 6 : buffer1-=60;  break;
        case 7 : buffer1-=70;  break;
        case 8 : buffer1-=80;  break;
        case 9 : buffer1-=90;  break;
     }
     digit_01 = buffer1;                          // 전압값 소수 둘째 자리
  }
```

이후에는 이 값을 차례로 LCD에 전송하면 된다. digit1(=3)을 먼저 전송한 후, LCD 화면상에 '3.52'라고 표시되도록 하기 위해 '.' 소수점을 전송하고 digit_1(=5), digit_01(=2)을 차례로 전송하는 방식이다.

```
    display_data_make();
    digit_display(digit1);
    SendChar(".");
    digit_display(digit_1);
    digit_display(digit_01);
    SendChar("[V]");
```

예제 5-4에서는 A/D 변환 채널 0, 1을 측정하여 동시에 LCD 화면에 표시하는 프로그램을 작성해 본다.

Ex 5-4 A/D 변환 채널 0, 1 전압값 LCD 표시 실습 예제

```
// A/D 변환 제어 실습 5-4 (파일명 : ex5-4.c)
// A/D 채널 0,1 전압값 LCD 표시 실습

#include <C:\PIC16F73\EX5\ex5.h>
#include <C:\PIC16F73\EX5\hardware_initial.c>
#include <C:\PIC16F73\EX5\LCD_initial1.h>
#include <C:\PIC16F73\EX4\LCD_initial_4bit.c>

#define  TIME_1SEC   9                          // 1초 타이머 값
```

```
int     digit1, digit_1, digit_01, digit;
float   ADC0_value, ADC1_value, ADCx_value;
float   ADC0_voltage, ADC1_voltage, ADCx_voltage;
int     cnt;
long int buffer1;

void    LCD_display();
void    display_data_make(float);
void    digit_display(int);

#int_TIMER1
TIMER1_isr()                          // 100msec마다 1회씩 인터럽트 발생
{
   set_adc_channel(0);
   delay_us(10);                      // 시간지연이 반드시 필요함
   ADC0_value = read_adc();

   delay_us(10);
   set_adc_channel(1);
   delay_us(10);                      // 시간지연이 반드시 필요함
   ADC1_value = read_adc();

   if(cnt++>=TIME_1SEC) {
      delay_us(10);
      LCD_display();

      cnt=0;
   }
}

void main()
{

   delay_ms(10);
   hardware_initial();

   lcd_initial();
   delay_ms(10);

   logo_display();
   delay_ms(1000);
   delay_ms(1000);

   enable_interrupts(INT_TIMER1);
   enable_interrupts(global);
```

```
  while(1) {
    delay_ms(10);
  }
}

void display_data_make(float ADCx_value)
{
  ADCx_voltage=(ADCx_value/255)*5*100;
  buffer1=(long int)(ADCx_voltage);
                                  // 위에서 100을 곱하면 int 범위 초과

  digit1 = buffer1/100;                           // 전압값 1자리

  switch(digit1) {
    case 0 : buffer1-=0;    break;
    case 1 : buffer1-=100;  break;
    case 2 : buffer1-=200;  break;
    case 3 : buffer1-=300;  break;
    case 4 : buffer1-=400;  break;
    case 5 : buffer1-=500;  break;
  }

  digit_1 = buffer1/10;                           // 전압값 소수 첫째 자리

  switch(digit_1) {
    case 0 : buffer1-=0;   break;
    case 1 : buffer1-=10;  break;
    case 2 : buffer1-=20;  break;
    case 3 : buffer1-=30;  break;
    case 4 : buffer1-=40;  break;
    case 5 : buffer1-=50;  break;
    case 6 : buffer1-=60;  break;
    case 7 : buffer1-=70;  break;
    case 8 : buffer1-=80;  break;
    case 9 : buffer1-=90;  break;
  }

  digit_01 = buffer1;                             // 전압값 소수 둘째 자리
}
```

```
void LCD_display()
{
      SendCmd(LCD_CLEAR);
      SendChar("ADC Voltage");
      gotoxy(0,1);
      display_data_make(ADC0_value);
      digit_display(digit1);
      SendChar(".");
      digit_display(digit_1);
      digit_display(digit_01);
      SendChar("[V]  ");

      display_data_make(ADC1_value);
      digit_display(digit1);
      SendChar(".");
      digit_display(digit_1);
      digit_display(digit_01);
      SendChar("[V]  ");
}

void  digit_display(i) {

    switch(i) {
         case 0 : SendChar("0"); break;
         case 1 : SendChar("1"); break;
         case 2 : SendChar("2"); break;
         case 3 : SendChar("3"); break;
         case 4 : SendChar("4"); break;
         case 5 : SendChar("5"); break;
         case 6 : SendChar("6"); break;
         case 7 : SendChar("7"); break;
         case 8 : SendChar("8"); break;
         case 9 : SendChar("9"); break;
    }
    delay_us(2);
}
```

display_data_make( ) 함수를 채널 0과 채널 1에서 동시에 사용하기 위해 수정한 것 이외에는 예제 5-3과 유사하다. 그림 5.4는 예제 5-4가 수행되었을 때의 모습을 나타낸다.

그림 5.4 A/D 변환 채널 0, 1 전압 표시

예제 5-5에서는 예제 5-4와 동일하지만 프로그램을 좀 더 간결하게 작성한 프로그램이다.

Ex 5-5 A/D 변환 채널 0, 1 전압값 LCD 표시 실습 예제

```
// A/D 변환 제어 실습 5-5 (파일명 : ex5-5.c)
// A/D 채널 0,1 전압값 LCD 표시 실습

#include <C:\PIC16F73\EX5\ex5.h>
#include <C:\PIC16F73\EX5\hardware_initial.c>

#include <C:\PIC16F73\EX5\LCD_initial1.h>
#include <C:\PIC16F73\EX4\LCD_initial_4bit.c>

#define  TIME_1SEC   9                              // 1초 타이머 값

int      digit1, digit_1, digit_01, digit;
float    ADC0_value, ADC1_value, ADCx_value;
float    ADC0_voltage, ADC1_voltage, ADCx_voltage;
int      cnt;
long int buffer1,buffer2;

void     LCD_display();
void     display_data_make(float);
void     digit_display(int);
```

```
#int_TIMER1
TIMER1_isr()                          // 100msec마다 1회씩 인터럽트 발생
{
   set_adc_channel(0);
   delay_us(10);                       // 시간지연이 반드시 필요함
   ADC0_value = read_adc();

   delay_us(10);
   set_adc_channel(1);
   delay_us(10);                       // 시간지연이 반드시 필요함
   ADC1_value = read_adc();

   if(cnt++>=TIME_1SEC) {
      delay_us(10);
      LCD_display();

      cnt=0;
   }
}

void main()
{
   delay_ms(10);
   hardware_initial();

   lcd_initial();
   delay_ms(10);

   logo_display();
   delay_ms(1000);
   delay_ms(1000);

   enable_interrupts(INT_TIMER1);
   enable_interrupts(global);

   while(1) {
      delay_ms(10);
   }
}

void display_data_make(float ADCx_value)
{
   ADCx_voltage=(ADCx_value/255)*5*100;
   buffer1=(long int)(ADCx_voltage);
                                  // 위에서 100 곱하면 int 범위 초과
```

```
   digit1 = buffer1/100;                    // 전압값 1자리
   buffer2 = digit1;

   buffer1-=(buffer2*100);    // 100 곱하면 int 범위 초과 buffer2 사용
   digit_1 = buffer1/10;                    // 전압값 소수 첫째 자리

   buffer1-=(digit_1*10);
   digit_01 = buffer1;                      // 전압값 소수 둘째 자리
}

void LCD_display()
{
     SendCmd(LCD_CLEAR);
     SendChar("ADC Voltage");
     gotoxy(0,1);
     display_data_make(ADC0_value);
     digit_display(digit1);
     SendChar(".");
     digit_display(digit_1);
     digit_display(digit_01);
     SendChar("[V]  ");

     display_data_make(ADC1_value);
     digit_display(digit1);
     SendChar(".");
     digit_display(digit_1);
     digit_display(digit_01);
     SendChar("[V]  ");
}

void  digit_display(i) {

    switch(i) {
        case 0 : SendChar("0"); break;
        case 1 : SendChar("1"); break;
        case 2 : SendChar("2"); break;
        case 3 : SendChar("3"); break;
        case 4 : SendChar("4"); break;
        case 5 : SendChar("5"); break;
        case 6 : SendChar("6"); break;
        case 7 : SendChar("7"); break;
        case 8 : SendChar("8"); break;
        case 9 : SendChar("9"); break;
    }
    delay_us(2);
}
```

응용실습 6

PWM 파형 제어 실습

1. 개요

PIC16F73의 Capture/Compare/PWM 기능 중에서 PWM 파형을 발생시키는 프로그램을 개발한다. PWM 파형이란 일정한 주파수의 펄스파형에서 ON시간의 길이(시비율)를 조절하여 출력하는 것으로써, 반도체 스위치의 시비율을 조절하여 컨버터, 인버터 등과 같은 전력변환장치를 제어하는 분야에 주로 많이 활용되고 있으며, 조명장치의 조도조절 장치, 온도조절 장치 등과 같이 다양한 분야에 이용되고 있는 매우 유용한 기능이라고 할 수 있다.

응용실습 6에서는 먼저 PWM 모듈의 동작조건을 설정하여 PWM 파형을 발생시키고, 외부 제어 조건을 변화시킴에 따라 PWM의 시비율이 변화되는 프로그램을 개발한다.

2. 실습 목표

① PWM 모듈 동작 설정
② PWM 파형 발생
③ PWM 파형 시비율 제어

3. 하드웨어 제작

응용실습 5와 동일한 하드웨어 사용

4. 소프트웨어 개발

4-1 PWM 파형의 이해

PWM 파형이란 Pulse Width Modulation(펄스폭 변조)의 약자로서 일정한 주파수를 갖는 구형파의 ON 시간을 조절하는 기법으로서, DC-DC 컨버터, 인버터 등의 전력변환 장치를 비롯하여 다양한 응용분야에 사용되고 있다.

그림 6.1은 PWM 파형에 대한 설명을 나타내는 그림으로서, 한 주기를 T_S 라고 할 때, T_S는 ON 시간인 T_{ON}과 OFF 시간인 T_{OFF}로 나뉘어질 수 있으며, T_S에 대한 T_{ON}의 비를 시비율(Duty Ratio) D라고 부른다. 시비율을 조절한다는 말은 그림에서처럼 T_S는 일정한 상태에서 T_{ON} 시간의 길이를 조절한다는 의미가 된다. 이와 같이 시비율을 조절하여 전체 시스템에 공급되는 전력의 양을 조절하는 제어 방법을 PWM 제어라고 한다.

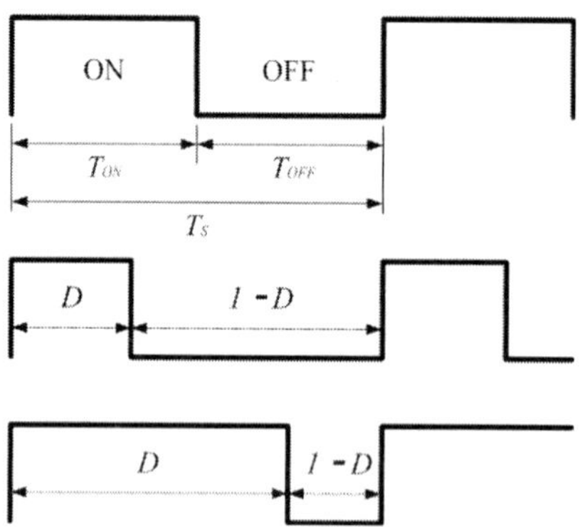

$$D = \frac{T_{ON}}{T_S} \quad (0 < D < 1)$$

시비율 감소

시비율 증가

그림 6.1 PWM 파형의 시비율 변화

4-2 CCP 모듈을 이용한 PWM 제어 프로그램 실습

CCP 모듈을 이용하여 PWM 제어 파형을 발생시키기 위해서는 먼저 PWM 파형의 주기를 결정해야 한다. PWM 기능을 위해서는 타이머 2를 이용해야 하며, 프리스케일 기능을 적용할 수도 있다. PWM 파형의 주기는 식 (6.1)과 같이 외부 클럭을 4분주한 내부 클럭의 주기 $4 \times T_{OSC}$와 타이머 2 프리스케일러 값과의 곱을 먼저 구한 후, PR2 레지스터 값에 1을 더한 값을 곱해 주면 PWM 주기를 구할 수 있다. 바꾸어 말하면 원하는 주기를 갖는 PWM 파형을 발생시키기 위해서는 역으로 계산하여 적정한 PR2값을 써 넣으면 원하는 주기의 PWM 발생이 가능해 진다. 식 (6.1)은 PR2 레지스터의 값을 '255'로 입력했을 때 PWM 주기는 51.2[μs]로 됨을 보여주고 있다.

$$PWM\ 주기 = [(PR2)+1] \times 4 \times T_{OSC} \times (타이머2\ 프리스케일러\ 값)$$
$$= [(255)+1] \times 4 \times \frac{1}{20 \times 10^6} \times 1 = 51.2\,[\mu s] \qquad (6.1)$$

주기가 결정되면 시비율을 결정해야 하는데, 시비율은 PWM의 ON 시간을 의미하며, 식 (6.2)와 같이 구할 수 있다. 10비트 분해능의 경우 CCPR1L의 8비트와 CCP1CON<5:4>의 2비트에 입력되는 값에 의해 PWM 파형의 ON 시간이 결정되는데, 이를 바꾸어 말하면 CCPR1L의 8비트와 CCP1CON<5:4>의 2비트의 값을 적정하게 입력하면 원하는 시비율을 얻을 수 있다는 말이 된다.

$$PWM\ ON = (CCPR1L : CCP1CON < 5:4 >) \times T_{OSC} \times (타이머2\ 프리스케일러\ 값)$$
$$= 512 \times \frac{1}{20 \times 10^6} \times 1 = 25.6\,[\mu s] \qquad (6.2)$$

식 (6.1)과 (6.2)를 통해 PWM 파형의 주기를 결정하기 위해서는 PR2 레지스터에 적절하게 설계된 값을 입력하는 것이 중요하며, PWM 파형의 시비율을 결정하기 위해서는 CCPR1L, CCP1CON<5:4> 10비트에 적절하게 설계된 값을 입력해야 함을 알게 되었다.

PIC16F73에는 CCP 모듈이 CCP1, CCP2로 2개 내장되어 있다. 식 (6.1) 및 (6.2)는 CCP1 모듈에서 PWM 파형을 발생시키기 위한 것이며, CCP2에서 PWM 파형을 발생시키기 위해서는 시비율 입력 레지스터가 다르기 때문에 이를 구분해야 한다.

CCP2 모듈에서 PWM 파형을 발생시키는 과정은 CCP1과 마찬가지로 주기와 시비율을 결정해야 하는데, 주기를 결정하는 것은 CCP1 모듈과 동일하기 때문에 식 (6.1)을 그대로 사용하지만 시비율은 CCPR1L, CCP1CON<5:4> 대신 식 (6.3)과 같이 CCPR2L, CCP2CON<5:4> 을 사용해야 함에 주의해야 한다.

$$PWM\ ON = (CCPR2L : CCP2CON < 5:4 >) \times T_{OSC} \times (타이머2\ 프리스케일러\ 값)$$
$$= 512 \times \frac{1}{20 \times 10^6} \times 1 = 25.6\,[\mu s] \qquad (6.3)$$

여기서 한 가지 꼭 주의해야 할 점이 있는데, CCP1과 CCP2의 주기는 모두 PR2 레지스터에 입력되는 값에 의해 결정된다는 점이다. 그러면 만일 CCP1에서 발생되는 PWM 파형과 CCP2에서 발생되는 PWM 파형의 주기를 다르게 발생시키고자 할 때에는 어떻게 처리할 것인가? 이에 대한 대답은 '불가능하다'이다. CCP1, CCP2가 모두 PR2 레지스터를 이용하기 때문에 서로 다른 값을 입력시키는 것이 불가능하다.

따라서 CCP1, CCP2에서 동시에 서로 다른 주파수를 갖는 PWM 파형을 발생시키는 것은 불가능하며, 2개를 동시에 사용하게 되면 CCP1과 CCP2에서 같은 주파수의 PWM 파형이 발생하게 된다.

동시에 다른 주파수의 PWM 파형을 발생시키는 것이 불가능하면, 시비율을 다르게 발생시키는 것은 가능할까? 시비율 데이터를 입력하는 레지스터가 서로 다르기 때문에 시비율이 다른 PWM 파형 2개를 동시에 발생시키는 것은 가능하다.

표 6.1 CCP 모듈을 이용한 PWM 발생 과정

모듈	주기	시비율	출력핀
CCP1	PR2 값 입력	CCPR1L, CCP1CON<5:4>	RC2/CCP1(13번)
CCP2	PR2 값 입력	CCPR2L, CCP2CON<5:4>	RC1/T1OSI/CCP2(12번)

이제 예제 6-1의 실습 프로그램을 통해 CCP 모듈의 PWM 파형 발생기능을 실습해 본다. 예제 6-1에서 'setup_timer2(T2_DIV_BY_1,255,1)'의 문장을 통해 타이머 2의 프리스케일 및 포스트스케일을 1:1로 설정한 상태에서 PR2 레지스터에 '255'를 입력함으로써, PWM 파형의 주기를 51.2[㎲]로 결정한다.

또한 'set_pwm1_duty(512)'에서 CCPR1L, CCP1CON<5:4> 10비트에 '512'를 입력함으로써, 시비율은 0.5로 결정되고 PWM 파형의 T_{ON} 시간은 주기 T_S의 50%인 25.6[㎲]가 된다. 즉 전체 주기 51.2[㎲] 중 25.6[㎲] 동안은 ON되고, 25.6[㎲] 동안은 OFF됨을 의미한다. 주기는 주파수의 역수이므로 51.2[㎲]의 주기는 주파수로 환산하면 19.5[kHz]가 된다.

예제 6-1은 주파수 19.5[kHz], 시비율 0.5의 PWM 파형을 생성하는 프로그램이며 그림 6.2는 실제 발생된 파형을 측정한 그림이다.

Ex 6-1 CCP1 모듈 PWM 초기화 실습 프로그램 예제

```
// PWM 제어 실습 6-1 (파일명 : ex6-1.c)
// CCP1 모듈 초기화

#include <C:\PIC16F73\EX6\ex6.h>

void main()
{
   delay_ms(10);
   set_tris_c(0x00);

// PWM 설정 (프리스케일 1:1, PR2=255, 포스트 스케일 1:1)
   setup_timer_2(T2_DIV_BY_1,255,1);   // PWM은 타이머 2 이용해야 함
   setup_ccp1(CCP_PWM_PLUS_3);         // CCP1을 PWM, 10비트 분해능
   set_pwm1_duty(512);

   while(1) {
      delay_ms(10);
   }
}
```

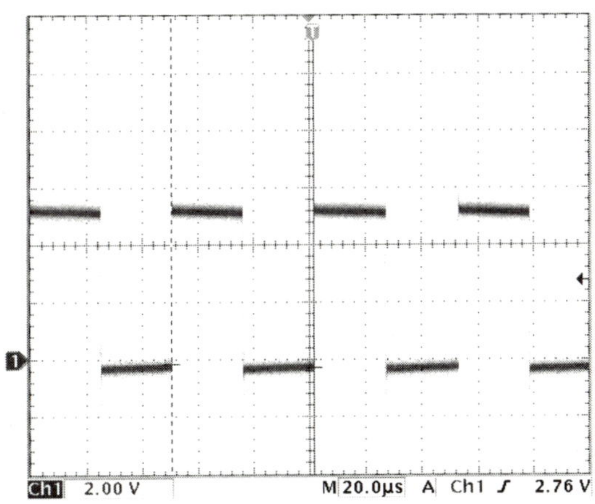

그림 6.2 CCP1 모듈을 이용한 PWM 파형(fs=19.5[kHz])

예제 6-2는 CCP1에서 발생되는 PWM 파형의 주파수 및 시비율을 LCD 화면에 표시하는 프로그램을 작성해 본다. LCD 제어 프로그램은 응용실습 5에서 작성한 프로그램을 그대로 사용한다.

Ex 6-2 CCP1 PWM 발생 및 주파수 표시 프로그램 예제

```
// PWM 제어 실습 6-2 (파일명 : ex6-2.c)
// CCP1 PWM 발생 및 LCD 표시

#include <C:\PIC16F73\EX6\ex6.h>
#include <C:\PIC16F73\EX6\hardware_initial1.c>
#include <C:\PIC16F73\EX5\LCD_initial1.h>
#include <C:\PIC16F73\EX4\LCD_initial_4bit.c>

#define  TIME_1SEC     9                  // 1초 타이머 값
#define  PWM_MAX_FREQ  255

int      digit10, digit1, digit_1, digit_01, digit;
int      cnt;
long int buffer1,buffer2;
float    PWM_freq, PWM_duty;
int      PR2_value;

void     LCD_display();
void     display_data_make(float);
void     display_PWM_data_make();
void     digit_display(int);

#int_TIMER1
TIMER1_isr()                            // 100msec마다 1회씩 인터럽트 발생
{
   if(cnt++>=TIME_1SEC) {
      delay_us(10);
      LCD_display();

      cnt=0;
   }
}

void main()
{
   delay_ms(10);
   hardware_initial();                          // PWM 설정 추가

   lcd_initial();
   delay_ms(10);
```

```
   logo_display();
   delay_ms(1000);
   delay_ms(1000);

   enable_interrupts(INT_TIMER1);
   enable_interrupts(global);

   while(1) {
      delay_ms(10);

      PWM_duty=0.3;
      PR2_value = PWM_MAX_FREQ;
      setup_timer_2(T2_DIV_BY_1,PR2_value,1);
                                    // PWM은 타이머 2 이용해야 함
      set_pwm1_duty((int)(PR2_value*PWM_duty));
   }
}

void display_PWM_data_make()
{
   PWM_freq=(float)(1000*10/(PR2_value/5));
                              // 1000 : kHz 위해, 10 : 소수 1자리
   buffer1=(long int)(PWM_freq);

   digit10 = buffer1/100;              // 전압값 1자리
   buffer2 = digit10;

   buffer1-=(buffer2*100);             // 100을 곱하면 int 범위 초과
   digit1 = buffer1/10;                // 전압값 소수 첫째 자리

   buffer1-=(digit1*10);
   digit_1 = buffer1;                  // 전압값 소수 둘째 자리
}

void LCD_display()
{
      SendCmd(LCD_CLEAR);
      SendChar("PWM Freq.");
      gotoxy(0,1);
      display_PWM_data_make();
      digit_display(digit10);
      digit_display(digit1);
      SendChar(".");
      digit_display(digit_1);
      SendChar("[kHz]  ");
}
```

```
void  digit_display(i) {

    switch(i) {
         case 0 : SendChar("0"); break;
         case 1 : SendChar("1"); break;
         case 2 : SendChar("2"); break;
         case 3 : SendChar("3"); break;
         case 4 : SendChar("4"); break;
         case 5 : SendChar("5"); break;
         case 6 : SendChar("6"); break;
         case 7 : SendChar("7"); break;
         case 8 : SendChar("8"); break;
         case 9 : SendChar("9"); break;
    }
    delay_us(2);
}
```

프로그램의 'setup_timer_2(T2_DIV_BY_1,PR2_value,1)' 명령어에서 주기를 결정하는 부분을 PR2_value 레지스터로 대치하고 PR2_value 레지스터에 설계값을 입력하는 방법으로 원하는 주파수의 파형을 발생시킬 수 있으며, 'set_pwm1_duty ((int)(PR2_value*PWM_duty))' 명령문의 시비율 결정부분에 PWM_duty 레지스터를 이용하여 시비율도 변경할 수 있도록 프로그램을 작성한다.

```
    PWM_duty=0.3;
    PR2_value = PWM_MAX_FREQ;
    setup_timer_2(T2_DIV_BY_1,PR2_value,1);
    set_pwm1_duty((int)(PR2_value*PWM_duty));
```

예제 6-3은 CCP1 모듈을 이용하여 PWM 파형을 발생시키고, PWM 파형의 주파수 및 시비율을 번갈아 가며 LCD 화면에 표시하는 프로그램이다.

Ex 6-3 CCP1 PWM 발생 및 주파수, 시비율 표시 프로그램 예제

```
// PWM 제어 실습 6-3 (파일명 : ex6-3.c)
// CCP1 PWM 발생 및 LCD 표시

#include <C:\PIC16F73\EX6\ex6.h>
#include <C:\PIC16F73\EX6\hardware_initial1.c>
#include <C:\PIC16F73\EX5\LCD_initial1.h>
#include <C:\PIC16F73\EX4\LCD_initial_4bit.c>

#define  TIME_1SEC     9              // 1초 타이머 값
#define  PWM_MAX_FREQ  255

int      digit10, digit1, digit_1, digit_01, digit;
int      cnt,display_mode,k1;
long int buffer1,buffer2;
float    PWM_freq, PWM_duty, PWM_duty_value;
int      PR2_value;

void     LCD_display();
void     display_data_make(float);
void     display_PWM_data_make();
void     display_PWM_duty_make();
void     digit_display(int);

#int_TIMER1
TIMER1_isr()                          // 100msec마다 1회씩 인터럽트 발생
{
   if(cnt++>=TIME_1SEC) {
      delay_us(10);
      LCD_display();

      cnt=0;
   }
}
```

```
void main()
{
   delay_ms(10);
   hardware_initial();                                    // PWM 설정 추가

   lcd_initial();
   delay_ms(10);
   logo_display();
   delay_ms(1000);
   delay_ms(1000);

   enable_interrupts(INT_TIMER1);
   enable_interrupts(global);

   while(1) {
      delay_ms(10);

      PWM_duty_value=0.3;
      PR2_value = PWM_MAX_FREQ;
      setup_timer_2(T2_DIV_BY_1,PR2_value,1);
      set_pwm1_duty((int)(PR2_value*PWM_duty_value));
   }
}

void display_PWM_data_make()
{
   PWM_freq=(float)(1000*10/(PR2_value/5));
   buffer1=(long int)(PWM_freq);

   digit10 = buffer1/100;                                 // 주파수 10자리
   buffer2 = digit10;

   buffer1-=(buffer2*100);                            // 100을 곱하면 int 범위 초과
   digit1 = buffer1/10;                                   // 주파수 1의 자리

   buffer1-=(digit1*10);
   digit_1 = buffer1;                                     // 주파수 소수 첫째 자리
}

void display_PWM_duty_make()
{
   PWM_duty=PWM_duty_value*1000;

   buffer1=(long int)(PWM_duty);
```

```
    digit10 = buffer1/100;                          // 시비율 10자리
    buffer2 = digit10;

    buffer1-=(buffer2*100);                      // 100을 곱하면 int 범위 초과
    digit1 = buffer1/10;                            // 시비율 1자리

    buffer1-=(digit1*10);
    digit_1 = buffer1;                              // 시비율 소수 첫째 자리
}

void LCD_display()
{
    display_mode=(k1++)%2;

    if (display_mode==0) {
        SendCmd(LCD_CLEAR);
        SendChar("PWM Freq.");
        gotoxy(0,1);
        display_PWM_data_make();
        digit_display(digit10);
        digit_display(digit1);
        SendChar(".");
        digit_display(digit_1);
        SendChar("[kHz]  ");
    }

    else {
        SendCmd(LCD_CLEAR);
        SendChar("PWM Duty");
        gotoxy(0,1);
        display_PWM_duty_make();
        digit_display(digit10);
        digit_display(digit1);
        SendChar(".");
        digit_display(digit_1);
        SendChar("[%]");
    }
}

void  digit_display(i) {

    switch(i) {
        case 0 : SendChar("0"); break;
        case 1 : SendChar("1"); break;
        case 2 : SendChar("2"); break;
```

```
        case 3 : SendChar("3"); break;
        case 4 : SendChar("4"); break;
        case 5 : SendChar("5"); break;
        case 6 : SendChar("6"); break;
        case 7 : SendChar("7"); break;
        case 8 : SendChar("8"); break;
        case 9 : SendChar("9"); break;
    }
    delay_us(2);
}
```

예제 6-4는 응용실습 5에서 작성한 A/D 변환 기능과 PWM 파형 발생 기능을 함께 조합한 프로그램으로써, 응용실습 5의 A/D 변환 채널 1 전압과 채널 2 전압, PWM 파형의 주파수 및 시비율을 번갈아 가며 표시하도록 프로그램을 작성한다.

Ex 6-4 A/D 변환과 PWM 발생

```
// PWM 제어 실습 6-4 (파일명 : ex6-4.c)
// A/D 변환과 PWM 발생

#include <C:\PIC16F73\EX6\ex6.h>
#include <C:\PIC16F73\EX6\hardware_initial1.c>
#include <C:\PIC16F73\EX5\LCD_initial1.h>
#include <C:\PIC16F73\EX4\LCD_initial_4bit.c>

#define  TIME_2SEC      19                      // 2초 타이머 값
#define  PWM_MAX_FREQ   255

int     digit10, digit1, digit_1, digit_01, digit;
int     cnt,display_mode,k1;
long int buffer1,buffer2;
float    PWM_freq, PWM_duty, PWM_duty_value;
int      PR2_value;
float    ADC0_value, ADC1_value, ADCx_value;
float    ADC0_voltage, ADC1_voltage, ADCx_voltage;

void     LCD_display();
void     display_data_make(float);
```

```
void     display_PWM_data_make();
void     display_PWM_duty_make();
void     display_ADC_make(float);
void     digit_display(int);

#int_TIMER1
TIMER1_isr()
{
  set_adc_channel(0);
  delay_us(10);
  ADC0_value = read_adc();

  delay_us(10);
  set_adc_channel(1);
  delay_us(10);
  ADC1_value = read_adc();

  if(cnt++>=TIME_2SEC) {
    delay_us(10);
    LCD_display();

    cnt=0;
  }
}

void main()
{
  delay_ms(10);
  hardware_initial();                        // PWM 설정 추가

  lcd_initial();
  delay_ms(10);

  logo_display();
  delay_ms(1000);
  delay_ms(1000);

  enable_interrupts(INT_TIMER1);
  enable_interrupts(global);

  while(1) {
    delay_ms(10);
    PWM_duty_value=0.3;
    PR2_value = PWM_MAX_FREQ;
    setup_timer_2(T2_DIV_BY_1,PR2_value,1);
    set_pwm1_duty((int)(PR2_value*PWM_duty_value));
  }
}
```

```
void display_PWM_data_make()
{
   PWM_freq=(float)(1000*10/(PR2_value/5));

   buffer1=(long int)(PWM_freq);

   digit10 = buffer1/100;                        // 주파수 10자리
   buffer2 = digit10;

   buffer1-=(buffer2*100);                   // 100을 곱하면 int 범위 초과
   digit1 = buffer1/10;                          // 주파수 1의 자리

   buffer1-=(digit1*10);
   digit_1 = buffer1;                            // 주파수 소수 첫째 자리
}

void display_PWM_duty_make()
{
   PWM_duty=PWM_duty_value*1000;

   buffer1=(long int)(PWM_duty);

   digit10 = buffer1/100;                      // 시비율 10자리
   buffer2 = digit10;

   buffer1-=(buffer2*100);                   // 100을 곱하면 int 범위 초과
   digit1 = buffer1/10;                        // 시비율 1자리

   buffer1-=(digit1*10);
   digit_1 = buffer1;                          // 시비율 소수 첫째 자리
}

void display_ADC_data_make(float ADCx_value)
{
   ADCx_voltage=(ADCx_value/255)*5*100;
   buffer1=(long int)(ADCx_voltage);

   digit1 = buffer1/100;                       // 전압값 1자리
   buffer2 = digit1;

   buffer1-=(buffer2*100);
   digit_1 = buffer1/10;                       // 전압값 소수 첫째 자리

   buffer1-=(digit_1*10);
   digit_01 = buffer1;                         // 전압값 소수 둘째 자리
}
```

```
void LCD_display()
{

  display_mode=(k1++)%4;

  SendCmd(LCD_CLEAR);

  if (display_mode==0) {                        // A/D 채널 0 전압 표시
    SendChar("ADC0 Voltage");
    gotoxy(7,1);
    display_ADC_data_make(ADC0_value);
    digit_display(digit1);
    SendChar(".");
    digit_display(digit_1);
    digit_display(digit_01);
    SendChar(" [V]");
  }

  else if (display_mode==1) {                   // A/D 채널 1 전압 표시
    SendChar("ADC0 Voltage");
    gotoxy(7,1);
    display_ADC_data_make(ADC1_value);
    digit_display(digit1);
    SendChar(".");
    digit_display(digit_1);
    digit_display(digit_01);
    SendChar(" [V]");
  }

  else if (display_mode==2) {                   // PWM 주파수 표시
    SendChar("PWM Freq.");
    gotoxy(5,1);
    display_PWM_data_make();
    digit_display(digit10);
    digit_display(digit1);
    SendChar(".");
    digit_display(digit_1);
    SendChar(" [kHz]  ");
  }
```

```
    else {                                              // PWM 시비율 표시
      SendChar("PWM Duty");
      gotoxy(7,1);
      display_PWM_duty_make();
      digit_display(digit10);
      digit_display(digit1);
      SendChar(".");
      digit_display(digit_1);
      SendChar(" [%]");
    }
}

void  digit_display(i) {

    switch(i) {
        case 0 : SendChar("0"); break;
        case 1 : SendChar("1"); break;
        case 2 : SendChar("2"); break;
        case 3 : SendChar("3"); break;
        case 4 : SendChar("4"); break;
        case 5 : SendChar("5"); break;
        case 6 : SendChar("6"); break;
        case 7 : SendChar("7"); break;
        case 8 : SendChar("8"); break;
        case 9 : SendChar("9"); break;
    }
    delay_us(2);
}
```

예제 6-5는 A/D 채널을 통해 입력되는 전압의 크기에 따라 PWM의 주파수 또는 시비율을 변경하는 실습으로써, A/D 채널 0에 연결된 가변저항 R_2를 조정하여 A/D 채널 0의 전압이 증가하면 PWM 주파수가 낮아지고, 반대로 전압이 감소하면 주파수가 높아지도록 한다.

또한 A/D 채널 1에 연결된 가변저항 R_3를 조정하여 A/D 채널 1의 전압이 증가하면 시비율이 증가하고, 반대로 전압이 감소하면 시비율도 감소하도록 A/D 변환기능과 CCP 모듈의 PWM 기능을 조합한 프로그램을 작성해 본다.

A/D 채널을 통해 입력된 전압을 CCP 모듈의 PWM 기능과 연계하는 부분은 프로그램의 'ADC_to_PWM( )' 함수에 의해 수행된다.

Ex 6-5 A/D 입력값에 의한 PWM 주파수 및 시비율 조정 프로그램 예제

```
// PWM 제어 실습 6-5 (파일명 : ex6-5.c)
// A/D 입력값에 의한 PWM 주파수 조정

#include <C:\PIC16F73\EX6\ex6.h>
#include <C:\PIC16F73\EX6\hardware_initial1.c>
#include <C:\PIC16F73\EX5\LCD_initial1.h>
#include <C:\PIC16F73\EX4\LCD_initial_4bit.c>

#define  TIME_2SEC     19                         // 2초 타이머 값
#define  PWM_MAX_FREQ   255

int      digit10, digit1, digit_1, digit_01, digit;
int      cnt,display_mode,k1;
long int buffer1,buffer2;
float    PWM_freq, PWM_duty, PWM_duty_value;
int      PR2_value;
float    ADC0_value, ADC1_value, ADCx_value;
float    ADC0_voltage, ADC1_voltage, ADCx_voltage;

void     LCD_display();
void     display_data_make(float);
void     display_PWM_data_make();
void     display_PWM_duty_make();
void     display_ADC_make(float);
void     digit_display(int);
void     ADC_to_PWM();

#int_TIMER1
TIMER1_isr()
{
   set_adc_channel(0);
   delay_us(10);
   ADC0_value = read_adc();

   delay_us(10);
   set_adc_channel(1);
   delay_us(10);
   ADC1_value = read_adc();

   if(cnt++>=TIME_2SEC) {
      delay_us(10);
      LCD_display();
```

```
      cnt=0;
    }
}

void main()
{
    delay_ms(10);
    hardware_initial();                          // PWM 설정 추가

    lcd_initial();
    delay_ms(10);

    logo_display();
    delay_ms(1000);
    delay_ms(1000);

    enable_interrupts(INT_TIMER1);
    enable_interrupts(global);

    while(1) {
      delay_ms(10);
      ADC_to_PWM();
      setup_timer_2(T2_DIV_BY_1,PR2_value,1);
      set_pwm1_duty((int)(PR2_value*PWM_duty_value));
    }
}

void ADC_to_PWM()
{
    PR2_value=ADC0_value;              // ADC0의 값으로 PWM 주파수 변경
    PWM_duty_value=ADC1_value/255;     // ADC1의 값으로 PWM 시비율 변경
}

void display_PWM_data_make()
{
    PWM_freq=(float)(1000*10/(PR2_value/5));

    buffer1=(long int)(PWM_freq);

    digit10 = buffer1/100;                       // 주파수 10자리
    buffer2 = digit10;

    buffer1-=(buffer2*100);
    digit1 = buffer1/10;                         // 주파수 1의 자리

    buffer1-=(digit1*10);
    digit_1 = buffer1;                           // 주파수 소수 첫째 자리
}
```

```
void display_PWM_duty_make()
{
  PWM_duty=PWM_duty_value*1000;

  buffer1=(long int)(PWM_duty);

  digit10 = buffer1/100;                          // 시비율 10자리
  buffer2 = digit10;

  buffer1-=(buffer2*100);
  digit1 = buffer1/10;                            // 시비율 1자리

  buffer1-=(digit1*10);
  digit_1 = buffer1;                              // 시비율 소수 첫째 자리
}

void display_ADC_data_make(float ADCx_value)
{
  ADCx_voltage=(ADCx_value/255)*5*100;
  buffer1=(long int)(ADCx_voltage);

  digit1 = buffer1/100;                           // 전압값 1자리
  buffer2 = digit1;

  buffer1-=(buffer2*100);
  digit_1 = buffer1/10;                           // 전압값 소수 첫째 자리

  buffer1-=(digit_1*10);
  digit_01 = buffer1;                             // 전압값 소수 둘째 자리
}

void LCD_display()
{
  display_mode=(k1++)%4;

  SendCmd(LCD_CLEAR);

  if (display_mode==0) {
    SendChar("ADC0 Voltage");
    gotoxy(7,1);
    display_ADC_data_make(ADC0_value);
```

```
      digit_display(digit1);
      SendChar(".");
      digit_display(digit_1);
      digit_display(digit_01);
      SendChar(" [V]");
   }

   else if (display_mode==1) {
      SendChar("ADC1 Voltage");
      gotoxy(7,1);
      display_ADC_data_make(ADC1_value);
      digit_display(digit1);
      SendChar(".");
      digit_display(digit_1);
      digit_display(digit_01);
      SendChar(" [V]");
   }

   else if (display_mode==2) {
      SendChar("PWM Freq.");
      gotoxy(5,1);
      display_PWM_data_make();
      digit_display(digit10);
      digit_display(digit1);
      SendChar(".");
      digit_display(digit_1);
      SendChar(" [kHz]  ");
   }

   else {
      SendChar("PWM Duty");
      gotoxy(7,1);
      display_PWM_duty_make();
      digit_display(digit10);
      digit_display(digit1);
      SendChar(".");
      digit_display(digit_1);
      SendChar(" [%]");
   }
}

void  digit_display(i) {

    switch(i) {
        case 0 : SendChar("0"); break;
        case 1 : SendChar("1"); break;
        case 2 : SendChar("2"); break;
```

```
        case 3 : SendChar("3"); break;
        case 4 : SendChar("4"); break;
        case 5 : SendChar("5"); break;
        case 6 : SendChar("6"); break;
        case 7 : SendChar("7"); break;
        case 8 : SendChar("8"); break;
        case 9 : SendChar("9"); break;
    }
    delay_us(2);
}
```

예제 6-6은 예제 6-5와 동일한 동작을 하면서, CCP2 모듈에서도 PWM 파형을 발생시키는 프로그램 예제이다. CCP1 모듈 및 CCP2 모듈을 동시에 사용할 때에는 PWM 파형의 주파수는 동일하지만 PWM 시비율을 다르게 설정하여 별개의 파형이 발생되도록 프로그램을 작성한다. CCP2의 시비율은 CCP1과 구별하기 위해 2배가 되도록 프로그램을 작성하며, CCP2 모듈의 초기화를 위해 'hardware_initial2.c' 파일에 CCP2 초기화 명령어를 추가하고 이를 메인 프로그램에서 '#include'한다.

Ex 6-6 CCP1, CCP2 모듈을 이용한 PWM 동시 출력

```
// PWM 제어 실습 6-6 (파일명 : ex6-6.c)
// CCP1, CCP2 동시 출력

#include <C:\PIC16F73\EX6\ex6.h>
#include <C:\PIC16F73\EX6\hardware_initial2.c>
#include <C:\PIC16F73\EX5\LCD_initial1.h>
#include <C:\PIC16F73\EX4\LCD_initial_4bit.c>

#define  TIME_2SEC      19                   // 2초 타이머 값
#define  PWM_MAX_FREQ   255

int      digit10, digit1, digit_1, digit_01, digit;
int      cnt,display_mode,k1;
long int buffer1,buffer2;
float    PWM_freq, PWM_duty, PWM_duty_value;
int      PR2_value;
float    ADC0_value, ADC1_value, ADCx_value;
float    ADC0_voltage, ADC1_voltage, ADCx_voltage;
```

```
void    LCD_display();
void    display_data_make(float);
void    display_PWM_data_make();
void    display_PWM_duty_make();
void    display_ADC_make(float);
void    digit_display(int);
void    ADC_to_PWM();

#int_TIMER1
TIMER1_isr()                          // 100msec마다 1회씩 인터럽트 발생
{
  set_adc_channel(0);
  delay_us(10);                       // 시간지연이 반드시 필요함
  ADC0_value = read_adc();

  delay_us(10);
  set_adc_channel(1);
  delay_us(10);                       // 시간지연이 반드시 필요함
  ADC1_value = read_adc();

  if(cnt++>=TIME_2SEC) {
    delay_us(10);
    LCD_display();

    cnt=0;
  }
}

void main()
{
  delay_ms(10);
  hardware_initial();                          // PWM 설정 추가

  lcd_initial();
  delay_ms(10);

  logo_display();
  delay_ms(1000);
  delay_ms(1000);

  enable_interrupts(INT_TIMER1);
  enable_interrupts(global);
```

```
   while(1) {
      delay_ms(10);

      ADC_to_PWM();
      setup_timer_2(T2_DIV_BY_1,PR2_value,1);
      set_pwm1_duty((int)(PR2_value*PWM_duty_value));
      set_pwm2_duty((int)(PR2_value*2*PWM_duty_value));
   }
}

void ADC_to_PWM()
{
   PR2_value=ADC0_value;                  // ADC0의 값으로 PWM 주파수 변경
   PWM_duty_value=ADC1_value/255;         // ADC1의 값으로 PWM 시비율 변경
}

void display_PWM_data_make()
{
   PWM_freq=(float)(1000*10/(PR2_value/5));

   buffer1=(long int)(PWM_freq);

   digit10 = buffer1/100;                            // 주파수 10자리
   buffer2 = digit10;

   buffer1-=(buffer2*100);
   digit1 = buffer1/10;                              // 주파수 1의 자리

   buffer1-=(digit1*10);
   digit_1 = buffer1;                                // 주파수 소수 첫째 자리
}

void display_PWM_duty_make()
{
   PWM_duty=PWM_duty_value*1000;

   buffer1=(long int)(PWM_duty);

   digit10 = buffer1/100;                            // 시비율 10자리
   buffer2 = digit10;

   buffer1-=(buffer2*100);
   digit1 = buffer1/10;                              // 시비율 1자리
```

```
    buffer1-=(digit1*10);
    digit_1 = buffer1;                          // 시비율 소수 첫째 자리

}

void display_ADC_data_make(float ADCx_value)
{
    ADCx_voltage=(ADCx_value/255)*5*100;
    buffer1=(long int)(ADCx_voltage);

    digit1 = buffer1/100;                       // 전압값 1자리
    buffer2 = digit1;

    buffer1-=(buffer2*100);
    digit_1 = buffer1/10;                       // 전압값 소수 첫째 자리

    buffer1-=(digit_1*10);
    digit_01 = buffer1;                         // 전압값 소수 둘째 자리
}

void LCD_display()
{
    display_mode=(k1++)%4;

    SendCmd(LCD_CLEAR);

    if (display_mode==0) {
        SendChar("ADC0 Voltage");
        gotoxy(7,1);
        display_ADC_data_make(ADC0_value);
        digit_display(digit1);
        SendChar(".");
        digit_display(digit_1);
        digit_display(digit_01);
        SendChar(" [V]");
    }

    else if (display_mode==1) {
        SendChar("ADC1 Voltage");
        gotoxy(7,1);
        display_ADC_data_make(ADC1_value);
        digit_display(digit1);
        SendChar(".");
        digit_display(digit_1);
        digit_display(digit_01);
        SendChar(" [V]");
    }
```

```
  else if (display_mode==2) {
    SendChar("PWM Freq.");
    gotoxy(5,1);
    display_PWM_data_make();
    digit_display(digit10);
    digit_display(digit1);
    SendChar(".");
    digit_display(digit_1);
    SendChar(" [kHz]  ");
  }

  else {
    SendChar("PWM Duty");
    gotoxy(7,1);
    display_PWM_duty_make();
    digit_display(digit10);
    digit_display(digit1);
    SendChar(".");
    digit_display(digit_1);
    SendChar(" [%]");
  }
}

void  digit_display(i) {

   switch(i) {
       case 0 : SendChar("0"); break;
       case 1 : SendChar("1"); break;
       case 2 : SendChar("2"); break;
       case 3 : SendChar("3"); break;
       case 4 : SendChar("4"); break;
       case 5 : SendChar("5"); break;
       case 6 : SendChar("6"); break;
       case 7 : SendChar("7"); break;
       case 8 : SendChar("8"); break;
       case 9 : SendChar("9"); break;
   }
   delay_us(2);
}
```

```
// PIC16F73 하드웨어 초기화 (파일명 : hardware_initial2.c)

void hardware_initial(void);

void hardware_initial()
{
   delay_ms(10);

   set_tris_a(0xff);
   set_tris_b(0x00);
   set_tris_c(0x00);

   portb=0x00;
   portc=0xff;

   setup_adc_ports(RA0_RA1_RA3_ANALOG);   // RA0,RA1,RA3 A/D 할당
   setup_adc(ADC_CLOCK_INTERNAL);             // 내부 클럭 사용

// PWM 설정 (프리스케일 1:1, PR2=255, 포스트 스케일 1:1)
//    setup_timer_2(T2_DIV_BY_1,255,1);  // PWM은 타이머 2 이용해야 함
   setup_ccp1(CCP_PWM_PLUS_3);            // CCP1을 PWM, 10비트 분해능
   setup_ccp2(CCP_PWM_PLUS_3);            // CCP2를 PWM, 10비트 분해능
   setup_timer_1(T1_INTERNAL|T1_DIV_BY_8);  // 타이머 1 동작설정

   delay_ms(10);
}
```

그림 6.3은 예제 6-6을 실행시켰을 때 CCP1 모듈 및 CCP2 모듈에서 발생하는 PWM 파형을 나타낸 것으로 두 파형은 주파수는 동일하지만 시비율이 다르게 출력되고 있음을 알 수 있다.

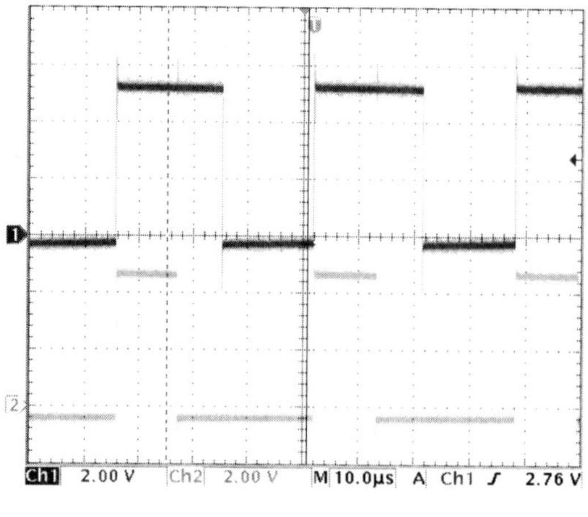

그림 6.3 CCP1 및 CCP2 모듈의 PWM 파형

그림 6.4는 예제 6-6을 실행시켰을 때 LCD 화면에 표시되는 모양을 나타낸 그림이다.

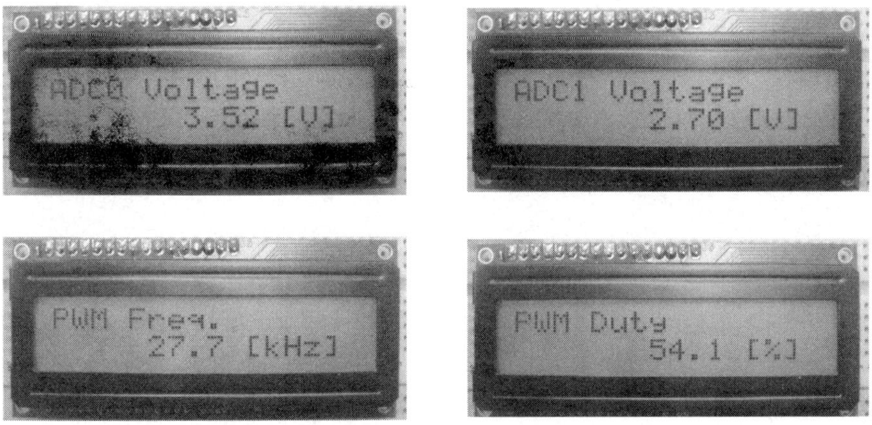

그림 6.4 LCD 표시화면

PIC16F73
마이크로컨트롤러 제어실습

지 은 이 | 박효식 · 한우용

펴 낸 이 | 김형근

펴 낸 곳 | 도서출판 기한재

신 주 소 | 경기도 파주시 회동길 56
구 주 소 경기도 파주시 교하읍 문발리 535-11
(파주출판문화정보산업단지)

전 화 | 031)955-0900~2

팩 스 | 031)955-0100

등 록 | 1990년 3월 15일 제2-968호

발 행 | 2013년 2월 20일 1판 1쇄

정 가 | 15,000원

Published by Kihanjae Co.

ISBN 978-89-7018-685-6

http://www.kihanjae.com

E-mail : kihanjae@hanmail.net